京津冀产业生态共生模式及运行机制研究

史宝娟　郑祖婷　张立华　郑亚男　著

中国财经出版传媒集团

经济科学出版社
Economic Science Press

图书在版编目（CIP）数据

京津冀产业生态共生模式及运行机制研究/史宝娟等著.
—北京：经济科学出版社，2019.12
ISBN 978 - 7 - 5218 - 1174 - 2

Ⅰ.①京…　Ⅱ.①史…　Ⅲ.①区域经济发展 - 产业发展 -
研究 - 华北地区　Ⅳ.①F127.2

中国版本图书馆 CIP 数据核字（2019）第 289082 号

责任编辑：黄双蓉
责任校对：王苗苗
责任印制：邱　天

京津冀产业生态共生模式及运行机制研究
史宝娟　郑祖婷　张立华　郑亚男　著
经济科学出版社出版、发行　新华书店经销
社址：北京市海淀区阜成路甲 28 号　邮编：100142
总编部电话：010 - 88191217　发行部电话：010 - 88191522
网址：www. esp. com. cn
电子邮件：esp@ esp. com. cn
天猫网店：经济科学出版社旗舰店
网址：http：//jjkxcbs. tmall. com
固安华明印业有限公司印装
710×1000　16 开　17.5 印张　250000 字
2019 年 12 月第 1 版　2019 年 12 月第 1 次印刷
ISBN 978 - 7 - 5218 - 1174 - 2　定价：68.00 元
（图书出现印装问题，本社负责调换。电话：010 - 88191510）
（版权所有　侵权必究　打击盗版　举报热线：010 - 88191661
QQ：2242791300　营销中心电话：010 - 88191537
电子邮箱：dbts@ esp. com. cn）

前　言

　　经济的飞速发展为人类社会带来空前的繁荣，也对生态环境造成了严重的破坏，全球气候变暖、资源消耗过度、能源面临枯竭、大气污染严重……，经济社会的发展与生态环境的保护两者之间的矛盾日益突出。追求人类社会的良性、可持续发展，应关注经济、社会、资源和环境的协调发展。党和政府高度重视生态文明建设和经济高质量发展，强调应推动人与自然和谐发展，形成节约能源资源、保护生态环境的产业结构和增长方式，从而推进绿色发展。产业的生态共生发展有利于形成节约资源和保护环境的产业结构和生产方式，从根本上解决经济与生态之间的矛盾。国内外学者自21世纪初开始关注产业共生的发展，研究产业共生案例、产业共生相关技术、产业共生网络的形成、生态工业园的建设、产业共生的组织制度等，研究主要集中在企业和生态工业园区的层面，很少将城市群产业间的共生关系作为研究对象，从生态保护的角度研究产业间共生的模式和运行机制的更少涉及。

　　京津冀是中国北方经济发展的重要增长极。在协同发展过程中，经济发展和生态保护都取得了很大的进步，但是生态与经济之间的矛盾仍然比较突出，"大城市病"显著、产业协作缺乏、水土资源匮乏、"三废"污染严重，尤其是大气污染问题严峻。京津冀地区迫切需要找到新的经济发展模式，使其既能保持经济的快速发展又能保护生态环境。产业生态共生是将生态学的概念引入产业共生的研究，通过产业共生关系的形成实现能源和物质消耗最小化，废物排放通过产业内循环最小化，体现生态规律，保护生态环境。因此探索京津冀地区新型产业发展模式和机制，对促进区域内产业生态共生的发展具有重要意义。

本书主要围绕京津冀产业生态共生的模式和运行机制展开研究，全书共分为八章，主要包括产业生态共生理论研究，国内外典型产业共生模式借鉴，京津冀产业生态共生演化机理、运行机制、模式构建，京津冀产业生态共生发展的对策建议等内容。本书一是形成了较为完整的理论体系，系统地提出包括产业生态共生的内涵、特征、构成要素、生态共生环境和生态共生基本模式等内容的产业生态共生理论，从共生演化机理、模式构建、宏微观动力机制等方面对产业生态共生进行研究。二是完成了一定范围的实证研究，以京津冀区域为实证研究对象，通过官方公布的统计数据调研京津冀产业生态发展的状况；定量分析京津冀的产业和生态两大系统的耦合协调度、产业生态共生关系、产业生态共生模型的优化；通过向京津冀地区的企业和政府部门工作人员发放问卷获得第一手数据，研究京津冀产业生态共生的宏观、微观动力，提出京津冀产业生态共生发展的对策建议；三是具有较强可读性，有理论、有实证，可以作为高等院校相关学科的学生、政府管理人员和产业发展研究者的参考读本。

本书是在教育部人文社科项目"京津冀产业生态共生模式及运行机制研究"的成果基础上整理和完善形成的。感谢在这一研究领域笔耕不辍的专家和学者们，是他们的研究成果给了我重要的启示；也感谢郑祖婷、张立华、郑亚男等课题组成员，是他们的辛勤工作形成了今天的丰硕成果。

产业生态共生是一个崭新的研究课题，这方面的有关概念、研究方法和相应的理论都在发展之中。由于笔者的水平、能力和时间有限，本书有很多不足和有待完善的地方，后续研究工作还有很多，需要不断地深入探索。本书如有不妥之处，敬请广大读者不吝指正。

史宝娟

2019 年 4 月

目　录

CONTENTS

第 1 章

绪　　论

京津冀经济发展与生态保护的矛盾日益突出，为实现该区域可持续发展，应转变经济增长模式，建立区域间、产业园区间、企业间的产业生态共生。本章通过对北京、天津、河北三地的经济、生态发展状况的简要介绍，对京津冀产业生态共生模式构建的研究背景和意义进行归纳，并对研究的目标和内容进行简要描述。

1.1　研究背景和意义

在协同发展战略的推动下，京津冀区域虽然实现了飞速发展，但伴随而来的还有严重的环境污染。国家高度重视环境保护和资源节约，强调应实现生态文明，推进绿色发展。探寻新型的产业生态共生发展模式对北京、天津、河北三地实现经济与环境和谐发展具有重要意义。

1.1.1　研究背景

经济的飞速发展在提高人们生活质量的同时也带来一系列的环境问题，如全球气候变暖、雾霾日益严重、废弃物排放不达标等，经济发展与生态环境之间的矛盾凸显。为实现经济的可持续发展，应转变生产方式，追求资源、环境与经济的协调发展。从党的十六大到十九大，生态文明思想逐渐完善，党的十六大将提升可持续发展能力、改善生态环境、推动人与自然和谐发展作为全面建设小康社会的目标。党的十七大首次提出"建设生态文明，基本形成节约能源资源、保护生态环境的产业结构、增长方式及消费模式"，将资源节约型、环境友好型的生态文明建设纳入可持续发展范畴，并出台相关政策法规，以期系统地提高资源利用率，从有限的物质资源中产出尽可能高的回报，从而缓解污染情况，保护生态文明。党的十八大强调要大力发展循环经济，鼓励资源的重复利用，重视资源节约。党的十九大指出要形成节约资源和保护环境的空间格局、产业结构、生产方式、生活方式，推进绿色发展。

京津冀都市经济圈地处东北亚环渤海"心脏"地带，是中国北方经济规模最大、最具活力的地区。随着京津冀协同发展战略的提出，三省市经济实现快速发展，已成为中国北方经济发展的重要增长极。京津冀在协同发展过程中，经济发展和生态保护都取得了很大的进步，但是生态与经济之间的矛盾仍然比较突出：一是"大城市病"显著，京津两市资源有限却承载着超负荷的人口数量和社会需求，河北资源分配和人口流动比例不协调；二是产业协作缺乏，京津冀地区的产业结构明显不同，经济发展程度差距大，在互相转移和承接产业时存在矛盾；三是水资源极度匮乏，京津冀地区的海河流域水资源开发度高，水污染也是我国最严重的地区之一；四是土壤沙化严重，土地资源无法满足日益增长的经济发展的需求，严重影响了京津冀第一、二产业的发展；五是京津冀地区农业、工业生产废气、废水、固体废弃物排放污染严重。

在京津冀生态经济协调发展面临的诸多问题中，最为突出的是区域性复合型大气污染问题，自 2012 年开始，京津冀地区日益成为雾霾治理的重点区域。中国环保部发布的公报指出：2014 年全国重点区域和 74 个城市中，空气最差十城京津冀占据八席；2015 年北京市空气质量综合指数在 74 个城市中位列倒数第 11 位，衡水、保定等城市达标天数比例不足 50%；2016 年京津冀区域空气质量同比有所改善，但仍是我国大气污染最重的区域；2017 年全国重点区域和 74 个城市中，空气最差十城中仍有京津冀 6 座城市；2018 年京津冀及周边地区大气污染物排放量仍处高位，人们越来越关注在经济发展过程中出现的空气质量问题，环境污染的联防联治任重而道远。

1.1.2　研究意义

作为北方经济的重要引擎，京津冀通过什么途径转变经济发展模式，使其既能保持经济的快速发展又能保护生态环境，还华北地区尤其是首都北京一片清澈的蓝天，已成为亟待解决的问题！京津冀地区环境污染严重的根源在于重工业的发展，但对于污染严重的企业简单地采取关停措施并不能解决根本问题，不能抓生态环境就放弃经济发展、忽略国计民生，也不能促进经济发展就忽略生态环境的保护。因此，解决问题的根本途径在于推进循环发展、低碳发展，探索新型的生态共生的产业发展模式，形成节约资源和保护环境的产业结构。由此可见，对符合京津冀产业发展和生态环境规律的"产业生态共生模式及运行机制"的研究具有重要的理论价值和现实意义。

（1）有利于丰富与完善区域产业共生理论，为京津冀产业结构升级提供理论指导

产业共生是一种产业组织形式，指通过区域内或者园区内的企业建立产业链，实现有效利用资源和能源，体现了产业间的互惠共生。学者们仿照生态学的基本原理，在对产业共生的研究中引入生态学理念，产业生态共生性概念得以产生，其本质是以最少的资源投入产生最大的经济效益为目标，并尽量减少废气、废水、废渣的排放，既保护了生态环境又达到了资源的高效利用。目前对产业生态共生性的研究主要体现在区域层面或者单一城市的产业层面，对于城市群产业生态共生的研究并不多见，尚未建立一套比较完善的研究体系，结合国内外研究现状和趋势，这方面研究有继续拓展的需要。本书以京津冀为研究对象，探寻区域内产业生态共生的模式及运行机制，在一定程度上能弥补当前理论研究的不足，同时也为优化京津冀地区产业结构、制定相关产业政策提供理论指导。

（2）有利于在实践中探寻京津冀地区产业可持续发展的道路，为形成统一、健康、可持续的产业发展模式做出贡献

2018 年 1～12 月全国 169 个重点城市空气质量排名最后 10 位的城市中，

河北省有 5 个，占到了 50%。2019 年 5 月 12 日发布的全国重点城市空气质量指数排行榜表明，2019 年城市空气质量总体呈转好趋势，但是 298 个地级及以上城市中只有 233 个城市空气质量达标，占比 78.19%，在空气指标不达标城市中京津冀有 6 个，颗粒物主要成分包括二氧化硫、总悬浮颗粒物、可吸入颗粒物（PM10）、二氧化氮等，究其产生的原因主要是河北及天津一些高能耗、高污染的工业企业污染排放物造成的，经济发展和环境保护是人类面临的主要问题之一，如何协调两者之间的关系，势必要寻求适合区域经济发展的产业共生模式，对推进区域经济发展、保护生态环境至关重要。通过调研，本书在总体把握京津冀地区产业发展状况、环境与资源禀赋状况的基础上，确立切实可行的产业生态共生模式，通过实证推演反复修正，并通过问卷调查找到产业共生模式实行的制度阻力，提出具有借鉴意义的运行机制和对策建议，在实践中探寻京津冀产业共生的模式、探索产业可持续发展的道路。

1.2　研究目标和内容

围绕京津冀产业生态共生模式构建和运行机制确立的研究目标，本书主要从理论研究、实践借鉴、现状分析、演化机理、模式构建、运行机制和对策建议等方面展开研究。

1.2.1　研究目标

京津冀地区环境污染日益严重。通过区域内产业互惠互利，通过产业生态共生机理，实现企业间能量流、物质流、信息流的闭合循环及科研成果共享，实现经济效益与环境效益的和谐统一。本书具体研究目标如下：

（1）针对京津冀资源环境及产业发展状况，确立切实可行的产业生态共生发展模式

通过理论梳理、实证调研和数据分析了解京津冀产业经济发展及生态保

护的实际状况，基于产业生态共生演化机理初步确立京津冀产业生态共生模式，通过专家论证和实证推演对初步确立的模式反复修正，最终确立切实可行的产业生态发展模式。

（2）确立与京津冀产业生态共生模式相对应的运行机制

从宏观、中观、微观三个角度研究京津冀产业生态共生的运行机理及机制。从企业角度研究生态产业链构建的动力机制。从京津冀合作利益主体的角度，研究京津冀合作利益主体间的共生耦合关系，提出京津冀生态产业链合作利益主体共生耦合机制。从京津冀政府跨区域合作角度，研究京津冀政府间跨区合作主要壁垒，提出京津冀产业共生跨区域合作运行机制。

1.2.2 研究内容

围绕上述研究目标，本书按照"理论梳理—实践借鉴—机理分析—模式确定—实证推演—机制设计—对策建议"的步骤层层推进，展开研究。

（1）通过理论梳理提出产业生态共生理论，借鉴国际成功经验

在梳理循环经济理论、共生理论、生态学理论、产业生态学和产业共生理论等理论的国内外已有研究成果的基础上，借助于循环经济学理论、可持续发展经济学理论、生态学理论、产业共生理论，创造性地提出产业生态共生理论。该理论包括产业生态共生的内涵、特征、构成要素、生态共生环境和生态共生基本模式等。同时广泛调研国外已有的美国虚拟型共生模式、加拿大平行型共生模式、奥地利嵌套型共生模式、日本循环型社会模式和德国回收再利用模式等；国内分综合类、行业类、静脉类三大类调研产业共生模式，从政策机制、管理机制和信息机制三个方面研究上述典型产业共生发展模式中值得遵循和借鉴的规律和经验。

（2）京津冀产业生态共生演化机理分析

从成本推动、效益拉动、自组织演化、政府扶持、环保压力驱动、外部环境支撑六个方面研究京津冀产业生态共生的形成机理；在分析京津冀产业生态共生单元、产业生态共生形式、产业生态共生环境的基础上研究京津冀产业生态共生的形成过程，指出京津冀产业生态共生的形成经历点共生阶

段、线共生阶段、面共生阶段以及网络共生阶段四个发展阶段；基于自组织演化机理分析京津冀产业生态共生的动态演化，指出京津冀产业生态共生系统将经历从初始、成长到成熟、衰落或优化升级等阶段，并在具体的动态演化过程中经历生命周期的演化和渐变、突变的波动。

（3）京津冀产业生态共生模式研究

定性、定量分析京津冀产业生态化发展状况。在对京津冀产业发展水平、生态环境发展水平及京津冀产业、环境与资源协调状况进行分析的基础上，通过构建京津冀产业生态综合评价指标体系，借助于耦合协调度模型及格兰杰（Granger）因果关系检验模型计算两个系统的耦合协调度，发现京津冀产业发展与生态环境之间普遍存在着互相影响、互相制约的共生协调关系，京津冀三地的产业发展与生态环境的耦合协调度的变动情况为上升—下降—上升的变动趋势，耦合协调度也从最初的基本不协调—产业发展受阻到最后的高水平协调—生态环境滞后，产业发展是生态环境的格兰杰原因，而生态环境不是产业发展的格兰杰原因。提出京津冀产业生态化发展仍存在着诸多问题：产业梯度较大、产业间联动程度较低、缺乏技术创新性、企业环保意识薄弱、生产模式较为传统、环境治理责任模糊、配套政策不足等。

提出京津冀产业共生模式，包括三维立体循环模式、耦合共生模式和共生网络模式。三维立体循环模式是指通过整合北京第三产业（服务业）、天津第二产业（加工型产业）、河北钢铁煤炭资源型产业等各自优势资源，通过互惠互利，达到环境保护、资源有效循环利用、科研成果增值的目的，构成企业与企业、生态园与生态园，区域与区域间的产业生态链，实现产业生态共生发展，最终实现京津冀区域内产业生态共生的三维立体循环模式。耦合共生模式是指京津冀企业内部的耦合、企业间的耦合、企业与区域的耦合三个层次形成生态共生模式。共生网络模式是指京津冀企业之间相互耦合最终形成一个生态共生网络系统，共生网络模式涉及复杂系统的运作机理、共生网络的自组织机理及共生网络的协同机理。

进行京津冀产业生态共生模式的实证推演。基于京津冀产业生态共生依存机理，借助于构建捕食者被捕食者（Lotka - Volterra）模型，对京津冀的产业生态共生关系进行定量研究，结果表明京津冀产业生态之间确实存在着共生关系，并在产业生态共生模型的基础上引入资源消耗因子，对京津冀产业生态共生模型进行了优化及完善。

（4）京津冀产业生态共生的运行机制分析

从微观和宏观两个方面研究京津冀产业生态共生的运行机制。从企业角度研究生态产业链构建的动力机制，基于微观动力机理构建概念模型、提出路径假设、设计并发放问卷，根据对问卷的数据分析结果提出京津冀生态产业链构建的微观动力机制，指出应完善的财税优惠政策，鼓励企业加入生态产业链；严格生态环境保护的体制制度，刺激企业加入生态产业链；创建多角度合作平台，为企业加入生态产业链创造条件。

从京津冀合作利益主体的角度，运用博弈论的相关理论研究京津冀合作利益主体的共生耦合机理，构建京津冀生态产业链共生耦合主体利益相关者关系模型，基于两两静态博弈和三者动态博弈研究京津冀合作利益主体间的共生耦合关系，根据博弈结果提出京津冀生态产业链合作利益主体共生耦合机制。指出若想实现京津冀产业生态共生，应建立以市场为导向的长效激励机制，应完善以克服区域壁垒为目标的一体化发展机制，应打造以信息平台为基础的共享机制。

从京津冀政府跨区域合作角度，基于问卷实证分析探求京津冀政府间跨区协同发展的障碍，根据京津冀跨区合作壁垒的原理，设计问卷对京津冀政府及其相关职能部门进行调研，根据问卷调查结果总结京津冀政府间跨区合作主要壁垒，提出京津冀产业共生跨区域合作运行机制。

（5）提出京津冀产业生态共生发展的对策建议

从政府相关部门、中间组织、企业三个层面，基于确立的京津冀产业生态共生的模式及运行机制提出对策建议，指出应依托公共扶持政策推动产业生态共生，深化京津冀一体化发展政策，打造扶持政策的基础；制定各项配套扶持政策，完善具体政策内容；强化政策执行的反馈和监督，确保扶持政策的执行。应借力中间组织推动产业生态共生，建立沟通的桥梁，提供宣传和信息服务；发展区域产业协同创新联盟，提供技术支持；敦促政府和企业坚持生态环保，提供监督管理。应鼓励企业积极参与推动产业生态共生，优化外部发展环境，为企业转变生产模式创造条件；完善软件支撑条件，激励企业加入生态共生链条；加强各类企业的合作，实现企业生态共生发展。

1.3 研 究 方 法

本书主要采用文献法、问卷调查法、数据模型分析法等研究方法，对京津冀产业生态共生的模式及运行机制从理论到实践、从定量到定性展开研究。

（1）文献法

产业生态共生涉及共生理论、产业生态经济理论、循环经济理论等诸多理论，迄今为止国内外学术界已取得许多相关成果。研究查阅国内外相关资料，采用文献法对收集的文献资料去粗存精，对相关资料分析、归纳、总结、整理，充分吸收各种理论的精华，借鉴已有的研究成果，找到国内外典型的产业共生案例中的成功经验，总结提出产业生态共生理论。

（2）问卷调查法

为实现研究目的，多次访问专家、企业、政府相关管理机构，通过电话访问、邮件咨询、面对面访谈等方式小范围进行问卷调查，根据调查结果修正问卷内容，向京津冀地区的企业、政府机构的工作人员发放问卷，对问卷结果进行分析，以找到京津冀无法形成合力实现经济环境协调发展的关键影响因素以及京津冀产业生态共生模式的宏观、微观动力。

（3）数据模型分析法

运用耦合协调度模型及格兰杰因果关系检验模型计算产业发展和生态环境两个系统的耦合协调度。借助于构建捕食者被捕食者模型，对京津冀的产业生态共生关系进行定量研究，并在产业生态共生模型的基础上引入资源消耗因子，对京津冀产业生态共生模型进行优化及完善。基于微观动力机理构建概念模型和结构方程模型，分析提出京津冀生态产业链构建的微观动力机制。构建京津冀生态产业链共生耦合主体利益相关者关系模型，基于两两静态博弈和三者动态博弈研究京津冀合作利益主体间的共生耦合关系，根据博弈结果提出京津冀生态产业链合作利益主体共生耦合机制。

第 2 章

理 论 基 础

2.1 循 环 经 济 理 论

仅就"循环经济"这一概念来看,国外相关文献针对"生态经济""产业生态学"等方面的论著较多,而专门针对"循环经济"的论著相对较少,但循环经济的理论思想在很多相关理论中都有所体现,即通过循环利用的方式最大限度地减少经济发展过程中资源的消耗和废弃物的排放,从而将对生态环境的干扰降到最低。以"循环经济"为题目的中文图书专著已出版数百部,"循环经济"逐渐成为中国学术界研究的热点选题之一。

2.1.1 循环经济理论的产生与发展

20 世纪 60 年代前后,循环经济思想逐渐在人们日益强烈的环保意识中开始萌芽。在这一萌芽阶段,美国在环保主义思潮的引导下开始兴起一系列环保运动。其中,"飞船理论"被视为生态经济和循环经济的理论雏形。该理论由美国经济学家博尔丁(Kenneth E. Boulding)提出,其核心思想就是说明人类在物质生产和消费过程中遵循生态循环规律对于人类的可持续发展的重要性。

1972 年，梅多斯（Donella Meadows）等借助计算机模型运用系统动力学原理在对世界人口、资源、科技和经济增长之间的关系及未来预测进行多年研究的基础上，发表了著名的研究报告《增长的极限》。

进入 20 世纪 80 年代之后，循环经济理论和废弃物的再生与资源化理念结合起来，以减少对生态环境系统的污染和破坏为首要目的。1987 年，世界环境与发展委员会通过历时 3 年多的调研，从人口、资源、物种、工业、人类居住等多个方面对人类当时的发展状况进行了分析，发表了研究报告《我们共同的未来》，明确提出了"可持续发展"理念。

到了 20 世纪 90 年代，可持续发展理念迅速发展、成熟，在世界各国的经济社会运行管理中占据了日益重要的指导地位，并逐渐形成一套完整的战略思想体系。1990 年，英国环境经济学者皮尔斯和特纳运用"物质流"这一概念来分析经济活动和环境问题的关系，并在《自然资源与环境经济学》中明确提出了"循环经济"这一概念。1997 年，德国经济学家魏茨察克从制度机制的角度，提出通过建立合理的税收制度等激励机制来鼓励提高资源效率的市场行为。在这一背景下，《国际清洁生产宣言》（以下简称"宣言"）由联合国环境规划署（UNEP）于 1998 年提出。"宣言"中提出了清洁生产的理念和以"减量化、再利用、再循环"为核心的循环经济 3R 原则。这一循环经济的理念和原则逐渐成为在生产、消费等各个领域倡导的行为规范和准则。

进入 21 世纪以来，随着知识经济、大数据时代的相继到来，高科技、信息产业的迅猛发展使清洁生产、节能减排技术及相关理论研究日益深入。相关学者认识到要实现人类与生态环境的和谐发展，不仅在于减少资源消耗、抑制废弃物产生和对废弃物进行循环利用，还要关注经济发展与环境保护过程中人的行为。循环经济理论围绕健全环境法律法规体系和节能减排激励机制等方面继续深入发展。纵观循环经济理论的发展历程，可以从内涵、评价体系和运行机制等方面进行归纳。

2.1.2　循环经济的内涵

"循环"一词在《现代汉语词典》中的解释是"事物周而复始地运动或

变化"。在科学范式中，"循环"除了"周而复始"这一特征之外，还突出了事物的"发展"和"上升"。也就是说，"循环"不仅仅是"重复"的运动，还是螺旋式的"上升的"运动。并且这种上升的运动还要以能量守恒和转化定律作为基本的运动规律。物质世界的存在和发展就是由物质的永恒循环而形成的。基于循环的本质特征，循环经济就是要以可持续发展思想为指导，遵循生态学的原理和规律来重新构建人类社会经济活动。这也进一步拓展了循环概念的内涵。

（1）循环经济的定义

早在 21 世纪初期，国内外相关学者就展开了对循环经济内涵的研究。"循环经济"这一中文概念来源于英文名词 Circular Economy、Recycle Economy 等。"循环经济"狭义上就是在经济运行过程中提高资源利用效率，并对产生的各种废弃物进行再利用和再循环。

循环经济广义上就是将人类的社会经济活动融入自然生态的整体物质能量循环之中，研究人类如何最大限度地对资源进行合理高效地开发利用并将经济活动对自然环境的不良影响降到最低程度。

我国学者在关于"循环经济"这一概念内涵的讨论中，多位学者从不同角度对循环经济的内涵进行了界定。

曲格平认为循环经济除了清洁生产之外还融合了废弃物的综合利用，必须以生态学规律作为社会经济活动的基本指导原则，其本质可归纳为一种生态经济。简单而言，循环经济就是突破原有的生产方式，通过技术更新综合考虑资源、次生产品、废弃物的循环利用，减少废弃物的排放，使整个生产链条符合生态规律。可持续发展战略的顺利推行和基本目标的实现离不开循环经济的指导和保障。

段宁根据物质流动方向的特征来界定循环经济，指出循环经济是一种由资源到产品再到再生资源的物质流动过程。而传统工业经济社会的生产活动是一种由资源到产品再到废物的线性单向物质流动过程。这种传统经济的线性增长主要是基于对自然资源的高强度消耗，并造成了环境的严重污染和生态平衡的破坏。

王金南、余德辉将循环经济的特征归纳为以低（零）污染、低能耗为主要环境表现的物质、能量梯次和闭路循环利用。循环经济是由生态规划与设计、资源充分综合利用、清洁生产以及绿色消费等特征要素共同融合在一起构成的整体概念。循环经济中的社会经济活动要遵循生态学规律来进行，其根本任务除了保护自然资源、减少（避免）环境污染之外，还要求提高环境资源的利用和配置效率，从这一角度来说，循环经济的本质同样可以归结为一种生态经济。

周宏春主要从途径和目的的角度对循环经济的含义进行了总结归纳。他指出，循环经济推动社会生产发展的途径是通过废弃物等物资的再生和循环利用，进而实现三个"最少"和一个"提高"的目标，即实现生产、消费过程消耗的自然资源最少，排放到自然环境中的污染物最少，对生态环境的影响和破坏最少以及提高自然资源和生态环境资源的利用效率。

冯之浚、吴季松基于3R原则，分别提出了循环经济的内涵。冯之浚指出循环经济是一种遵循自然生态系统物质能量流动规律来运行的经济模式。循环经济的原则是减量化、再利用、资源化；循环经济的目标是自然资源的高效、循环利用；循环经济的特征是能量的梯次流动和物质的闭路循环。

吴季松对循环经济的内涵进行了拓展和延伸，在3R原则的基础上加入了rethink（再思考）和repair（再修复）两个要素，形成了循环经济的5R原则。

诸大建从目标（资源高效、循环利用）、原则（3R）、构成（闭合物质循环和资源循环）及模式（仿照生态系统使经济运行过程中物质和能量能够循环梯次利用的模式）四个方面来界定循环经济。

毛如柏、冯之浚基于库恩范式理论，根据科技、经济发展的不同阶段，从经济运行机制对资源与环境问题的处理方式的角度，按照末端治理和循环经济两种范式对经济发展进行了划分。

蔡守秋等从经济发展所遵循的规律和指导原则的角度来界定循环经济内涵，认为循环经济要以生态学的自然生态循环规律来指导经济运行，综合了生产的清洁化、废物的再生化和消费的绿色化，循环经济具有生态经济的本质属性。

虽然不同学者对循环经济内涵的认识角度各有差异，但是通过总结分析，可以将这些循环经济概念界定的视角归纳为以下几个方面：

第一类视角是从资源利用方式路径的角度来对循环经济进行界定。从这一角度对循环经济的界定强调了循环经济中对废弃物的回收和综合利用这一特点，强调通过循环利用废弃物以减少资源消耗和污染物排放，提高资源利用率，从而使经济发展实现高效、低耗、环保的目标。基于废弃物回收及循环利用，强调循环经济资源耗用、污染物排放的最少化，这类概念界定确实有其合理性。然而，从这一概念描述的角度仅仅抓住了循环经济的一种资源利用方式和路径，其所能涵盖循环经济的内容不全面，而且对于一些国家尤其是一些发展中国家来说，为了实现经济发展，很难避免物质流量的增加。因此，从这一角度来界定循环经济存在一定的局限性。

第二类视角是从人与自然关系的角度来对循环经济进行定义。从人与自然的关系来看，循环经济要求经济生产活动中的物质流和能源流要符合自然生态规律，使之生产过程生态化，以求自然生态保持平衡。从这一角度来看，在传统经济的运行中，物质和能量是从资源到产品最终形成污染物排放到环境中进行单向线性流动的，不符合自然生态的物质能量流动规律，是一种高耗用、高排放、低效率的经济运行模式，最终会导致生态的失衡。与传统经济运行方式不同，循环经济是一种顺应自然生态系统物质能量运动规律，从自然生态系统的整体角度来考虑的经济发展模式，遵循从资源到产品再到再生资源流动过程，是一种低耗用、低排放、高效率的经济运行模式，能够最大限度地降低人类的经济活动对生态环境的影响。

第三类视角是从技术范式的角度来对循环经济进行界定。从这一角度定义循环经济的学者将循环经济视为一场经济发展的范式革命。他们将经济发展归纳为"末端治理"和"循环经济"两种不同的范式。纵观经济发展的历程，一度迅速发展的环境污染通过生产过程的末端治理得到了一定遏制，末端治理范式起到了其应担负的历史性作用。但是，末端治理无法从根本上扭转环境污染和资源枯竭的趋势。循环经济在这一角度的界定就是要求将经济社会系统能量与物质的"小循环"纳入自然生态系统的"大循环"之中，遵循生态系统能量物质运动规律，合理利用自然资源和生态容量，将经济发展建立在物质循环利用的基础上，实现经济活动的生态转化。

第四类视角是从经济形态的角度来对循环经济进行定义。从这一角度来看，循环经济被视为一种新的经济发展方式和形态。在这种新的经济形态中，生态环境被视为制约经济增长的要素，而良好的生态环境被视为一种公共物品。基于这一观点的界定，物质资源的减量化、再利用和再循环仅仅被作为循环经济中生产的目的，而循环经济的本质被归结为对社会经济生产关系的调整，从而实现可持续发展的目标。

综上所述，与高耗费、高污染的单向线性传统经济发展模式相区别，循环经济是一种在生态环境压力日益增大的背景下逐步形成的闭合循环的经济发展形式，这一闭合循环以低消耗、低污染和高效率为目标，最终实现经济社会的可持续发展。循环经济从目标、理念、运行原则、运行机制与模式以及管理体系都是全新的。循环经济的核心是资源的充分、高效和循环利用；理论是3R原则；目的是调节资源、环境的稀缺性与经济、社会发展的无限性之间的矛盾，从而解决资源消耗过度、环境被污染、生态遭破坏等与经济高速发展相矛盾的问题，形成经济、社会和生态系统的良性循环和可持续发展。

（2）循环经济的基本内涵

作为一种生态经济，循环经济改变了传统工业经济的线性发展模式，可从生态与环境经济、资源利用、物质流动以及系统发展等多个不同角度来理解其内涵。

从生态与环境经济角度：循环经济中用来组织和管理社会经济活动的指导理论是生态学中生态平衡、能量与物质流动等生态系统运行的基本原理，将社会经济循环纳入自然生态的大系统循环中，构建能够维护自然环境和社会经济环境和谐平衡的经济发展模式。以低耗费、低排放、高效率为基本特征的循环经济的运行路径是通过对产业经济活动中产生的副产品、废气、废渣等进行循环利用，使整个产业链条形成闭合回路。在这一反馈式循环中，物质和能量都能够在各个流程环节得到合理充分的利用，同时废弃物的排放及对外部环境系统的影响降到最低，从而消弭长久以来经济增长与生态环境保护之间存在的尖锐矛盾，实现经济活动向生态化发展模式转化。

从资源利用角度：循环经济将人类的生产活动纳入生态系统循环之中，构建物质循环利用的经济发展模式，使得经济生产循环中的能量与物质能够得到充分高效的利用，并使得这一流程中产生的代谢废物降到最低，甚至使所有废物都能得到系统中其他环境的利用从而实现零排放，进而提高经济发展对资源利用的效率和质量。

从物质流动角度：传统工业经济中物质流动的具体环节为从资源到产品再到废弃物物质流动，是一种线性流动过程，具有单向流动的特征；而循环经济中经济活动组织流程是从资源开发、使用、回收到循环再利用，其中生产过程中产生的废弃物作为再生资源又重新加入新的生产循环，这种反馈式物质循环流程实现了低耗费、低排放、高效率，提高了经济运行的经济效益、社会效益和环境效益。

从系统发展的角度：循环经济是融合了原料供给系统、生产系统、经营系统、物流运输系统、市场消费系统以及与经济产品全生命周期相关的所有系统共同组成生态化的链式闭环的经济发展网络系统。循环经济发展思路不仅可以体现在与经济相关的工、农、商等生产和产品消费领域，还可体现在人居环境建设、人文教育、人口流动与控制、防灾抗灾等社会管理领域，最终实现人类社会的生态和谐和可持续发展。

2.1.3 循环经济的基本原则

以资源的高效和循环利用为核心的循环经济要求在实践中组织生产，实现资源利用的过程中必须遵循生态系统的基本原理和规律。虽然循环经济在实践中的表现形式各有不同，但都是以 3R 作为基本原则的。在这一基本原则指导下，循环经济最终要通过资源消耗的"减量化"来实现节约自然资源、减少环境污染的目的，通过产品的"再利用"提高资源的利用效率，通过废弃物的"资源化""再循环"以最小的经济成本将经济生产对环境的影响降到最低，实现经济与环境高度融合，从而达到效益极限化，生态经济耦合协调发展。

循环经济"3R"原则按"减量化"到"再利用"再到"再循环"的顺序排列，从一个角度也反映了自 20 世纪 50 年代以来人们在环境保护与经济发展之间关系问题上思考的不断深化发展的三个阶段：在这一历程的第一阶段，在日益恶化的生态环境面前，人们开始反思一直以来盲目追求经济增长而忽视这一过程对于环境影响的单一的经济发展观，开始转变传统的只求发展不顾环境的经济发展模式，进而过渡到了循环经济萌芽的第一阶段：对生产过程中产生的废弃物进行环保处理（末端治理）的新的经济发展模式。随后，在进行末端治理的实践过程中，人们认识到废弃物产生的根源在于资源利用的低效和不充分，环境污染实质上是另一种形式的资源浪费，因此循环经济由原来单一的末端治理模式提升到第二阶段：产品和生产过程的伴生品的再利用阶段。最后，随着科学技术的日新月异的飞速发展，人们对于废弃物的认识进一步升华，开始认识到对废弃物的再利用仍然只是一种辅助性手段，实现经济与生态的和谐发展的最根本路径应该是从根源上减少废弃物的产生，充分利用生产过程中的所有伴生品和损失的能量，这是人类对可持续发展的又一质的飞跃。可见，3R 原则是从实践层面上对可持续发展思想核心的抽象概括，是循环经济理论能够在实际操作中运用的可行的操作规范和指导措施（见表 2.1）。

表 2.1　　　　　　　　　　　　循环经济三原则

3R 原则	适应对象	目的
减量化	循环的输入端	减少物质和能量在生产和消费流程中的耗用
再利用	循环的过程方法路径	延长产品和服务的使用寿命，尽可能重复或采用多种方式对产品加以利用，提高作为产品形态的资源利用效率
再循环	循环的输出端	将生产过程未能利用的以及生产过程产生的伴生品再次作为资源进入新的循环以减少废弃物排放

（1）减量化原则

减量化是指在经济活动中实现资源的最低消耗和废弃物的最低排放，不断使资源得到高效利用。减量化原则要求在新的经济生产循环的输入端就注意资源利用的节约和高效，从源头上减少对环境的影响。在进入生产过程之后，一方面从产品设计角度，提倡产品的实用性、耐用性和可回收性，提倡产品小型、轻型化，以及包装的减量、环保化；另一方面从产品生产流程角度，要通过技术的改造和更新，采用清洁高效的生产工艺尽量减少对原材料和能源的使用，并尽量避免生产单位产品过程中废弃物的产生。

例如，惠普公司在推出新型打印机时，要求其设计满足在保持原有型号打印机核心功能不变甚至更优的前提下，相比原型号打印机，在重量和尺寸上要进行缩减，从而从产品设计阶段就减少对资源的需要量和产生废弃物的可能性。目前，不论在生产还是生活环节中固体废弃物的很大比重都是由包装垃圾带来的。依据可持续发展和循环经济的基本思想，必须避免产品的过度包装和豪华包装，而在产品包装设计时力求减量化、简洁化和环保化，从而在产品的使用环节提高包装物的可回收性，并减少废弃物的产生。例如，美国产品的包装曾经由于过于简单而受到欧洲市场的冷遇，而随着可持续发展思想和循环经济理念的日益深入人心，美国的包装风格成为减量化、环境友好化的设计典范而备受欧洲市场推崇。

减量化原则不仅适用于生产环节，它对消费过程同样适用。消费的减量化原则要求人们改变盲目追求奢侈和享乐至上的消费观，由过度消费转变为适度的绿色消费，鼓励人们选择积极、健康、环境友好的高质量的生活方式，包括节约用水、用电，减少生活垃圾和厨余垃圾，选择包装简单、可循环使用的实用产品进行消费等。人们消费方式的改变不仅影响消费环节资源的减量化，还会通过市场机制对生产环节产生直接影响，推动企业生产更为环保的产品，更高效地利用资源、更努力地减少生产和产品对环境的污染。

（2）再利用原则

再利用是指为了延长产品的使用寿命，避免产品过早地进入回收环节，通过对新技术、新材料、新工艺的利用，对一次使用后下线物品进行修复、更新、重新融合后再次上线使用，这一原则一方面要求合理避免一次性用品的过度生产和使用，另一方面，对于不可避免使用的一次性产品、包装物等也要通过回收使其重新回归到经济循环。但对于一次性产品还是耐用产品的选择要从产品的全生命周期之中进行考察，与一次性产品相比，耐用产品一般会耗用更多资源和能源，回收处理可能也需要更多人力和物力成本。

再利用原则不仅指产品整体的重复使用，或修复后的再次使用，它还意味着构成产品的零部件的标准化、通用化、可替换性和可拆解性。在一个可持续发展的社会里，在经济循环中作为生产环节的主要参与者，厂商要在不消耗更多资源和能源、不造成环境影响的前提下保证按标准化原则生产产品零部件，并保证零部件能够满足拆装、修理和替换，能够实现不同产商生产的同类产品实现零件/附属设备的通用性，从而避免成套装备因某零部件损坏或更新淘汰、原生产厂商倒闭等造成无法使用或达不到原有功能而形成的浪费。对于更新换代快的电子产品可提倡设计成模块化组合集成型产品，一旦更新换代，只需对产品中的关键部件进行更新即可，而不必报废整个产品，这实际上就实现了产品的可持续利用，减少了资源的浪费和废弃物的产生，是再使用原则的另一种体现形式。

与减量化原则相同，再利用原则不仅是对生产环节进行规范，它对消费过程也起到了指导作用。根据再利用原则，消费者对于自己选购的产品一旦出现故障或某些部件需要更新，更应考虑的是进行产品修理或局部更新，而不是频繁报废产品。而且，消费者还可以将自己不再需要的、可继续使用的物品重新流入市场系统或捐赠给非营利机构或平台，以供该产品潜在的需求者能够利用更少的时间、经济和资源成本获得该产品的使用价值。

（3）再循环原则

再循环是指将产品从资源开采、生产、使用到废弃的这一生命周期进行再次延续。产品生产、使用过程中产生的伴生废弃物和产品使用寿命结束后形成的废弃物通过加工或与其他产品生产的原材料相匹配，最大限度地开发它们新的利用价值，使其重新变为资源进入新的生命周期和循环过程。这一过程既能够减少生态环境中原生资源的损耗，又可以减少生产、使用、运输和消费等行为产生废弃物对环境带来的影响，同时减轻对废弃物的处置压力。

再循环一般可分为原级再循环和次级再循环两种形式。其中，原级再循环，顾名思义，就是废弃物被用来作为原料生产相同属性类型的新产品，如废旧报纸、废旧纸箱等废弃纸质包装用来生产再生报纸和纸质包装，废弃塑料瓶用来生产再生塑料器皿等。而次级再循环，即废弃物被用来作为原料再生产其他与其自身属性类型完全不同的其他种类的产品。据统计，根据目前的科学技术水平，原级再循环在新产品形成过程中可以使其减少原生材料20%～90%的使用量，而次级再循环在新产品形成过程中能够减少原生物质的使用量大约在 25%。由此可见,生态经济应该更注重原级在再循环的开发利用。

再循环原则的关键是要求产品制造者解决产品制造、原材料使用过程中产生的伴生废弃物和产品使用寿命结束后形成的废弃物的处理问题。遵循这一循环经济的指导原则,一件产品在设计之初不但要对产品的生产工序、外观、性能、预计寿命等与产品使用相关的特性进行设计,更为关键的是要考虑产品使用寿命结束后报废产品的处理。例如,德国为了便于废旧纸箱的打浆再生,制定法规禁止企业在产品的包装纸箱上喷涂使用聚乙烯材料。又如惠普公司通过产品使用说明或官网等不同途径对惠普打印机的循环利用进行了声明。惠普公司指出,惠普打印机的产品设计使其产品在使用寿命结束后能够满足拆卸组装的要求,只要用户按照有关操作或产品说明就能够通过简单操作处理达到循环使用的目的。

随着经济和科技的飞速发展以及对可持续发展理念认识的不断深入,学术界又陆续对 3R 原则进行了发展,在"减量化""再循环""再利用"的基础上增加了"再组织""再修复""再思考"等,从而提出了 4R、5R、6R 原则。这些原则一般是针对某些特定领域或特定层次(如管理层面、某些行业领域等)而提出的更加细化、更具针对性的原则。这些拓展的原则对于特定层次或领域是具有合理性的,但显然 3R 原则更具有一般意义,更具有基础性和普遍性。

循环经济 3R 原则所包含的三个指导要素的重要性并非是各自并列的。3R 原则是按照"减量化—再利用—再循环"这一优先顺序排列的。与传统经济发展的末端治理模式不同,循环经济理论更加注重从源头上控制经济行为以减少消耗、降低污染。从这个意义上说,从源头上减少资源消耗、避免对生态环境造成影响和破坏是循环经济的优先目标。因此,循环经济首先要求生产单位时刻牢记"减量化"的要求,在各个生产环节都要关注各类资源的使用效率、废弃物和次生产品的产生和利用,充分利用和研发前沿技术达到节能降耗的目的。其次,要充分掌握"再使用"原则,把能够再利用的设备、物资、废弃物品通过不断的深加工、技术改造、代换等使其发挥最大剩余价值。只有在当前的最高技术水平下所有可能的途径都不能实现对废弃物的循环利用时，才允许将最终废物进行末端无害化处理。

循环经济三原则的排列顺序反映了人类对于经济增长与环境保护关系问题的思想历程。当人类认识到以破坏环境为代价的经济增长模式的严重后果之后，开始转变原有的经济发展方式，抛弃了传统的只破坏不治理的经济方式，进入末端治理阶段，在对待环境和经济发展问题上的认识水平上升了一步。随着经济和科技水平的飞速发展，人们进一步认识到生产中的排放物和使用结束后的旧产品实际上也是一种尚待开发的资源，可以重新循环利用。这样，经济的末端治理模式又向前迈进一步，开始进入再利用和再循环阶段。

循环经济理论发展至今，人们对可持续发展观的认识不断成熟和深入，已经开始认识到，对废弃物的再利用只是一种手段，要实现真正的循环经济，就需要从根源上将生产、使用过程中产生的和使用寿命结束后能够利用的物质均作为循环系统中的资源而非废弃物。虽然循环经济内涵最终落脚在"资源化和再循环"环节得以体现，但仅仅依靠某一环节是不足以使循环经济得以完全实现的，只有根据不同发展层次和领域的特点，综合应用 3R 原则，才能实现节能、减排和高效的可持续发展目标。

总之，3R 原则的实质就是在保证对生态环境的影响最小的前提下，用最经济的原料和能量来保证生产或消费需要得到充分满足。这一原则要求经济活动的组织者和参与者从源头上就注意资源和能源的使用，使其效率达到最大化，并且将最终废弃物降到最低，达到对自然环境的影响最小化。从这一角度来看，循环经济是一种前沿的经济发展模式，是保证良好生态系统的需要，是经济发展的必经阶段。"既要金山银山，也要绿水青山"，循环经济是实现这一目标的良好模式，是实现社会发展、经济发展和环境保护"三赢"的一种可行路径。

2.1.4　循环经济的基本特征

循环经济作为实现产业生态共生、经济可持续发展的先进模式，有自身的独特特征，主要体现在以下几个方面：

（1）新的系统观

循环经济理论所探讨的是由人、资本、技术、自然资源、生态环境等要素共同构成的复合系统。循环经济中的"循环"可以视为物质、能量、资本、技术、人力等在这一复合系统中的流动和变化。循环经济理论最核心的特征之一就是改变了将人类社会系统与自然生态系统割裂的传统的思维定式，将社会经济系统纳入地球的自然生态系统这一大系统中处理和解决经济发展过程中的问题。这就要求在生产和消费时不再置身于自然生态系统之外，而是按照地球生态圈发展的客观规律将经济社会作为生态环境系统的一部分来组织人类活动。不论是"退耕还林""退牧还草"还是"退养还滩""退垦还海"都是依据这一原则将人类的小系统融入地球生态大系统思考问题的具体体现。

（2）新的经济观

在传统工业经济运行过程中，更强调的是资本和劳动力的循环，而对于自然资源和生态环境的思考和理解是静态的和孤立的。与传统工业经济模式不同，循环经济模式遵循在自然生态规律的基础上来组织经济生产活动，局部生产过程中运用的化学、机械、材料、工程等自然科学原理不足以从宏观上构建与生态系统相融合的循环经济体系。基于此，在循环经济系统中不仅要考虑经济成本、人力成本、技术成本、社会成本，还要考虑资源成本、环境成本、生态成本和代际成本。一旦经济活动超出了资源和生态环境的承载能力，在这个囊括了人类社会系统的地球生态系统中，原有的平衡必然会被打破，物质和能量循环必然会出现断裂或混乱，这些影响生态平衡的负效应不断叠加、恶性循环，最终会造成生态系统退化，生态系统的退化反过来会对人类的生产和生活造成负面冲击。因此，只有在生态承载力之内开展经济循环才能称为良性循环，才能保证生态系统的健康发展。

（3）新的价值观

传统工业经济将经济过程划分成不同的"区间"，有原材料生产区间、运输仓储区间、生产区间、消费使用区间、废弃物处理区间等。而自然环境仅仅作为一种被动的"取料场"或"排放地"，未将其视为参与经济循环的因素，也未考虑除物质资源之外自然环境系统能够对经济发展带来的影响和价值。而循环经济观在组织经济活动时，不仅将自然环境提供的资源作为经济循环的重要因素，还认识到人类生产、生活等活动所处的外部自然环境不仅是一切存在的前提，而且也是循环经济的关键要素，对人类社会的发展起到了决定性的制约作用。一个良性的、健康的、有活力的生态系统对人类的生存、经济的发展、科学文化的进步都具有重要的意义和价值。因此，在考虑人自身发展以及科学技术发展时，要从一个自然界成员而不是征服者的角度来审视经济活动要如何开展，不仅要考虑科学技术对自然界的探索和开发力量，还要重视科学技术对生态系统的修复能力，促进人与自然和谐共生和健康发展。

（4）新的生产观

传统工业经济的生产观念追求的核心目标是创造最大的社会财富，获取最大的利润。这一目标就决定了传统工业经济中的参与者盲目追求自身利益的最大化，这一点在经典经济学的"理性人"假设中被很好地反映出来。基于这一基础的均衡，仅仅是市场的均衡、人类经济活动的物质的局部均衡。这种均衡完全忽略了自然环境因素对人类行为和生产发展带来的影响。

循环经济的生产观遵循减量化、再使用和再循环的 3R 原则。在 3R 原则指导下的循环经济生产观要求在生态环境承载能力基础上展开人类生产活动，并将其纳入整个自然生态系统运行过程中去组织和调控。首先，在生产的投入端要尽可能地节约自然资源，提高自然资源的利用效率；其次，延长产品的生命周期，拓展产品的使用场合，使单位产品能够最大限度地实现其使用价值并创造最大的良性社会财富；最后，将经济活动置于一个全生命周期考察，抛弃原有的"废物"概念，而将所有经济活动产生的产品和伴生品均视为待利用的资源，实现资源的再循环和无害化排放。同时，循环经济观还要求在生产中尽可能地用知识投入来替代物质投入，通过科学技术的支持尽可能利用可再生资源，如太阳能、潮汐能、风能等，使生产更为充分合理地在顺应自然生态循环的前提下运行和发展，从而实现经济、社会、文化与自然生态的和谐统一。

（5）新的消费观

循环经济观要求走出传统经济"消费至上"的误区，提倡适度消费、绿色消费。因此，循环经济观要求通过教育引导、税收刺激和法律法规等多种手段，使消费者形成环保健康的消费观念，在消费的同时不但要考虑产品本身的质量和功能，还要考虑产品生产过程是否对环境造成了不可修复的影响和破坏，更要考虑在产品使用寿命结束后废旧产品能否进行循环利用或进行环境无害化处置问题。同时，政府应逐步限制废旧处置成本很高的一次性产品的生产与消费，尤其对以不可再生资源为原料的一次性产品更应加快立法加以限制和禁止，如餐馆的一次性餐具、难以自然降解的一次性塑料包装等。

2.1.5 循环经济的生态学基础

生态学是循环经济最重要的理论基础和支撑。循环经济的核心是将人类的经济活动纳入自然环境系统中，构建节能、高效、环保的经济发展模式。而传统生态学主要研究生物与其所处的外部环境之间的相互关系，揭示的生态系统的规律可以归纳为适应环境规律、各因素相互协调规律、物质循环和再生规律、发展进化规律等。循环经济将生态学理论应用于分析经济系统与生态环境系统之间的关系。为了在企业生产经营活动中更好地实施循环经济，保证其发展方向的正确性，必须深刻学习掌握生态学的基本原理和生态系统的基本规律。

（1）整体协同的动态平衡原理

自然环境中广泛存在着氧气、水、光和其他生命体所需的营养物质，生物要生存就必须从环境摄取这些物质与能量，同时还要排放各种废弃物，不断进行新陈代谢活动，直至生命结束才完成自身与环境的最后融合。这一过程就是个体生物和环境构成的一个可循环生态系统，在该系统中，两者相互索取、相互利用，自然而然达到一种动态平衡。从这一角度来看，个体生物和其生存环境已经构成简单的生态体系，个体生物既是这个体系的影响者又是受益者。

人类作为生态体系中的一分子，必然遵循生物体与环境之间的相互关系和发展规律，人类的生存、活动以及不断进化与发展既依赖于自然环境，又对自然环境产生影响。一旦人类活动对自然生态平衡造成了破坏，那么人们就要承受来自自然的惩罚，忍受生态环境破坏而带来的后果，这是人与自然未能和谐相处的后果。马克思、恩格斯曾经告诫人们："我们统治自然界，决不像征服者统治异族人那样，绝不是像站在自然界之外的人似的，——相反地，我们连同我们的肉、血和头脑都是属于自然界和存在于自然之中的；我们对自然界的全部统治力量，就在于我们比其他一切生物强，能够认识和正确运用自然规律。①"

（2）生态阈值原理

生态系统的自我调节、修复是有一定限度和临界的，一旦超出这个限度和临界，那么生态系统原有的平衡就会遭到破坏，而这个临界限度就被称为"生态阈值"。生态阈值受到环境质量、生物种群数量及其相互联系等多种因素制约。生态系统的自我修复能力可以在生态阈值范围内起作用，使生态系统能够承受一定程度的外界冲击，并通过不断的自我调节恢复到原有的稳定状态。当外界干扰超过生态阈值，生态系统在外部冲击超过生态阈值的情况下是不能自我修复到原初状态的，这种情况被称为"生态失调"。生态系统的成熟度决定着生态阈值的大小。生态系统越成熟，系统中的种群组成越多，系统的营养结构就越复杂，进而系统的稳定性就越强，越是稳定的系统越能承受和抵抗外界的压力和冲击，即阈值越高；相反一个单一的人工物质生产系统，由于缺乏多样性及稳定性，那么这种系统的阈值就会比较低。

在复合生态系统逐渐进化的过程中，系统中各要素之间以反馈信息为纽带相互联系在一起。反馈在生态系统形成自我调控能力的过程中发挥着重要作用，根据其对系统的作用可以分为正反馈和负反馈两种类型。在生态系统中，所有生物体都是在某些限制因子的负反馈的制约下和某些利导因子的正反馈的促进下不断发展变化的。在一个自组织稳定的生态系统中，正反馈机制和负反馈机制是相互平衡的。其中，系统中的正反馈为系统的进化提供动力，但正反馈会由于涨落因素的放大给系统带来不稳定因素，这些不稳定因素又可通过某些负反馈的抑制作用进行消解，使系统在新的平衡状态中保持稳定。通过这种反馈机制，并根据环境的变化进行不断的自我调节和自我适

---

① 《马克思恩格斯选集》第4卷，中文第二版，人民出版社2012年版，第383～384页。

应，系统的进化发展才能得以实现。因此，正、负反馈环中利导因子和限制因子的位置、动向和刺激强度在复合生态系统的调控中需要重点关注。正、负反馈的调节机制在社会和经济系统的发展过程中同样值得重视。

（3）共生共存的协调发展原理

共生是一种在自然生态系统中普遍存在的生物现象。共生关系可以从狭义和广义两个角度进行理解。狭义上的共生关系是指，不同物种在共同生存中所结成的无害的、且对各方有利（互利共生）或一方有利（偏利共生）的联系；广义上的共生关系是指，在处于均衡状态的生态系统中，各要素之间构成的有机的、紧密的、互不可分的关系，不仅包括对各方无害的互利或偏利关系，还包括可能对一方有损害的关系。从这个意义上讲，在地球的生态环境系统中人类只是众多共生体系中的一员。

1984 年，中国生态学家马世骏开拓性地以人类为主体视角思考生态环境问题，提出了"社会—经济—自然复合生态系统（SENCE）"的概念。"社会—经济—自然复合生态系统"是一种复合系统，由人类主导的社会、经济和自然生态系统在特定环境空间内通过协同作用而形成。这一概念将生物体之间相互协调、互为供给、相互协作的自然生态系统进一步深化，其范围包含了社会系统、经济系统和自然系统，这种系统相对于自然生态系统结构更复杂，系统中的各要素都存在着共生共存关系。

近年来，随着对生态环境和经济社会发展认识的深入，产业生态学从理论和实践上不断探索在产业体系内部建立不同产业流程或同一产业链内部的横向或纵向共生结构，尽可能实现物质的闭环循环。这就需要为产业系统打通内部物质的循环路径，为每一个节点上的企业找到资源的"提供者"和排泄物的"分解者"，构建"共生链"和"共生网"，从而形成产业共生体系，实现节约、高效和环保"三赢"。目前，产业共生体系最重要、最典型的形式就是生态产业园区，其中尤以丹麦的卡伦堡生态工业园为最成功的代表。

（4）循环再生原理

生态学的基本原理之一就是物质的循环、再生原理。自然不断演进的基础依赖于物质在生态系统中周而复始的循环和能量的往复传递。

在人类对地球造成巨大影响之前，自然生态系统结构是稳定的、平衡的，其功能是完备的、良性的。地球生态系统已经形成了健康发展状态的生物圈，该生物圈内如生产者、消费者、分解者等各因素构成了完整结构，他们之间能够保证良好物质流、能量流的循环，畅通的信息交换，系统能够根据内外部各因素变化而进行自我调节与修复。随着人类改造世界能力的日益提高，生态系统原有的平衡状态被打破，由此产生的一系列负反馈效应不仅对非生物环境、生物环境，而且对人类社会环境都产生了冲击。因此，消除经济发展与环境保护之间的矛盾，实现可持续发展的真正解决方法只能是从大生态系统的视角，依据自然界能量传递、物质循环和再生规律，对传统工业经济社会下的复合生态系统的结构与功能重新进行耦合，这项工程庞大且复杂，但为了人类自身的生存和发展必须完成。

依据循环再生原理的基本思想，人类在开展经济活动的过程中，应提高能量与物质在经济系统循环中的利用效率、延长各种原材料和产品的生命周期从而减轻对自然环境中不可再生资源的依赖程度，同时给可再生资源充分的时间和空间加以恢复，将对原有生态平衡的破坏降到最低，实现可持续发展。例如，在进行城市或区域建设的规划阶段，规划人员为了提高废水的处理和循环利用效率，在设计地下管网时应该将居民区的生活用水管网与工业区的工业废水管网分开，由各自独立的管道系统输送到不同的废水处理终端分别进行净化处理，处理后的中水根据不同水质级别以及需要加以循环利用，净化过程中由废水产生的有机物可以再加工成有机肥输入农业系统加以利用。而对于自然降水应通过雨水收集系统科学地对自然降水进行收集，并通过独立的管网系统进行输送以供园林绿化和农业生产使用，这样就可以从很大程度上降低相关生产部门对陆上淡水资源的消耗和依赖，减轻污水处理压力。

2.2 生态学理论

生态学的产生与发展一方面源于人类对地球系统本质和规律的探索，另一方面则是由于人类数量的快速增长和人类活动产生的巨大环境影响对地球生态造成的极大压力，人类迫切需要掌握地球经过数十亿年的不断演进而形成的生态系统的基本运行法则和规律来调整人类社会、其他种群、资源以及自然环境的关系，协调经济发展、社会发展与生态平衡的矛盾，推动人类的可持续发展。

2.2.1 生态学理论的产生与发展

生态学思想早在达尔文时期就开始萌芽了，1859 年达尔文出版了其划时代的巨著《物种起源》，书中蕴含了大量生态系统思想，为生态学的产生奠定了思想基础。作为达尔文进化论的捍卫者，德国博物学家海克尔（Ernst Heinrich Haeckel）于 1866 年在其著作《生物的普通形态学》中为了对动物学中未命名的分支加以识别创造了 Ökologie 一词。该词由希腊语 oikos（居住地、家庭）和 logos（理性的语言）构成。随后，海克尔不断对 Ökologie 一词进行丰富和扩展，将"生物"与"外部世界"联系起来。1869 年，海克尔在耶拿大学的就职演讲中提出了生态学更为详细的阐述："生态学是指一种知识体系，它关注自然的经济学——对动物与其无机环境和有机环境的所有关系的调查"。自此，生态学发展的序幕终由海克尔拉开。

1893 年，由美国麦迪逊植物学大会提议，将 Ökologie 一词的英语形式确定为 ecology，并自 1904 年开始在《植物学杂志》中开辟 Ecological notes（生态学注释）专栏，生态学开始作为专门的研究分支存在于学术领域。ecology 的汉语译文"生态学"一词是由日本东京帝国大学植物学家三好学（Miyoshi Manabu）于 1895 年创立，该词于 1935 年左右由武汉大学的张挺教授引入我国。

在海克尔提出生态学定义之后的几十年中，参与生态学相关研究的学者们一直处于自我界定和自我认识的状态，他们不断对生态学的研究领域和边界进行思考和讨论。经过不断的探索，丹麦哥本哈根的植物学家瓦尔明（E. Warming）和德国波恩大学的植物学家辛伯尔（A. F. W. Schimper）分别于 1895 年和 1898 年出版了《植物分布学》和《植物地理学》，这两本重要著作都从各自的角度对全球植物群落的空间分布及其与环境因素的关系进行了研究，为生态学最终确立为一门学科奠定了理论基础。

到了 20 世纪 30 年代，很多生态学著作和教科书已经开始对一些生态学的基本概念如食物链、生态位、生物量、生态系统等进行研究和阐述。

1935 年，英国的植物学家和生态学的先锋坦斯利（Arthur George Tansley）提出了生态系统的概念。随后，美国耶鲁大学的生态学家林德曼（Raymond Laurel Lindeman）于 1941 年发表了（Seasonal food-cycle dynamics in a Senescent Lake）"一个老年湖泊内的食物链动态"一文。这位在次年英年早逝的学者在该文中对 9 千多英亩的 Mondota 湖进行了详细的野外调查并搜集了丰富的数据，通过对食物链的能量和物质流动进行定量分析，林德曼提出了著名的生态能量转换"数量金字塔"理论（十分之一定律）。至此，生态学的研究对象、研究方法和理论体系都较为完整地建立起来，其独立的学科地位基本确立。生态学的理论主体包括对生物个体与其直接影响的小环境关系的研究以及不同层级的有机体与生态系统大环境关系的研究。生态学的研究方法由最初的定性描述，发展到模拟实验，再发展到定量分析，其研究方法不断成熟、多样化。20 世纪 60 年代，随着系统论、控制论、信息论的概念和方法的引入，生态学理论体系得到了丰富和发展，形成了系统生物学的第一个分支学科——系统生态学。

其后，对于生态学的归属问题不同学派各有不同观点：部分博物学家将生态学视为具有定量和动态分析特点的博物学的理论科学；一些生理学者认为生态学是在全局层面探讨生命发展历程与外部环境的关系，属于普通生理学的分支；植物和动物行为学家分别把生态学理解为研究生物群落的科学和研究动物行为与环境条件关系的科学；进化论学者则从系统进化的角度把生态学理解为研究环境与生物进化关系的科学。

到了 20 世纪 70 年代前后，生态学理论随着认识的深化，又发展出现了生态系统的观点，将生物与环境的关系归纳为物质、能量、信息的流动及交换。80 年代至今，结合当前人类生存发展紧密相关的一系列问题，生态学理论又产生了多个研究热点，如生物多样性、全球气候变化、生态系统修复与重建等。

纵观以上发展历程，可以发现与许多自然科学一样，生态学遵循的是由定性向定量、由静态向动态、由单一向多层次研究发展的规律。从学科体系的宏观角度来看，生态学可以视为自然科学与社会科学相交叉和融合的综合学科。从方法论的角度，生态学要研究环境机制的作用就需要生理学、物理学和化学的理论、方法和技术；要进行群体调查和系统分析需要对数据进行处理，就要运用数学建模、统计原理和方法；生态学中关于生态系统代谢和自稳态等概念源自生理学；而生态学运用物质、能量和信息流的流动变化来研究生物与环境的相互作用，则可以将其视为由物理学、生物学、化学、生理学、人类学、社会学、经济学以及系统科学等学科共同融合发展而构建的研究体系。

2.2.2　生态学的定义

生态学（Ecology）是一门研究生物与环境系统之间的相互关系和作用机理的科学。随着人类活动对地球生态圈影响的扩展与深化，人类与环境的关系成为日益突出且亟待解决的问题。因此近代生态学将其研究的范围从研究生物体、种群和群落与环境的关系扩大到研究包括人类社会在内的复合生态系统。生态学将困扰人类社会的人口、资源、环境等问题都纳入其主要研究范围。

海克尔最早将生态学定义为研究生物体与外部环境之间相互关系的科学。这在广义上指生存条件一部分是有机性质的，另一部分是无机性质的。

随着研究的进展和研究的侧重点不同，其他学者又陆续地给出了很多的定义，例如：

埃尔顿（Elton）于 1927 年将生态学定义为与动物的社会学和经济学有关的科学自然历史。

阿利等（Allee et al.）在 1949 年，认为生态学所研究的生物与环境之间相互影响的关系中，环境既包括物理（无机物）环境又包括生物环境，而对生物的研究则强调种群之间和种群内部的相互关系。

克拉克（Clarke）在 1954 年从广义和狭义两个方面定义了生态学。广义地说，生态学可定义为研究植物和动物种群间及其与外部环境之间的相互关系，这一研究的开展需要运用生物学、化学、生物化学、物理学及生物物理学的大部分内容；狭义地说，生态学指关于植物和动物群落的研究。

米斯拉（Misra）在 1967 年把生态学定义为研究类型、功能和因子相互作用的科学。

佩特里迪斯（Petrides）于 1968 年认为生态学是研究控制生物的福利、调控其分布、丰度、生产及进化的环境相互作用的科学。

克拉克在 1973 年在生态学原有的"关于生物体与物理环境之间关系"的定义的基础上加入了"生态系统"的因素，从而拓展了生态学定义的内涵。

史密斯（Smith）在 1977 年认为生态学是关于生物和生境的多学科的科学，并聚焦生态系统。

利肯斯（Likens）在 1992 年将生态学定义为研究影响生物分布和丰度的过程、生物之间的相互作用，以及生物与能量、物质转换、流动之间相互作用的科学。

从以上不同专家、学者对于生态学的定义中可以发现，虽然对生态学内涵的界定在核心理念上有一定重叠，但在分析角度、出发点和侧重点等具体方面还是存在一定的差异。

2.2.3　食物链

生态系统中存在着众多的生物种群，它们各自在生态系统的能量、物质及信息运动中发挥着不同的作用，扮演着不同的角色，据此可以将它们划分为三类，即生产者、消费者和分解者。绿色植物是生产者构成的主体，绿色植物的一个特性就是能够将无机物通过光合作用等转化成为自身所需营养物质，也包括一些同样能够以无机物合成有机物的化能细菌；消费者属于异养生物，指那些以其他生物或有机物为食的动物，根据食性不同，可以区分为食草动物和食肉动物两大类，当然也包括既食草又食肉的杂食动物；与绿色植物能够利用无机物转化合成有机物的自养生物不同，分解者则属于依靠有机物来维持生存的异养生物，包括各种真菌、细菌、某些原生动物与软体动物以及腐食动物等。生产者、消费者和分解者之间是相互依存的关系。

1927 年，英国动物生态学家埃尔顿首次提出了"食物链"的概念。通俗来讲，生态系统中各种生物种群是通过"吃"与"被吃"的"食物关系"使得在有机物中贮存的化学能在种间进行传导。这种生物之间由于"食物/营养关系"而形成的如同链条一样环环相扣、紧密联系的关系序列，就是生态学中的"食物链"。简言之，在生态系统内，各种生物基于食物形成的一系列关联，叫作食物链，食物链又被称为营养链。

自然界中的食物链既是一条物质流动链，又是一条能量流动链，同时也是一条信息链，由生态系统中所存在着的多条食物链通过相互连接而形成的复杂营养关系网络被称为食物网。生态系统的营养结构能够直观地通过食物网展现出来，生态系统功能的研究需要以此为基础进行展开。自然系统依靠食物链和食物网，对生态系统进行调节和调控，使各因素之间协调发展，保持系统的平衡。食物链理论指导人们模仿自然生态系统来规划产业系统，在进行产业链构建时，依据食物链理论和区域的具体情况，重新规划物质流、能量流和信息流，形成生态产业链。

2.2.4　生态系统的多样性和耐受性

生态系统的多样化程度可以通过一个地区生态系统的多样性来表示。这种多样性主要体现在生境、生物群落和生态过程中。其中，生境是指无机环境，如土壤、气候、水文和地质条件等；生物群落特指群落的组成结构和功能；生态过程指生态系统的组成、结构和功能在时间和空间上的变化。生态系统的多样性和物种的多样性是不同的两个概念，物种多样性顾名思义就是指物种的种类是各种各样的，生态系统的多样性包含的内容更丰富、范围更广，包含物种和物种群落，也就是在不同物理大背景中发生的各种不同的生物生态进程。生物圈是最大的生态系统，生物圈中的生态系统有森林生态系统、草原生态系统、海洋生态系统、淡水生态系统、湿地生态系统、农田和城市生态系统等。

生态系统具有一定的自我维持、修复和调节的能力，但这种能力是有限的、如果外界干扰超过这个限度，生态系统就会遭到破坏。在内力或外力作用于生态系统时，如果没有超过系统的耐受程度，系统会在自我调节下维系系统的物质流、能量流和信息流的正常流动，但是，如果外力（如人类的经济活动）超过生态系统的耐受程度时，系统就会失控，导致生态失衡，严重时会系统崩溃。

2.3　产业生态学理论

产业生态学理论是产业经济学和生态学理论相互融合发展的理论体系，是循环经济理论在产业领域的拓展，也是产业共生理论、生态产业链理论的重要理论基础。随着科技的日新月异，经济社会对于物质生产、生态环境保护和文化生活环境等各个方面要求的不断提高，对于如何加强生态环境保护，使得社会和经济建设能够与生态环境更加协调发展的研究成为世界各国关注的焦点。研究的角度已由循环经济学传统的清洁生产循环利用这种企业集团或工业园区的微观视域下的"单循环"，发展到产业生态系统这种中观、宏观视域下的"系统循环"。产业生态学是从产业的中观层面协调生态环境、经济发展和社会生活这三个与人类息息相关的三大领域，以节能减排，提高生产效率、资源利用效率，降低运输、人力成本，降低污染物排放，降低能源损耗，降低交易成本为主要目的，通过产业间类似于自然生态系统的"生产""消费""分解""共生"关系，结合形成"食物链群落"和"共生网络"，形成合理的，具有竞争力、创新力、自我修复能力和可持续发展能力的产业集群网络系统，实现环境友好，并充分满足社会经济发展、人民生活水平提高的需要。

2.3.1　产业生态理论产生与发展

20 世纪末期，随着经济的不断发展，资源的不断耗用和环境负荷的不断加重，人们对于经济发展与环境保护之间的矛盾冲突的认识不断深化，并开始从科学技术、经济调控和治理等多个不同方面寻找解决方法和路径。

20 世纪 60 年代，环保主义思潮在美国发端，并迅速蔓延到整个欧美地区。在 1977 年的地球学年会上，美国地球化学家普雷斯顿·克劳德（Preston Cloud）首次提出了"产业生态学"（industrial ecology）一词。随着经济、能源与环境之间的矛盾日益突出，自 20 世纪 80 年代开始，欧洲、日本等陆续开展了生态系统、新能源发展、环境技术项目等一系列科学技术、经济调控、产业体系调整等研究，这些研究项目为产业生态学理论的发展起到了强有力的推动作用，最终促成了产业生态学思想的确立和形成。

20 世纪 80 年代，以比利时政治研究与信息中心为主导，比利时多位学者结合生态学和经济学的理论方法，经过长期的分析思考和系统研究，运用生态学中能量、物质循环理论中"能量流"和"物质流"概念取代传统国民经济核算中的货币计量和评价工具来对一国的经济运行效果进行评价，从而分析一国产业的运行状态和存在的问题。他们将产业系统和自然生态系统进行模拟和类比，将产业系统定义为能量流、物质流所循环维系的，由生产、流通、消费作为基本运行方式的，由技术、资源、能源及废弃物等要素沟通构成的一种经济"生态系统"。这些研究被总结整理成《比利时生态系统：产业生态学研究》，于 1983 年出版。《比利时生态系统：产业生态学研究》被认为是产业生态学产生的早期的一部具有重要意义的著作，对产业生态学的发展具有重要的推动作用。

1988 年，欧洲工商管理学院环境资源管理中心（CMER）的创始人罗伯特·艾尔斯（Robert U. Ayres）教授，结合生态学的代谢理论，将经济系统放入整个自然生态的大系统中去进行分析，他认为可以将经济活动中生产、消费等环节中所流动的能量流、物质流与整个地球生态系统中的能量流、物质流融合起来，也可以将能源开采视为产业系统运行的起点，将自然资源的耗费和污染物的排放作为终结点，进而在产业系统和外界环境之间的各种能流、物质流和信息流的不断交换过程中，将这种由资源、能源转化为最终产品和废弃物过程定义为"产业代谢（industrial metabolism）"。"产业代谢"概念的提出使产业生态学的思想进一步深入和成熟。

1989 年，受到了"产业代谢"概念的影响和启发，通用汽车的罗伯特·福罗什和尼古拉·加劳布劳斯（Robert A. Frosch and Nicolas Gallopoulos）在对汽车工业的充分调研和分析的基础上，认为在现实的产业运行过程中，可以通过科技对传统工艺和工业运作模式的不断创新和改造，在产业系统结构中模拟自然生态系统的各种角色功能和循环机制来实现资源配置的优化、降低资源消耗和废弃物排放，而且在这一运行过程中，废弃物能够进一步再利用，从而实现可持续发展。他们将这一观点撰写成"制造业战略"一文，发表在《科学美国人》期刊上。在文中，他们正式引入了"产业生态系统"和"产业生态学"这两个概念，受到学术界的关注。在这篇文章发表的第二年，在美国科学院和贝尔实验室组织的"世界产业生态学"论坛上，学者们对产业生态学的基本概念、研究方法和架构及发展前景等问题进行了深入分析和讨论。

产业生态学研究在 20 世纪 90 年代后，进入不断发展成熟的阶段。1995年，格雷德尔和艾伦比（Thomas E. Graedel and B. R. Allenby）的《产业生态学》（Industrial Ecology）作为产业生态学理论的第一部正式专著出版面世。《产业生态学》一书构建了产业生态学的基本理论框架，提出了研究方法和工具（物理、生物和社科方法的应用、生命周期评价 LCA），从技术、社会与环境等角度对产业生态学的研究方向和理论内涵进行了阐述。

《产业生态学杂志》（Journal of Industrial Ecology）第一期于 1997 年由耶鲁大学和麻省理工学院合作出版发行。《产业生态学杂志》的出版进一步奠定了产业生态学在学术界作为具有完备体系的理论的地位，进一步使产业生态学得到学术界和社会的认同和关注。在《产业生态学杂志》的发刊词上，耶鲁大学的瑞德（里德）里福赛特 Reid J. Lifset 教授作为期刊主编，撰写了题为"一个象征、领域和期刊"（A Metaphor, a Field, and a Journal）的文章，进一步对产业生态学的性质、研究内涵和对象做了阐述。作为产业经济学、生态学和系统科学的交叉科学，产业生态学从微观（企业）、中观（地区）和宏观（全球）层面对企业生产经营、产业运行和国家经济部门中能流和物流进行系统分析和研究，研究的重点包括提高产业发展过程中的能源利用效率、原材料采掘、加工储运过程中的能量损失、最终产品消费后的回收利用、生产废弃物的再利用和无害化处理等，覆盖整个产业系统的全生命周期过程。

经过对产业生态理论多年的研究，产业生态的基本原理和方法都得到了进一步发展和完善。产业生态学相继在产业与环境关系、系统进化、产业代谢、结构重组、产业群落等领域取得了一系列进展。在实际应用中，产业生态学对生物技术创新和生态学理论在优化产业集群体系中的利用等方面都进行了深入分析。

2.3.2 产业生态学的内涵

产业生态学从概念提出至今只有近三十年的时间，属于一门较为年轻的理论。从前述对产业生态学的发展历程可以看出，尽管相关学者在该研究领域取得了一些进展，如清洁生产、生命周期评价等，但与传统的经济学和管理学相比，产业生态学的理论研究总体来说没有进入系统完善的阶段。到目前为止，在产业生态学的内涵和方法应用等方面，国内外的有关学者从不同的角度进行了研究。

产业生态学理论是 20 世纪 80 年代末和 90 年代初引入我国的。Industrial Ecology 也曾被译为"工业生态学"，而随着研究的深入，"产业生态学"的概念得到更为广泛的采纳。20 世纪 80 年代末，一些从事清洁生产的科研人员从清洁生产技术层面开展了工业生态学的初步探索，奠定了产业生态学的早期研究基础，也正因如此，Industrial Ecology 一词由于早期研究者的工科专业技术背景多被译为工业生态学。随着对经济生产和环境保护问题认识的不断深入，研究视角从清洁生产技术扩展到经济学、生态学和系统科学等不同研究领域，很多研究者也将 Industrial Ecology 译为"产业生态学"，而这一译法也被很多学者所接受和认可。

关于产业生态学的内涵，不同学者提出了各有侧重的阐述和解释，主要可以归纳为以下几个方面。

（1）从学科性质角度界定

产业生态学为了更为科学地研究经济、环境和社会的协调关系，利用了多门学科的理论和方法，经济学、生态学、系统科学、行为科学、社会学、管理学等，是一个融合了系统工程、生态学和经济学等多种学科研究思想和研究方法的交叉学科。

（2）从研究层次角度界定

产业生态学的内涵可以从宏观、中观和微观三个层次进行界定。产业生态化在宏观上是将产业系统的能量和物质循环放置于全社会乃至整体自然生态体系的大循环之中，使产业生态系统向更具可持续性的"生产、消费、分解（转化）"三级生态结构进化。在中观层面上，产业生态化使企业从产业链、消费链和回收链的全生命周期的视角来调整其原材料采集、产品销售、消费者消费、生产废料和废旧产品回收各个环节，以实现减量化和再利用、产品全生命周期的节能、清洁和高效。产业生态化在微观层面上体现在清洁生产技术，通过技术改造和创新，实现生产工艺更为节能、高效、清洁、环保，尽可能实现生产工艺的零排放。

（3）从研究的本质目标角度界定

产业生态学是通过对经济生产、产业体系、自然资源和生态环境之间的系统行为关系的研究，来探索如何实现经济效益、社会效益和环境效益最大化的目标。这一目标既包括生产效率、资源利用率和企业利润率的最大化，也包括能源损失、资源消耗、环境影响的最小化；不但包括生产工艺的清洁化、绿色化，还包括产业结构、消费结构的合理化；不但包括技术的先进性和创新性，还包括自然环境和人居环境的宜居性、协调性和可持续性。

（4）从研究对象的要素构成角度界定

产业生态学的研究对象是一个"人工的"区域产业经济系统和"自然的"生态系统密切联系、相互作用的整体系统，具有与自然生态系统相同的"封闭循环"、不断进化的系统结构。在这一系统中，产业生态学模拟生态系统的分类，把产业部门按照其在产业生态系统中的功能定位，划分为四大要素：生产者（产品、废物）、消费者、分解者和外部环境。能量流、物质流和信息流以及人类科技的不断进步和创新均作为产业生态系统循环得以实现的动力。

产业生态系统中各个生产节点通过能源、产品、废弃物和信息等的生产和使用来建立起类似于"食物链"和"共生关系"的网络体系。在这一网络体系中，单个企业可以视为能量和物质流动的节点，其所生产的产品和产生的废弃物都会被最终消费者或其他节点的企业作为最终产品、原材料或可用能量所消费或吸收利用（Frosch Robert，1992），从而结成生态产业链，不同生态产业链之间又可以通过这种"食物链"或"共生关系"进行横向连接，进而集成生态网络系统。

2.3.3 产业生态学的基本理论

产业生态学研究主要产品或工艺对环境的影响，主要理论包括：

（1）企业与生物体的相似性

传统生态学的研究最初都是围绕生物体来展开的。生物体是具有完整内部结构、能够维持生命体征并进行活动的物质实体。生物体的特征主要包括以下几个方面：能够独立表达自我行为、能够利用物质资源和能源、能够繁殖后代、有应激反应、具有有限的生命等。

产业系统是由大量企业个体所组成的。企业作为一种消耗生产要素并向社会提供产品或服务的独立的社会组织，在很多方面与自然界生物体的特征具有一致性。首先，企业能够独立开展生产和经营活动，如产品设计、产品生产等；其次，企业同样适用物质资源和能源，并在生产过程中排放废气、废水和废渣；再次，企业能够根据外部环境的变化对自身状态和行为做出相应的改变和调整，对于企业来说外部环境主要包括原材料获取的难易程度、市场需求和产品价格的变化、政府税收政策的调整等；最后，企业的存在也是有一条明确的生命周期轨迹的，包括初创、发展、成熟等阶段。

当然，企业与生物体也存在着明显的差异，例如在繁殖后代方面，企业可通过并购、扩建或连锁加盟等形式实现自身发展，但与生物体的遗传性繁衍是具有本质上的不同的。

（2）企业种群生态学

种群生态学研究某一特定物种或几个密切相关物种的空间分布、时间动态及演化规律等。从产业生态学的角度看，一味地使用生态学来研究企业种群意义并不大，产业生态学将研究的侧重点聚焦于运用种群生态学的原理和方法来解释产品的环境特性，进而对产品进行更为全面深入的研究。

某种产品由于人类的某种需要而被生产出来，其本身必然具有某种作用与功能，体现着人类利用资源的能力，即具有一个生态位的属性。产品的使用价值所提供的功能和服务是为了满足尚未实现或没有被更好实现的某种需要。产品的种类和数量可以视为反映产品生态位宽度的和重要性的指标。与生态学中种的生态位类似，如果某一产品失去了其在经济系统的生态位或者其生态位被更具有竞争优势的产品所取代，则该产品就会被市场淘汰。

（3）产业生态群落

一定区域内的所有关联企业构成的联合体就可以称为一个产业生态群落。处于产业生态群落中的这些相互关联的企业为了降低生产成本、减少投资等，而在副产品再利用、能源共享等方面实现合作。维系社会运行的各产业部门构成了产业生态群落中的不同"种群"，它们在经济系统中扮演着各自的角色，发挥着各自不同的作用。虽然不存在自然界生物体之间发生的实际的"捕食"关系，但产业系统中的物质循环和能量的传递在一定程度上类似于"捕食"关系。一个产业生态群落的稳定程度和该产业群落结构复杂程度与构成企业的多样化程度是成正比的。与自然生态系统类似，产业生态群落中也存在对群落的演进发展起着更大作用的"种群"，这种更为关键的"种群"就是产业生态系统的"关键种企业"，它们处在中心地位，能够带动其他企业的发展。

（4）产业生态系统

产业生态系统不是产业部门的简单加总，而是遵循自然生态系统中物质、能量与信息的流动与传递方式，由不同企业、组织以及外部环境等因素形成的综合系统。产业生态系统具有整体性、生态性、层次性、开放性和动态性等特征。

2.4　产业共生理论

随着产业生态学的不断发展成熟，许多学者在微观、中观和宏观层面上均提出了解决经济发展与环境问题矛盾的方法、途径和措施。基于生态学和经济学两大学科的基本理论和思想，先后产生了循环经济理论和产业生态学理论，并在这两个理论的基础上又诞生了产业共生理论体系。在产业生态学理论中发展出产业群落、产业代谢理论，进而基于生态共生理论又在产业群落层面上发展出产业共生理论这一产业组织理论创新。与之同步，在产业生态系统构建的实践中也水到渠成地形成了产业共生网络体系。产业共生理论从研究层次上基本属于中观层面，但也需要一些微观方法和理论作为研究依据。产业共生理论的产生和发展是与产业生态学理论和循环经济理论的发展和实践紧密相连、密不可分的。

2.4.1　产业共生理论的产生与发展

"共生"（Symbiosis）最初是描述生态学中种间关系的一个概念。1879年，"共生"概念由德国生物学家德贝里（Anion Debary）提出。在生态学中，自然生态系统中种群之间普遍存在着相互作用和影响。种间关系有竞争关系、捕食关系、寄生关系和互利共生关系。自然生态系统中的"共生"是指不同生物种群之间经过长时间的进化形成的，由于各自的获益关系，按照特定模式互相依存和作用，形成对一方或双（多）方有利的、协同进化的共同生存关系。根据物种之间共生利益关系的特点，共生关系可以分为寄生（只对一种物种有利，而对另一种不利）、偏利共生（对一种物种有利，对另外一些物种没有影响）和互利共生（对所有在这一共生关系中相联系的物种都有利）。乔治·伦纳（George T. Renner）在 1947 年《经济地理》杂志中发表的一篇论文中，在介绍不同产业间的有机联系（一家企业生产时产生的废弃物可以成为另一企业的原材料）时首次提出了"产业共生"（Industrial Symbiosis）这一概念。

产业共生体雏形最早是以"工业园区"的形式出现在欧洲的。始建于20 世纪 70 年代的丹麦卡伦堡生态工业园是最早的"产业共生体"的典型代表。它的"你的废弃物是我的原材料"的思想是"产业共生思想"的理论发源。20 世纪 80 年代开始，丹麦卡伦堡工业园区的这种"循环""共生"思想越来越受到社会和学术界的关注。20 世纪 90 年代，相关学者在产业生态学的研究中开始把"共生"概念和思想引入理论和实践研究过程中。在生态学中，作为一种自然生态系统中的种间关系，"共生"一般是物种之间自然形成的。而与之形成对比的是，在产业生态学中，"共生"可能是在一定经济环境背景下自发地形成，也可能通过设计和规划人为地形成。

丹麦卡伦堡工业园区的实践案例被很多学者研究和分析。其中，工业园中类似"共生体"的企业间通过副产品的供需利用而紧密联系的组织形式不同于传统意义上的"清洁生产"工艺改造，被视为一种组织机制的创新和突破。而卡伦堡被视为一个高效、协调、健康发展的产业共生系统的典型代表，很多学者都以它为案例撰写论文进行理论分析和实证研究。"产业共生"概念最早在1997年被提出，被用来描述类似卡伦堡工业园区中的企业间相互利用副产品和废弃物，从而降低污染物排放和污染物处置成本的一种企业间的物质、能力交换关系。这种企业之间的合作关系使彼此之间合作产生的利益远超过各自独立运营所产生的效益之和。由于与自然生态系统物种间的互利共生关系非常类似，因此将这种"1+1>2"的企业间的协作关系称为产业"共生"关系。

产业生态学中的"共生"理论是将经济社会的产业活动与自然界中的物流、能量融为一体，进行无限循环，与自然界中物种的相互作用和影响关系相类比，具有共同获益需求的企业之间以共同的物质循环、能量流动、信息交流、资金融通、人才互补等方式相互依存发展，以彼此之间副产品和废弃物的生产和利用作为联系纽带，形成了类似生态界中的产业系统"共生"关系。

2.4.2 产业共生的内涵

作为产业生态学的一个研究的具体方面，产业共生理论侧重将传统产业系统中的单向的物质线性流动转变为减少能量损失、提高资源利用率的闭合循环流动。在产业共生关系中，企业之间通过副产品的产生和利用来形成共生关系，从而增加产品附加值，提高资源利用率，降低生产成本，实现经济效益、社会效益和环境效益的有机统一。在产业共生领域中的研究主要集中在分析企业之间共生关系的形成、进化或重构的定性和定量分析上，其中对产业共生理论内涵的界定也主要围绕着这几个方面展开。

"产业共生"概念最早的论述出现在《丹麦的产业共生》一书中。书中指出产业共生是以副产品、废弃物的产生和互利为纽带和核心而建立起来的旨在降低企业成本、减少环境污染并且提高企业盈利能力和竞争力的一种企业之间的互惠合作关系。近年来，在产业共生理论和实践不断丰富发展的基础上，很多学者都从不同角度对产业共生理论的内涵进行了界定。

（1）从结构和模式的角度界定

产业共生理论内涵的界定从结构和模式角度来看，又可以分为要素构成、空间扩展以及功能整合模式等三种分析方式。

从构成结构的角度来说，产业共生是将原有独立离散的或线性链接的企业组织在物质、能量、信息以及相互生产和利用的副产品的循环流动中由自发转为有目的性地、自觉地建立起来的循环网络组织结构，从而实现互利共赢、降低成本和环境负荷的效应。其主要的实践形式之一就是生态产业园区。

随着对共生概念理解的深入，产业共生理论的空间领域被进一步拓展，产业生态共生系统被归纳为两种发展模式，即在企业之间构建的物质、能量交换共生结构；以及范围更广的企业、社区、自然环境之间的资金流、信息流、物质流、能量流等多种要素的循环共生网络结构。

在企业共生关系中，互利共生关系从技术的角度，可以分成基础设施，废弃物处理，物质、信息和能量交换，接受其他企业副产品，输送给其他企业副产品和剩余能量五个要素。而在更大范围内的产业共生结构中，涉及的要素不仅包括物质、能量、废弃物、副产品等物理形态的交换，还包括技术、数据信息、知识、管理机制、人才交流等多种要素的互利共享。

从构成要素的功能整合上来看，产业共生结构得以建立的内部驱动力是产业链不断发散蔓延的连续扩展属性，外部推动力是环境约束下追求经济效益的资本所客观存在的增值属性。在内外两种力量的作用下，可以将产业共生分成两种构成模式。一种模式是差异性共生模式，就是在社会分工不断细化的大背景下，产业链中的不同生产、服务功能的节点和价值模块根据彼此之间的业务和功能差异而相互补充和匹配结合而成的融合、互利、协同发展的结构形态。另一种模式是同质性共生模式，就是相同或相近业务和功能的节点和模块为了机制驱动、规模效益和技术互补而组合构成的产业群落，形成聚集的结构形态。

（2）从关系的角度界定

除了以上的分析视角之外，还有很多学者从共生系统中企业之间、共生单元之间的关系的角度入手来对产业共生的内涵进行分析。在这一分析视角下，产业共生被视为以提高资源利用率和环境效益为目的结合的按照一定模式组合而形成的企业间的各种关系的集合。其本质就是以提升产业竞争力、协调产业结构、保护自然环境为目的，以废弃物和副产品为联系桥梁的企业间的相互合作。

而在这一共生关系集合之中，存在着共生单元、共生模式和共生环境三个共生要素。其中，参与产业共生网络系统的各个企业和组织构成了共生单元，这是产业共生系统的基础；彼此之间的合作模式构成了共生模式，这是产业共生的关键要素；产业共生系统所处的内部和外部环境即为共生环境，这是产业共生系统的重要条件；还有就是在产业共生网络中共享的或循环流动的能量流、物质流、信息流等流量要素，流量要素在企业间的交换和流动是产业共生系统存在和发展的动力。

这种共生关系与传统的企业与企业之间一般的经济合作关系不同，具有实现经济效益和改善环境双重目标的、兼具经济和生态的双重特性。以这种共生关系为基础，在区域范围形成的产业共生网络是产业生态理论在区域产业实践中的新型的组织模式。产业共生网络既具有生态系统的结构和属性，又具有经济领域产业链的特点。在产业共生网络中，自然生态规律、人类行为规律在企业组织界面中均起到决定作用，指导和约束企业和相关组织的生产、消费等行为，促进各种组织加强合作，从而提高资源的利用效率，在满足人类日益提高的物质文化需要的同时，降低人类活动对自然生态的影响和破坏，实现可持续发展。

综合国内外研究，产业共生系统可以界定为：是以提高经济效益、资源利用效率和环境效益为目的，以废弃物和副产品的利用为纽带，以共生单元、共生模式和共生环境和流量等为构成要素，但按照一定模式组合而形成的企业间的各种共生关系的集合。

2.4.3　产业共生的基本特征

不同区域具有不同的资源禀赋和经济发展特点，因此不同区域形成的产业共生系统也具有各自的属性。但是产业共生系统具有一些共同的、区别于传统产业组织形式的特性。

从产业共生系统物质能量交换的角度来看，产业共生系统的特点具体包括：产业共生系统中参与的企业都有共同的经济和生态目标；产业共生系统中各企业的副产品和废弃物相互利用，并统一排放；产业共生系统中能量、物质在企业内部和企业之间形成闭合循环；产业共生系统内部企业生产过程结束后的剩余废弃物、副产品和能量以及产业共生系统外部企业剩余废弃物、副产品和能量也可以供内外部企业相互利用。

从产业共生系统企业间关系的角度来看，产业共生的特征可以概括为融合、互动和协调三个方面。在产业共生系统中，企业之间的合作与融合是产业共生的前提；企业间的副产品、物质和能量交换和互动性是产业间共生关系持续的动力和物质基础，也是产业间共生关系的具体体现；协调性是一个多维度的特性，包括数量、质量、形态和功能等维度上的协调。

产业共生与传统产业组织相比，具有明显不同的五个特征：第一，产业共生系统与生物群落系统非常相似。第二，产业共生系统内部各要素之间的互动关系较为复杂，具有复杂性特征。第三，产业共生系统具有循环的特征，把传统的物质单向流动的生产过程改造成一个资源再利用的反馈式流程，流程中的每一环节中产生的废弃物都可能变成下一环节的原料。第四，产业共生系统中上下游产业具有关联性，上游的产品、副产品或废弃物有可能是下游的资源或产业原动力，上游的失控或下游接受能力或处理能力的不足都会导致这个共生体的失控，打破平衡。第五，产业共生的本质就是互惠互利，减少对环境的影响与破坏，提高资源利用率，提高产品附加值。

2.4.4　产业共生的演进

产业共生网络系统不是一个恒定不变的僵死的系统，而是一个随着时间推移、环境变化和经济发展不断进化和演进的系统。产业共生网络系统总体上经历了一个起步、发展、成熟的演进过程。产业共生的发展和变化轨迹能够从其演化路径中反映出来。目前关于产业共生网络系统的演进主要有两种研究倾向。一种是从产业共生具体实践的角度出发，将产业共生网络系统的演进分为生态工业园和区域内副产品交换两种具体的演进路径。另一种是从产业生态系统的整体角度出发，分别从微观、中观和宏观三个层次分析产业共生系统不同层次上的演进过程。

首先，从产业共生具体实践的角度来看，产业共生网络系统的演进是一个系统参与成员之间的协同合作不断强化的、渐进的过程，随着效率的不断提高，产业共生网络系统不断多元化和多样化，进而不断完善和成熟，逐渐实现可持续发展的目标。

其次，从产业生态系统的整体角度来看，微观层面上，企业通过清洁生产工艺设计和改造、产品生命周期设计等措施实现清洁生产、循环经济；中观层面上，通过建立生态工业园区实现节能环保和产业可持续发展；宏观层面上，建立区域产业共生网络，将产业共生网络系统置于自然生态系统之中，综合考虑两个系统之间的物质、能量、信息等的循环流动，最终实现宏观层面上的经济与自然生态的协调发展。

再次，从产业共生系统的演进阶段来看，产业共生网络系统的演进可以分为三个阶段：区域效率阶段。在这一阶段，由政府或由已经存在的区域企业关系网络作用而促成当地企业之间的互利合作关系。在这一阶段中，共生系统参与企业能够自主做出任何决策，可以自主决定如何与当地的其他企业进行合作或如何共享各种资源从而提高生产效率。这一阶段的特征是挖掘和利用已经存在的资源和共赢机会。区域学习阶段。在这一阶段，参与企业和其他组织在相互认同和信任的基础上，交换信息和知识，深化对他们共生实践可持续性的认识，其他的利益相关者和其他外部因素也在这一阶段参与共生体系的发展过程之中，其成员、目标和范围相比前一阶段扩大了很多。可持续产业共生阶段。在这一阶段，参与者从整体上形成了一种共生系统可持续性"演化"的战略思想，将共生系统纳入自然环境的大系统中进行思考，并且以这一思想来指导他们的具体活动和行为。

最后，从"种群"竞争与合作关系的角度来看，根据生态学中的种群理论，可将参与产业共生合作的各参与企业作为具有相关关系的生态"种群"，通过分析区域经济合作的共生要素，来进行产业共生系统的演进分析。

2.4.5 产业共生的模式

产业共生发展模式是在特定地区和特定经济发展条件下形成的产业之间相互作用或结合的途径和方式，是对特定时间和空间产业共生系统内部共生单元之间互利协作特点和作用强度的概括，是对共生单元之间物质、信息和能量交换关系的反映。根据产业组织和生态学相关理论，通过对比企业间共生行为可以发现，企业间合作意愿的强弱取决于各自对这种合作关系依赖程度的不同。企业间以合作为纽带形成的产业共生关系是一种合作与竞争并存的混合模式，而非单纯的合作模式。作为产业共生网络系统的核心，不同的学者从不同角度，根据不同的标准对产业共生模式进行了界定和分类。

（1）从参与各方利益分配关系的角度

按照生态学中生物种群间的相互关系（捕食、竞争、共生及寄生）理论，共生关系可以分为互惠、偏利和偏害共生。结合产业共生系统中各要素和共生单元之间的合作和利益分配关系，可以模拟生态种群间的共生关系分类，将产业共生模式划分为对称、互利型产业共生，寄生型产业共生，偏利型产业共生以及非对称互惠型产业共生四种类型。

（2）从产业共生系统形成动力的角度

产业共生系统的形成需要动力的推动。促成产业共生系统形成的动力不但包括自身生存发展的内动力、技术创新支撑力，还包括外部的市场机制配置力、政策调控力、行政控制力和法规约束力等多种内外作用力。根据产业共生系统形成动力机制来看，产业共生模式可以划分为两种：自发演进模式和规划管理模式。

世界范围内的产业共生实践不断深入，大量经典案例不断涌现。其中自发演进模式的典型代表是丹麦的卡伦堡产业共生体系；规划管理模式的代表是中国生态工业园区（如中国贵港和鲁北工业园区）、美国工业园区和日本工业园区等。这种划分对于生态工业园区的实践具有一定的指导意义，并且有利于不同国家、模式之间的比较分析，能够通过参与者、核心能力及资金流等多种维度进行比较来发现问题，及时调整和改进工业园区的建设和政策措施。

（3）从产业共生系统运作和组织方式的角度

从微观、中观和宏观三个不同层面，针对共生系统的运作和组织，可以将产业共生模式分为三大类：以资源利用的最大化和废弃物排放的最小化为目标的企业内部运作模式；以经济、社会和环境效益"三赢"为目标的企业间组织模式（生态工业园为典型代表）；以优化配置资源、改善整体环境绩效为目标的区域产业系统的组织模式。其中，按照具体运作形式的差异可将产业共生模式划分为依托型共生模式、平等型共生模式、嵌入式共生模式和虚拟型共生模式。按照具体的组织形式可将产业共生模式分为偶然共生模式、间歇共生模式、连续共生模式和一体化共生模式。

第 3 章

产业生态共生理论

德国真菌与植物病理学家德贝里（de Bary, Heinrich Anton）于 1879 年开创性地提出了"共生"概念，这是有记录的人类共生理论研究的开端与起源。在德贝里的定义中，"共生"即为生物学中的不同物种为各自不同的"利益"而相互作用，共同生存在一起的一种状态。近年来，现代生物或生态学专著中普遍受到德贝里对"共生"概念界定的影响，认为共生是不同生物种间为彼此利益而产生的相互性、营养性联系，即不同的生物的"互利"且彼此"依存"的关系。

自 19 世纪以来，在共生理论的研究领域，许多学者从各自的视角展开过研究，涌现了许多杰出的学者和研究成果，如苏联的生物学家克斯基和克佐博林斯基等。这些学者在共生理论方面都有很多突出的研究成果，例如共生引起的"生境"演化、物种间的"生理变化"以及共生进化"起源"等。而且，近年来越来越多的学者涉足共生理论的研究领域，不断拓展共生理论新的研究方向和领域。

3.1 产业生态共生的内涵

产业生态共生是指在保障生态环境和谐的基础上，在法律、法规和相关政策的约束和指导下，借助技术革新实现产业的经济、环境和社会效益等多重目标，通过彼此间进行的能量、信息、资金以及废弃物等多种元素的流动和交换而实现产业生态共生系统中两个或多个"共生单元"之间互相依存和协同合作的生态共生模式，并最终形成协同进化、可持续的发展目标。通过对产业生态理论和共生理论相关文献梳理发现，要想发展绿色中国不能走"先污染、后治理"的战略，而是要走实现产业生态同步建设、互利共生的路线。"共生"本身就是一个生态学概念，是指两个或多个生物种群间存在的"互惠互利"、互相依存的生存状态，及彼此间形成的紧密联系、共生共存，协同进化的生存关系。产业生态链以培养企业间的共生链为核心，在此基础上跳出原有传统产业格局的桎梏和束缚，构建并发展完善产业生态共生网络体系，实现产业沿着高效、清洁、循环的可持续道路不断发展、进化。例如，产业生态共生的主要载体之一是汇集相关上下游产业的工业生态园区。这类生态园区是产业生态共生系统的一个缩影，体现了整个产业生态共生大系统的网络结构特点和协同耦合模式，其突出特点就是能够通过相关企业的集聚和协同管理对各种原材料、基础设施、技术、废弃物，乃至人力、资金等要素进行优化配置和高效率利用，最大限度地减少资源、能量、信息等在产业间流动过程中的损耗，减少废物产生和排放，提高经济生产过程中废弃物和副产品的再利用效率，从而实现经济利益、环境保护和社会效益等多重目标。通过总结已有的研究和实践经验，可以将产业生态共生的内涵和本质特性归纳为以下五个方面。

（1）产业生态共生发展具有创新性

根据生态学相关理论和产业经济学的相关研究，产业生态共生可以被视为在经济系统中产业间形成的一种类似于自然生态种群间的共生进化关系，在这种共生关系中，产业间通过协同互利，不断进行技术、制度等方面的革新而实现产业的创新发展。

（2）产业生态共生以企业节能减排和废弃物资源化利用为核心

在产业生态共生系统中，企业是基本的共生单元，相当于自然生态系统种群中的生物个体，由产业上下游企业构成产业生态共生系统中的生产者、消费者和分解者的产业"共生链"。在产业"共生链"中通过上下游企业间废弃物的交换而实现废弃物的循环利用，从而实现污染物的减量化、低排放甚至零排放。

（3）产业生态共生以产业分工的深化和细化为前提

在产业共生系统中，在企业的协同发展过程中，逐渐在产业中形成不同的业务和价值模块，并通过彼此间的经济联系推动不同模块之间加速融合、互动和协调。在这种进化模式中，分工的深化和细化在企业间的协同合作以及优胜劣汰过程中不断得到体现。在分工合作的深化和细化过程中，既有资源、能量、副产品、废物等物质流动，也有技术、信息、制度管理、发展理念等非物质流动。产业分工的深化和细化除了能够在各企业之间得到体现之外，还在空间地理环境、周边社区、政府部门等更广阔的领域不断扩展。

（4）产业生态共生关系的本质特征是竞合关系

产业生态共生注重强调产业共生发展过程中要以生态环境保护为抓手推动产业实现可持续发展。在产业绿色发展过程中企业之间既存在互补关系、合作关系，也存在竞争关系和"捕食"关系。在产业生态共生系统中要更加关注企业间形成良性的竞争与合作关系，使企业从彼此间的合作与竞争中不断创新、不断发展壮大。

（5）产业生态共生系统以生态共生网络为基本结构

产业生态共生网络是一个囊括多主体、多要素的，具整体性和协同性的共生网络结构。这一网络结构从局部看，包括企业间的合作、竞争、融合；从整体看，可以从企业之间扩展到企业、社区与政府部门等多主体之间的协同。生态共生网络体系首先要协同整合政府主体与企业、公众、科研机构、非营利组织之间的沟通与合作，最终形成多元主体的、高效的产业生态共生网络。

3.2　产业生态共生的特征

产业生态共生属于人类社会中不同"生产部门"基于经济生产关系而形成的"互惠互利"关系，这种"互惠互利"关系能够体现出产业生态共生

"经济"和"环境"双重属性特征。企业间产业生态共生维系的媒介和桥梁既可以是循环经济中进行循环利用的废弃物，也可以是企业间不断交换与共享的资源与能量、信息与技术、产品与废弃物等。结合空间地理学、生物学、经济学以及系统科学等多学科中的相关原理，我们可以从已有的研究中归纳出产业生态共生的特征有以下三个主要方面。

3.2.1 产业生态共生使得部分资源整合，提高产业效益

产业生态共生系统是基于市场条件自发形成的，随着经济社会中科技的飞速发展，产业生态共生系统在经济社会的快速"进化"过程中必然为了适应经济环境的变化而不断进行共生与合作模式的创新。产业生态共生系统可以提高资源循环利用的效率，加速产业生态共生子系统间或企业间的资源、能量和信息流动，提高产业发展的经济效益和环境效益。此外，产业生态共生系统能够通过子系统间的合作共赢进一步提高企业的生产效率和经济效益，减少资源消耗和环境污染，提高产业的可持续发展能力，把追求经济利益和保护生态环境有机结合在一起，实现经济、环境和社会共赢。

3.2.2 产业生态共生能够促进并优化产业集聚与协同发展

在不断加强生态文明建设的战略背景下，产业发展所必须要考虑的核心因素之一就是生态环境因素。产业集群过程也要基于各地、各产业的自然属性、经济发展基础和产业特质，通过企业不断协同合作和良性竞争从而最终形成更具活力和生命力的新的产业集群。

在产业集聚形成过程中，在传统模式下，一般表现为大量关联企业基于协同效应和规模效应而集中在特定区域内，从而更大限度地发挥产业集聚的规模优势。在研究产业生态共生时，我们可以将产业生态共生系统与自然生态系统的生物种群的共生系统进行对比研究。在产业生态共生系统中，一些彼此关联、功能各异的企业在空间集聚的基础上，通过彼此间的物质、能

量、信息、废弃物等的交换而形成产业"共生链"，来实现各自生产经营过程的减量化、低碳化和高效化，从而降低环境污染，提高生产效率和经济、环境效益。

3.2.3　产业生态共生具有协同性、融合性和整体性

产业生态共生系统得以构建的基础是子系统间或不同主体间的协同合作与相互融合。如果主体间协同合作、互惠互利的关系不复存在，那么其共生关系也不可能形成。而这里所指的"融合"并不是一般意义上以新组织或新形态的形成为标志的融合，而是指产业生态共生链以业务关系为基础形成的价值联系纽带，通过不同主体间的业务整合、技术协作、产品供求等途径推动不同主体间的协同合作与相互融通。

上、下游企业间凭借彼此间的相关技术与业务的互补与整合，加快能量流动和副产品及废弃物的利用效率，从而在提高经济效益的同时降低经济行为对自然环境产生的负面影响。这种产业系统中的共生链上的各个"节点"都具有共生系统赋予的特定作用和功能，一方面要满足下游企业对资源、能力、信息和相关产品的需求和废弃物的处理接纳能力，另一方面还要注重自身的生产效率和节能减排能力，使自身发展与产业共生系统整体发展相协调。

3.3　产业生态共生系统的构成要素

产业生态共生系统包括产业共生单元、产业共生环境和生态共生模式三种要素。由于社会、经济和环境等方面因素的影响使各个企业形成了一种无形的网络连接，这种网络的节点就是合作。企业为了追求利益或者提高资源利用率在一定的环境下会互相合作，产业生态共生系统构成的关键因素就是企业间的合作。众多企业通过相互协同、互利合作而逐步构建产业生态共生系统。以两个企业间的产业生态共生为例来说明系统内企业之间的本质联

系：企业之间存在合作关系，在合作之前充分考虑副产品利用效率、合作成本及收益、生态环境影响、市场规律等诸多因素。企业之间共生关系的本质包括合作和竞争，并且更强调把竞争作为原动力，激发出具有创造性的合作关系。企业通过竞争优势吸引合作伙伴，使竞争和合作成为一对互补的力量，形成一种自组织系统，最终实现产业生态共生，同样这种演化也会促进企业之间共生的发展。

产业生态共生关系在企业内部、不同企业之间甚至是不同产业间都普遍存在。产业生态共生体系由多个共生单元及共生单元之间的协同合作关系共同构成。共生单元之间互利合作、资源交换关系是产业生态共生系统构成的基本前提。如果假设产业间形成了共生关系即产业间的资源直接或间接交换行为必将发生，并分别以 A 和 B 表示企业的两个不同业务模块，则资源交换可以用以下三种模式表示：

模式Ⅰ：表示资源在一个企业内部的交换模式。即资源在企业 A 与 B 两个不同业务模块间的共享和分配，主要体现了企业内资源的协调配置。

模式Ⅱ：表示在产业生态共生系统中，当企业需要进行业务扩展时的资源交互流动。如果一个企业要引进企业的 A 或 B 业务模块时，该业务引入行为必然会耗用企业原有资源的一部分以用来发展该项业务模块。

模式Ⅲ：表示在产业生态共生系统中，资源在共生单元之间的不同业务模块的流动和共享。共生系统的基本单元通过 A 业务模块提高效率和利润，进而壮大实力、扩展经营范围，从而能够从其他产业引进业务模块 B 的产品或服务。在这种情况下，资源的流动和利用情况会在 A 与 B 之间进行叠加。

相对于共生系统全部范围来说，以上总结归纳的资源交换模式出现的概率都是存在的。通过上面分析的前三种模式，产业生态共生系统中资源交换的一般模式可归纳为图 3.1 所表现的形式。

在产业生态共生系统中，共生单元要实现彼此合作、互利共赢的协同发展，必须遵循共生机理。共生机理主要包括质参量兼容、共生能量生成、共生界面选择以及共生系统进化等。

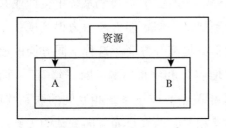
资源分离模式的产业生态共生系统Ⅰ

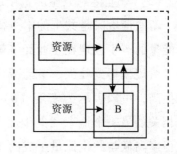
资源分离模式的产业生态共生系统Ⅲ

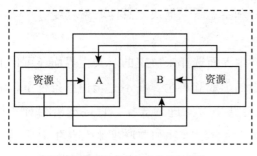
资源重叠模式的产业生态共生系统Ⅱ

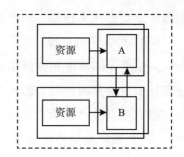
常见的产业生态共生系统Ⅳ

图 3.1　产业生态共生系统资源交换模式

（1）质参量兼容

质参量兼容是指共生系统中两个共生单元由于彼此间存在相互联系，二者间能够通过某种媒介或"桥梁"来相互"表达"。简单来说，就是共生单元能够以资源、能量、信息、产品或废弃物等为媒介或"桥梁"建立彼此间的关联。质参量的兼容性至关重要，质参量原理是共生关系建立的基础和依据。一方面，兼容的程度会直接关系到共生关系能否顺利建立。另一方面，兼容的形式会直接影响共生关系以何种模式形成。如果企业间的合作是长期、高频率并且规律的，那么彼此间就能够建立稳定的"连续性"共生模式。"点"模式以随机性联系为主要特征。而"连续"或"一体化"共生以连续性联系为主要特征。可用函数形式表示为：

$$Z_i = f(Z_j)$$

其中，i、j 表示不同的共生单元。

（2）产业生态共生能量生成

新能量生成是共生的本质特征之一。在产业生态共生系统中，产业共生新能量的产生表现在企业经济效益得到提高、创新能力和活力得到增强、生产经营规模得到壮大、节能减排能力得到提高等方面。这种不同方面的改善和提高，可以表示为密度（ρ）的"增容"和维度（η）的"增容"。而与此相关的另一个概念"共生度"是指相关企业或子系统相互间的联系程度。该程度高低与共生能量生成的多少直接相关，两者是同方向变动的关系。共生度又可分为生态联系程度和总体联系程度，共生单元之间存在的生态链的数量决定生态联系程度，而产品链和生态链共同决定总体联系程度。

（3）共生界面选择

共生单元的数量和质量是由共生界面选择来决定的。共生界面还可以通过能量形成路径的选择来影响能量的形成和再生。在不完全信息条件下，通过有限共生对象"排序"的方式对共生对象进行选择，直接选出相对"优秀者"；而在完全信息情况下，通过综合亲近度和关联度来对共生对象进行非竞争性选择。

（4）共生系统进化

共生系统的最终目的是通过不断适应新的环境而实现"进化"。在这一过程中每个个体都追求保障自身发展的各种权力和利益，正因为如此，产业系统才能朝着合作"共赢"的方向协同进化。这是整个自然界（当然也包括人类社会）系统进化的重要机理。产业生态共生系统的构建和发展同样遵循这一机理。

3.4　产业生态共生的环境

随着经济发展与资源及环境之间的矛盾日益加剧，产业发展的原有模式亟待调整和创新以适应目前中国的经济发展和生态环境的现状。原来关注的重点在于生产阶段的控制，而为了适应发展中遇到的新问题，需要将重点扩展到产业之间的互利合作和共生系统构建方面。结合生态学和产业经济学的相关理论，对整个产业生态系统进行整体布局和规划，构建适合产业可持续发展的产业生态共生环境是当前亟待解决的关键问题。产业生态共生环境可分为生态环境和社会环境两个方面。

3.4.1 生态环境方面

目前，中国企业间的产业"共生链"普遍较短，副产品和废弃物没有得到充分利用，急需对产业共生链进行深度延展，从而使企业间的共生联系更加紧密、频繁，且范围更加广泛。由于各个企业都是一个独立的经济组织，都有自身的成本和利益方面的衡量与考虑，因此当废弃物和副产品重复利用的成本超过新资源购进的成本时，理性的企业经过不断权衡会优先选择购进新资源，而不是花费更多资金来重复利用废弃物或副产品，因为此时新资源的成本更低，这时企业会将废物进行低成本处置。如果没有相关法律法规，同时政府又没有相应的奖惩机制和措施，就会导致产业的粗放型发展，造成资源利用和生产效率的低下，此时产业生态共生系统进化会非常缓慢，甚至会停滞不前。如果政府建立了某项环境污染处罚规定，那么企业仅仅为了达到相关要求而对其产生的污染物进行处理，这种行为对企业来说是纯成本支出行为，因此企业很可能对废弃物的处理不充分而产生二次污染或资源浪费。可见，单独依靠法律法规和政府的强制政策措施，并不能完全抑制污染加剧和资源浪费。面对这种情况，将产业生态共生的思想合理引入相关企业，在企业间建立协同互利的共生关系，使企业在资源共享和废弃物处理过程中的自身利益得到增加，这种市场经济下的利益驱动能够更好地从源头上推动产业的绿色发展，最终实现生态文明。

3.4.2 社会环境方面

目前，在世界经济面临下行压力的大背景下，各个产业逐渐放缓发展速度。此时，产业生态共生系统要实现进化离不开坚实的经济基础来为其发展作支撑。而资源（包括自然资源、人力资源、技术与信息资源、资金）短缺是根本制约因素。例如，资金短缺会对产业生态共生系统的发展形成掣肘。在原有的产业集群发展过程中，在对内的民间资本引入或对外的吸引外资方面，企业融资方式较为单一，大多采取的是"合资""独资"等形式，不利于充分利用各种资金。对此，在产业共生系统中，我们要对资源进行优化配置，进行新能源的开发，对资金渠道进行多方扩展，加大紧缺人才的培养和激励力度，这些对于产业共生系统的健康发展都是至关重要的。

3.5 产业生态共生的基本模式

产业生态共生系统是一个复杂的协同系统。产业生态共生系统虽然与生态系统有很多区别，但二者有相似的发展方向和特征：都随着环境的不断改变而自我调整来适应环境，最终通过彼此间相互协同合作来形成与环境相适应的共生状态。因此，产业生态共生系统的演化过程是与自然生态种群系统的演化相类似的。我们从共生组织模式、共生行为模式和产业生态共生模式三个方面来进行分析。

3.5.1 共生组织模式

在共生组织模式方面，共有四种产业生态共生的组织模式，即点模式、间歇模式、连续模式和一体化共生模式。这四种模式是按照共生关联度的高低程度来进行排序的。

产业生态共生系统以点共生为开端。这种随机形成的最初的共生关系由于其持续的时间相对较短，所以被称为点共生。虽然点共生在产业生态共生的整个演化过程中产生的影响不如连续共生和一体化共生模式大，但点共生对整个系统演化的初始性基础作用也是不可忽视的。

由于产业共生系统的不断发展和深入，系统逐渐克服了点模式的随机性，而形成了间歇共生。在间歇模式中，共生单元之间所建立的关系虽然摆脱了随机性，但不能反映系统中规律性的联系。

在产业共生系统中经验知识积累到一定程度时，在共生单元不断对环境进行适应和改变的过程中，共生单元之间会形成一种更为连续的、更具规律性的共生模式，即"连续"共生模式。长期的连续性和规律性是连续共生的最大优点。共生单元在连续共生模式中能得到更好地协同合作和互利共赢，因此连续共生模式是产业生态共生系统中最稳定的组织模式。

一体化共生是连续共生发展到极端时的一种情况。两个或多个共生单元在一体化共生模式中会组合成一个具有协同结构的整体，原独立的共生单元和共生单元之间的共生效益会逐渐消失，而被层级子系统所取代，这一模式一般出现在产业生态共生系统的衰落期。

综上所述，产业生态共生系统共生组织模式是与共生系统演化的各个阶段相对应的。在共生系统发展初始阶段，由于企业彼此之间的信息具有不充分和非对称性，无法对生态共生合作的效果做出准确预测，因此该模式是产业共生系统发展初期的主要共生模式；随着系统的进化，系统中的主导产业和其他产业陆续得到发展，进而在点共生的基础上，间歇共生和连续共生模式相继出现并逐步成为主导模式，当共生系统中相关企业间生态共生关系得到稳定确立之后，在各个产业中相关企业不断扩张、衍生发展的同时，还会有新的关联企业进入该系统，这时产业生态共生系统会产生产业集聚效应，形成更大的集聚规模。

3.5.2　共生行为模式

共生行为模式主要划分为四种：寄生、偏利、互利共生（非对称）以及互利共生（对称性）。

在寄生模式中，能量在共生单元间单向流动，即能量只能单向流转，只有寄生方受益，而另一方受损。对于偏利模式，其中的一方会获得利益，而另一方则既不会有能量损失，也不会有新的能量产生。

当产业生态共生系统步入成熟阶段，互惠共生模式就会成为主要的共生行为模式。最初在共生单元间形成的互惠模式是非对称的，即一方受益更多，而另一方也受益，但相较于对方来说其受益较少。

　　随着不断的交流合作，非对称的互利模式逐步转化，形成利益分配的对称性，最终实现对称互利共生。对于对称性互利共生模式来说，相关企业和子系统之间物质、能量与信息等的流动是自由且充分的，能量积累和进化的机会是相等的，所以对称互惠共生模式是产业生态共生系统中最为稳定和有效的状态。

　　企业作为市场经济中的"理性人"，其必然以追求利益最大化为主要目标。在利益最大化的前提下，企业不会损害自身利益而增加成本、无偿提供产品或服务。因此，产业生态共生系统发展的初始阶段，寄生和偏利共生模式更为普遍。寄生和偏利共生模式是不稳定的。之后，随着产业生态共生系统的发展进化，企业之间的联系增强，但由于受到各自实力水平的局限，以及彼此获取信息仍然不够充分和对称，非对称互利模式会在此阶段成为企业之间主要的共生模式。随着产业生态共生系统发展的进一步成熟和完善，对称性的互惠共生模式最终成为企业之间的主要共生模式。

　　由于对称性互利共生模式是最稳定的、生产效率和效益最高的共生模式，能够为共生单元带来最大的能量交换和流动，因此产业生态共生模式会朝着对称性互惠共生的方向演化发展。

3.5.3　产业生态共生模式

　　产业生态共生系统的发展和进化是在共生组织与行为模式共同作用和影响下形成的。如果结合共生组织与行为模式来进行分析，就能够对产业生态共生系统所有可能的共生模式进行概括，可以总结归纳出 16 种产业生态共生模式（如表 3.1 所示）。

表 3.1　　　　　　　　　　产业生态共生模式组合

共生模式	点共生（P_1）	间歇共生（P_2）	连续共生（P_3）	一体化共生（P_4）
寄生（Q_1）	$S(P_1, Q_1)$	$S(P_2, Q_1)$	$S(P_3, Q_1)$	$S(P_4, Q_1)$
偏利共生（Q_2）	$S(P_1, Q_2)$	$S(P_2, Q_2)$	$S(P_3, Q_2)$	$S(P_4, Q_2)$

共生模式	点共生（P_1）	间歇共生（P_2）	连续共生（P_3）	一体化共生（P_4）
非对称互惠共生（Q_3）	$S(P_1, Q_3)$	$S(P_2, Q_3)$	$S(P_3, Q_3)$	$S(P_4, Q_3)$
对称互惠共生（Q_4）	$S(P_1, Q_4)$	$S(P_2, Q_4)$	$S(P_3, Q_4)$	$S(P_4, Q_4)$

根据帕累托最优理论，我们可以对这 16 种共生组合模式进行进一步分析。如果两个共生单元以 $S(P_1, Q_1)$ 为初始状态，则产业生态共生系统就以 $S(P_1, Q_1) \rightarrow S(P_2, Q_2) \rightarrow S(P_3, Q_3) \rightarrow S(P_4, Q_4)$ 为最优路径进行发展进化。在这一最优路径上，产业生态共生系的共生界面的能量交换与流动阻力迅速减少，能量可以得到最快增长，从而界面能够实现最快完善，进而促使共生系统由"低能"稳定状态快速转变为"高能"稳定状态。

对于产业共生系统的发展进化过程，市场经济中的各个经济组织都自发追求利益最大化，无条件为其他组织提供产品和服务的情况非常少见，所以寄生这种共生行为模式在产业共生系统中存在的概率很小。而对于偏利共生来说，由于是单方获利，而对另一共生单元没有利益驱动，因此，这种共生行为模式也只能间歇存在，不可能稳定且持续进行。而除了对称互利共生之外，剩下的一体化共生也同样属于对称互利共生行为。因此，产业生态共生系统的发展模式可简化为以下 9 种，如表 3.2 所示。

表 3. 2　　　　　　　　　产业生态共生实际模式组合

共生模式	点共生	间歇共生	连续共生	一体化共生
寄生行为				
偏利共生行为	点偏利共生	间歇性偏利共生		
非对称互惠共生行为	点非对称互惠共生	间歇性非对称互惠共生	连续性非对称互惠共生	
对称互惠共生行为	点对称互惠共生	间歇性对称互惠共生	连续性对称互惠共生	对称互惠一体化共生

3.6 区域产业共生

在空间地理科学、生态学、社会组织学、系统科学等众多理论中，都有关于区域产业共生领域的研究和分析。基于生态科学中对于"共生"的定义，区域产业共生的内涵可以归纳为：在某一区域中，以实现循环经济和可持续发展的生态文明为目标，以区域空间范围内、地理位置相近为前提条件，企业或组织之间通过资源、能量、信息知识与技术，以及产品或废弃物等的流动和交换而产生的协同合作、互利共赢关系，并在此基础上取得区域竞争优势。其中，资源与能量、信息与技术服务以及产品或废弃物等四类为区域产业共生系统中主要流动和交换的介质。

区域内产业形成集聚效应，企业不断成长，优秀企业在共生系统中具有比较优势，能够以其为中心逐步发展企业共生链和共生网络。在区域产业共生系统中，一定的空间区域是产业共生网络形成的空间集聚基础，但还需要相互关联企业间彼此协作才能形成区域产业生态共生网络。

区域产业生态共生的核心是区域内部形成的共生机制，促使相互关联且互补的企业之间相互学习、资源共享、技术引进形成规模经济。这些集中在特定区域内的产业通过相互链接形成区域共生网络，使得企业在产业分工与协作过程中形成互动性的关联，即彼此间的关系既有合作和互惠共赢，又存在竞争，必须面对竞争压力，这种无法逃避的竞争压力构成了产业共生系统中企业持续创新的动力，进而促进产业共生系统不断进化和发展完善。

第 4 章

国内外典型产业生态共生模式借鉴

产业生态共生的概念是在循环经济理论和产业生态学的基础上提出的，是指在企业群落层面，通过企业间能量、物质以及各种副产品、产品之间的循环流动，构成企业间共生合作的生态共生体。产业生态共生模式是产业组织理论的创新领域，是产业（企业）间形成共生体的行为方式。国外研究较早，产业生态共生主要通过生态产业园区和绿色供应链为载体，其典型模式主要有丹麦卡伦堡模式、美国杜邦模式、日本循环型社会模式、德国回收再利用模式、美国布朗斯维尔虚拟型共生模式、加拿大伯恩塞德平行型共生模式、奥地利 Styria 嵌套型共生模式。相比较而言，国内关于产业生态共生的研究起步较晚，研究范围较广，主要集中于生态产业园区的研究，我国产业生态共生实践形式包括生态工业示范园区、循环经济试点园区、城市矿山和"两型"试点园区建设，多为政府主导型模式，主要分为综合类、行业类和静脉类，各学者在研究国内产业生态共生模式时也多采用此分类方法。

4.1 国外典型产业生态共生模式

4.1.1 丹麦卡伦堡模式

丹麦卡伦堡园区是世界上第一个建立起来的工业园区，也是目前运行最为成功的生态园区典型代表。卡伦堡是一个拥有两万居民的小镇，坐落于丹麦北海海滨，卡伦堡工业区最初只是由一家火电厂和炼油厂组成，但是到了20世纪70年代，当地企业为了谋取更高的利益、降低自身成本，便开始进行企业间各类物质的交换。在当时，当地发电厂、炼油厂以及制药厂等工业企业尝试寻求海水淡化资源利用、节约成本和废物处理等方面的创新，他们自发建立起紧密的合作关系，后来随着政府、机构组织、居民、各类企业的加入，便渐渐发展为拥有三十多条生态产业链的生态工业园区，建立起产业间自组织的生态共生模式。截至目前，卡伦堡生态产业园区已经发展了四十余年，不仅年节约资金达150万美元，而且依靠企业间的能量、废弃物、副产品以及产品的流动，改善了当地的生态环境，真正成为产业共生体系的模式典范。

卡伦堡生态园区主要由四大主导企业、补链企业和还原者构成，其与卡伦堡市区共同组成卡伦堡产业生态共生系统。其中，四大主导企业分别为发电厂、炼油厂、制药厂和石膏板制造厂，他们不仅通过贸易的方式进行副产品交易，而且形成了四大主导产业体系，决定着整个产业园区的运行模式和生态效率。Asnaes发电厂是生态产业园区核心中的核心，除了作为丹麦最大的燃煤发电厂为园区运作提供电力之外，它还具有以下功能：一是为市区居民、设施运行和农业等提供热能；二是其产生的工业蒸汽供给炼油厂和制药厂使用；三是产生的石膏运送给石膏厂使用；四是产生的粉煤灰提供给水泥厂做原料；五是为土壤修复公司提供飞灰用于生产水泥和建造公路。Statoil炼油厂是丹麦最大的炼油厂，承载着加工原油320万吨的责任，除此之外，它还有以下附加功能：一是出资建成Tisso湖的管道，用于减少冷却水的额外费用，并将天然气通过管道运输到石膏厂和发电厂，用于墙板干燥炉和燃煤发电的燃料使用，节省能源消耗；二是将炼油后的废水处理后运送到发电厂；三是将产生的废气脱硫后送到电厂做燃料，产生的$(NH_4)_2S_2O_3$作为液体化肥使用。Novo Nordisk是一家制药公司，主要生产工业用酶和药品，是丹麦最大的胰岛素生产商，其他辅助功能主要有：一是作用于农业，公司采用微生物将农作物发酵提取物质制成有价值的产品，在此过程中对产生的富含营养成分的污泥进行热处理加工，之后将会作为化肥，用于农业生产；二是作用于畜牧业，在生产胰岛素的过程中会产生大量高附加值的酵母，将过量的酵母作为高品质饲料用于喂养各种牲畜。Gyproc 石膏制板厂每年大约完成 1400 万平方米的墙板加工，通过发电厂与石膏厂的合作，借用工艺流程和设备改造，运用脱硫后产生的碳酸钙和市政府回收的石膏作为生产原料，进而减少了原料的进口量，节约了成本费用，提高了废物利用率。卡伦堡生态产业园区的共生体系如图 4.1 所示。

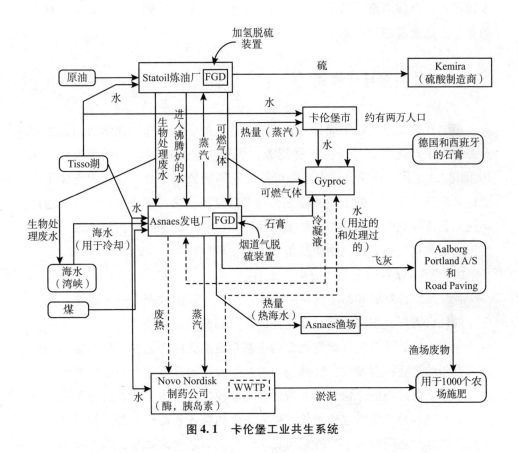

图 4.1　卡伦堡工业共生系统

　　对于一个产业生态共生系统而言，在确立完主导产业链后，需要引入补链产业，提高整个系统的完整性。卡伦堡园区的补链企业主要包括化肥厂、水泥厂、渔场等中小企业，它们配合四大主导企业进行废料加工和重复利用，形成配套产业群落。而 Bioteknisk Jordrens Soilrem A/S 是一家土壤修复公司，是园区共生体系的还原者，它将下水道的淤泥制作成受污染土壤的生物修复营养剂，每年大约可修复 50 万吨被污染的土壤。Noveren I/S 是废物处理公司，负责收集园区的各类废弃物，并进行分类处理，将可利用生活垃圾送入沼气池，进行沼气发电，平均每年可产生 5～6 吨可燃废料，提高了园区的废物利用率，实现了循环利用，减少了资源的浪费，节约了生产成本。形成产业生态共生系统不仅提高了企业的经营效率，而且实现了可持续发展的循环经济道路，给予了城市居民的生活便利，达到了经济效益、社会效益、生态效益的"共赢"。

4.1.2　美国杜邦模式

美国杜邦公司（以下简称"杜邦公司"）是一家全球性化学公司，主要业务包括生产化学制品、材料和能源，属于企业层面的循环经济模式。在 20 世纪 80 年代，杜邦公司秉持着可持续发展的公司使命，建立起专注于企业循环经济发展模式的工业实验室，将循环经济理念贯穿于生产过程，通过不同工艺流程间的物质材料循环流动和废物再利用，来减少物质的浪费，提高资源的利用效率，达到物质减量化、再生产的目的。

（1）拥有强烈的企业社会责任感

企业是社会发展和经济发展的主体，所以，各国政府都越来越重视培养企业的社会责任，很多秉持社会责任的企业因此而备受褒奖，相反，也有不少企业因为缺乏社会责任而饱受诟病，甚至是遭受社会惩罚。杜邦公司一直拥有强烈的企业社会责任，杜邦公司对社会责任的定义是：企业的社会责任不仅局限于慈善捐助、树立社会榜样、不歧视任何群体或者是进行相关的宣传，更重要的是，要将这种责任感融入企业内部各利益相关者，包括企业与世界各地客户之间的关系，股东与员工、供应商之间的关系，或者杜邦公司与上下游企业之间的关系。杜邦公司更注重于在可持续发展的框架内，以创造性的、更有市场前景的方式，与社会各成员共同合作，满足人们的需求，从而解决人类发展过程中的各种矛盾，推动社会的良性发展。多年来，杜邦公司一直以这种社会责任指导着经营活动中的各个环节，包括产品开发与设计、原材料选取、生产制造、市场推销、消费者使用反馈、废物回收等过程，维持着与各类利益主体的关系，在扎扎实实的践行环境友好目标的同时，也不断地通过企业形象进行可持续发展理念的宣传。

产业生态共生体系是由不同产业的多个企业作为节点而相互联系构成的，培养共生企业的社会责任有利于产业共生发展模式的稳定性，是各共生企业保持团结协作关系的前提，杜邦公司较早地认识到社会责任的重要性，在为股东和社会创造价值的同时，减少了对环境的不利影响，比传统企业仅从污染排放角度保护生态环境的观念更为先进。

（2）杜邦公司的企业循环经济模式

企业循环经济发展模式属于循环经济模式中的小循环，是实现产业生态共生的基础。一般而言，循环企业内部的资源再利用模式主要包括三个方面：一是回收在生产过程中流出的可利用资源，将其作为生产原料重新投放到生产工艺流程；二是采用固液分离、热加工等技术将生产过程中的废弃物加工处理，提取可利用物质投入原有的生产过程；三是对生产中产生的废弃物进行提炼、合成加工等处理，重新成为企业资源，如图 4.2 所示。

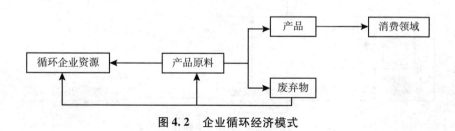

图 4.2　企业循环经济模式

杜邦公司将循环经济 3R 原则创造性地与制造过程相结合，自创出 3R 制造法，其经典模式的影响延续至今。杜邦公司采用 3R 制造法，放弃了有害或有可能产生有害物质的原材料的使用，从源头上避免产生环境污染，通过利用先进的工业制造技术，从废弃塑料（例如一次性塑料容器、废弃牛奶盒）中提取可利用物质，用于开发出具有广泛用途的各类乙烯产品，比如维克等新型产品。这种生产方式使得公司在生产过程中生成的各类废物排放量减少了约 25%，气体排放量减少了约 20%，固体废弃物排放量减少了 15%，并且，通过过程控制工艺、热解加工、清洁生产等方法，减少了近 2000 万吨的二氧化碳等温室气体排放量。

以杜邦面材公司为例，公司应各种客户的需要生产不同的实体面材产品，例如厨房台面、浴室台面等，如果生产产品品种发生变化，就需要使用两种清洁剂，分别为清洁剂 A 和清洁剂 B，用清洁剂去清洗设备，会产生大量的清洁剂废液，公司为了节约成本和减少资源的浪费，将使用过的清洁剂废液进行回收处理，实施了清洗剂废液回收处理循环利用的工艺模式（如图 4.3 所示）。回收再利用的工艺流程主要包括两部分：第一是将清洁剂使用后产生的废液经沉积过后，取其上清液回收再利用；第二是将沉积后留下的沉积渣经电加热处理进行蒸馏，获取蒸汽，再经液化形成蒸馏液回收再利用。施行这种循环利用模式后，杜邦面材公司每年的清洁剂耗减量达 94.7%，从源头上减少了清洁剂的消耗，每年节约成本超过了 1300 万美元。

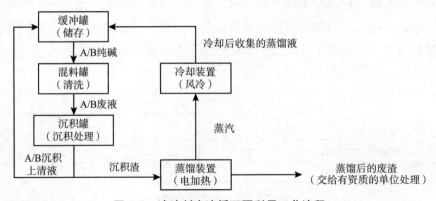

图 4.3   清洁剂废液循环再利用工艺流程

诸如这种简单的循环利用模式，杜邦公司内部还有很多，该模式通过蒸馏工艺实现了废液在生产线内的循环利用，构建了生产线上的生态产业链，实现了废物再利用，成功组建了经典的杜邦模式。

4.1.3 日本循环型社会模式

日本是一个位于东亚的岛国，资源十分匮乏，其高度发达的资本主义经济主要依赖国外进口，它拥有发达的工业产业，因此，面临严重的生活垃圾排放和资源不足等问题。目前，日本每年约消耗近 200 亿吨的资源，主要用于工业生产，部分用于居民生活，由于其狭小的国土面积，大量垃圾无处安放，虽然《空气污染防治法》的颁布和终端治理的实施大大改善了日本的环境污染，但其环境问题仍然严重，特别是垃圾焚烧造成的二氧化碳和其他原因导致的二氧化碳排放，使日本的空气污染严重。与此同时，日本商界已经达成共识，"先污染后治理"的治理模式成本过高，而废物交换和零排放的生态模式是一种潜在的经济资源。所以，日本结合其实际情况，总结产业生态共生模式的特点，日本联合国大学成立了零排放研究所（ZERI），专注于日本生态工业园区的研究，为政府对生态工业项目的研究开发提供科技支撑和信息数据查询。"零排放"的前提是拥有一个完善的产业生态共生体系，是日本生态工业园区的关键特性，并且已经深入整个社会共生网络结构，是实现良好运行和副产品交换的必要条件，形成以地区自治为主，政府、企业、各类机构共同参与的日本循环型社会模式（如图 4.4 所示），其中最具典型特征的是藤泽生态工业园区和北九州生态工业园区。

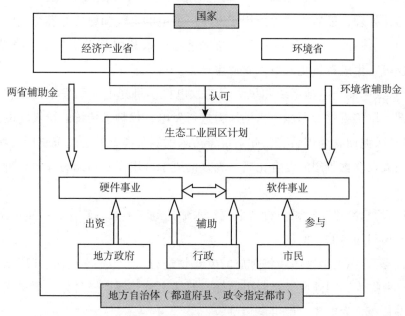

图 4.4　日本循环型社会模式

（1）日本藤泽生态工业园区

日本藤泽生态工业园由私营企业荏原公司改造而成，荏原公司是一家高科技机器制造、精密电子设备和环保设备制造企业。工业园区属于实体性布局，其主要成员是旗下一系列子公司，如净水厂、污水处理厂、焚烧厂、发电厂等。企业成员自发组织、自主经营，在荏原公司的核心领导下，以生态产业链为理论支撑，运用先进的绿色技术，降低污染物的产生，实现资源的可循环利用，达到零排放的目标。园区集成了700个家庭设施、商业设施和工业制造系统，在实现园区自我代谢的基础上，为周边社区居民提供舒适的公共生活服务圈，集生态产业、零售业与服务设施于一身，构建成多功能生态工业园区。园区的运营确保了所有工厂、居民区、公共服务区和农业区排放的工业垃圾、农田废物以及生活垃圾的回收再利用，建立了可再生资源的闭环链状结构，其核心企业是净水厂、污水处理厂和发电厂。

整个园区主要由八大工业系统为技术支撑：

1）废物气化燃烧和粉尘熔化技术。对于周边社区产生的生活垃圾、工厂排出的工业垃圾以及农业生产剩下的农业垃圾，通过采用该技术进行燃烧、熔化处理，最后生成可以用于发电厂发电的氢气和氨气等燃烧气体。

2）气体处理系统。各种废气经过过滤可以利用该系统提取出氨化物、硫化物等，生成有机化肥投入农业生产中。

3）太阳能光电池系统和风力涡轮发电机。将光电池和发电机放置于房屋顶部，用于吸收太阳能、借助风力进行发电，代替了传统的煤炭发电。

4）污泥回收处理系统。此系统将污水固液分离，并通过沉积回收污泥，用作制成农作物所用的复合化肥；剩余的废水可用作农田园林灌溉、冲洗厕所等。

5）污水冷热交换泵。将产生的污水输送到交换泵，转换为一定的动能，起到冷却和加热的目的。

6）新能源电池技术。将排放的废弃物进行"三废"分离，分离出来的废气经由提炼、固液废弃物经由燃烧，筛选出氢气等可燃气体，再采用该技术使得其转化为电能，提供电力供应。

7）直接供水系统。该系统由屋顶储存的水和蓄电池组成，减少了抽水泵从地下抽水并输送到生活区和生产区所产生的能量消耗，将未利用的水存于蓄水池，以便将来使用。

8）园区内所有建筑均采用高质量的隔热材料，并且设置真空污水处理设施，避免水资源的过度浪费，提高水资源的利用效率。

这种生态设计与传统的工艺设计相比，减少了大约四成的能量消耗，节约了三成的水资源，降低了95%的垃圾丢弃量和30%的二氧化碳排放量。到目前为止，园区内所有企业已经形成一个利益共生体，通过相互间废弃物的交换和能量的流动，实现了闭环生态系统，是目前较为典型的产业共生体。

（2）日本北九州生态工业园区

日本北九州生态工业园区坐落于填海造陆的海埔新生地，是日本于1997年批准建立的，该园区集中于静脉产业的发展，目的是将工业发展与生态保护相结合，以废弃物为产业生产的原材料，实现零排放，建立资源循环型社会。

园区以响滩回收园区为核心，实证研究区、综合环境联合企业区为辅助，形成三大主体园区，主要开发家电、汽车整机或零件重组、塑料瓶等产品的再利用项目。实证研究区主要由企业内的技术部门、行政管理机构以及科研机构构成，联合多方科研力量，对高端的垃圾回收处理技术、绿色循环技术进行系统性、全方位的研究，将研究区打造成环境技术和垃圾处理技术的专业机构；综合环境联合企业区由企业联合，形成一体化环境保护机制，经过企业间副产品等物质的交换流动，实现园区零排放目标，打造绿色生产基地；响滩循环利用区由政府开发筹建，目的是为企业提供土地使用，增加土地利用价值。园区充分利用了市区的生活和工业基础设施，从基础研究到技术开发与验证研究，最后到商业规模化的全面展开，促进企业共生合作，期望以资源循环利用为产业创新契机，实现整个区域的环境联合，实现"基础教育研究—技术实证研究—产业化"的三位一体，实现产学研通力合作，改善社会环境。

4.1.4　德国回收再利用模式

德国的产业生态共生发展位于世界前列，拥有较为完善的循环经济体系，其中垃圾处理和资源再利用成为德国产业共生模式的核心，也称为"垃圾经济"，形成了世界上典型的回收再利用模式典范。

循环经济理念已经深入德国企业和民众的内心，鲁德尔道夫水泥有限公司该公司就是其中的重要案例。该公司主攻清洁生产技术的使用，其结合自身产业的特点和与其他产业的协作模式，在内部建立了一个相对独立的环境管理系统，以碾磨车间为中心，其他车间集中周围，以便调整各种物料，加强了车间之间的合作，并且采用先进的高科技对水污染、空气污染、噪声污染等问题进行减轻处理，发展了特有的绿色循环体系。除此之外，德国许多企业也纷纷加入"绿色行动"。德国是工业化快速发展的国家，在早期，生态环境因工业发展而遭受破坏，并且后期出现产业链规划不合理、产业共生不紧密等问题，在这种背景下，德国决定开始进行产业转型升级，遏制环境的进一步恶化，减少对生态的破坏，加大对生态修复的投资，建立企业联盟组织，形成工业生态化体系。

德国政府以回收各类包装废弃物为出发点，形成了独特的二元回收系统（简单 DSD 模式），并且其环境效果显著，多年来在欧洲国家广为推广，其他国家也纷纷模仿学习。近年来，德国应欧盟组织的响应号召，建立了专业化的电子废弃物回收利用体系，并取得了一定的成绩。

（1）德国包装废弃物的回收利用

20 世纪 90 年代初，德国出台了《包装废弃物管理法》，首次以立法的形式规定了废弃包装物的减量化和循环再利用处理规范，提出了污染者付费原则，将该原则延伸到生产和消费部门，并提出生产者责任延伸制度。

DSD 模式中的主要主体包括生产者、销售者、DSD 回收公司等。DSD 回收公司是整个回收体系的核心，是由多个企业成员自主组成的废物回收机构，负责包装物等废弃物的回收处理工作，严格遵循《包装废物管理法》的循环要求，是目前德国唯一一家从事废旧包装物回收整理、材料加工的专业化国家政策性机构（如图 4.5 所示）。

生产者和销售者首先与 DSD 公司签订委托代理合同，将废弃包装物的后续回收处理工作委托给 DSD 公司，然后 DSD 公司通过公开招标的形式，招揽专业、高效且有丰富经验的回收公司，等待专业回收公司将包装物收集整理后，再由 DSD 公司收回并送往制造企业重新进入生产体系，由此 DSD 公司便将各类企业紧密联系在一起，建立了"生产制造者—DSD 公司—回收公司"废弃包装物循环利用系统。此回收系统在实际运作中，DSD 公司还增加了一项对印有"绿点"商标产品的包装物的回收工作，"绿点"再生包装物经由生产企业加工再制造后，拥有了更优质的性能，通过回收这类包装废弃物，可以实现废弃物的多次循环再生，不断更新包装物的性能，并且提高它们的质量。生产商、销售商、代理商等企业需通过注册成为 DSD 公司的会员，才能与 DSD 公司签订代理合同，并且要根据其产品包装的类型和重量支付一定的费用，以此来获取"绿点"商标的使用权，进行产品商标的印刷，没有"绿点"商标标识的产品则由零售商收集整理，进行进一步处理工作。

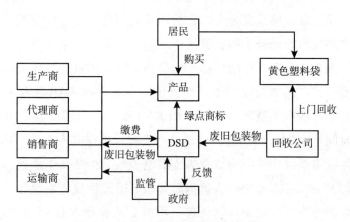

图 4.5　德国 DSD 废弃包装物回收体系

　　整个 DSD 回收体系主要分为回收、分类整理、运输、再加工处理四个环节，在政府的支持下，DSD 公司主要采用两种不同的回收形式：首先，消费者将印有"绿点"标志的包装垃圾放入一个特殊的黄色垃圾袋中，由回收公司进行统一回收；其次，消费者可将印有"绿点"商标的垃圾投放在 DSD 公司投资的不同颜色的垃圾收集桶内，这些垃圾桶分放在居民区或公共设施附近。经与专业回收企业签约，对垃圾收集、复运、分类并送至回收厂，最终作为包装产品生产的原材料出售给包装产品的制造商。

（2）德国基于 EPR 的电子废弃物回收利用体系

为了顺应欧盟报废的电子电气设备（Waste Electrical and Electronic Equipment，WEEE）指令，德国政府出台了《电子电器设备法》，其创新之处在于提出了生产者责任制度（简称 EPR），即排污责任和费用由生产者承担，并允许将其作为生产成本转嫁给消费者。在此基础上，组建了 EAR（die Stiftung Elektro – Altgeraete Register）基金会，负责协调电子回收体系中的各方利益相关者的利益，主要的工作是登记注册废旧家电、废气电子零部件等以及规定并发布电子废弃物的回收成本计算模式。生产者以签订合同的方式实现与回收公司的合作，委托专业的回收公司代为进行电子废弃物的回收处理工作。

在实际运行中，EAR 主要由企业和政府部门组成，其主要规定包括：首先，生产企业可以自愿设立企业内部的回收处理系统，也可委托第三方进行废旧电子产品的回收处理工作；其次，若生产企业委托第三方完成回收处理工作，第三方必须具有专业的回收公司资质，符合国家的具体要求，能够保证废旧电器电子产品的回收利用，而且生产企业在向 EAR 注册时，必须提交委托回收企业的有关资料，并每年向 EAR 报告。当回收企业开展回收工作满一年时间时，EAR 将会对其资质进行复查，确保其专业性。市政相关部门将从公共收集系统中统一定点收集废旧电子产品，其产生的附加费用全部由政府承担，减轻了企业的经济负担。德国电子废物收集系统分为政府设立和私人设立两种方式，由废弃物管理机构设立的收集点有 4500 个，由 1000 家制造商提供约 30000 个商业收集点。EAR 负责组织协调城市收集点的设置工作，并且对回收的电子垃圾进行登记，将家庭产生的电子废弃物回收到各个收集点，再由回收点通知 EAR，然后通知生产商或其负责的合作伙伴在某些收集点或回收箱收集或处理废弃物，在此过程中产生的运输和处理费用由生产企业承担，具体回收体系如图 4.6 所示。

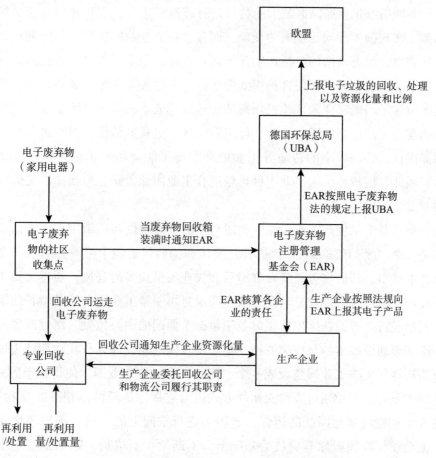

图 4.6　德国基于 EPR 的电子垃圾回收处理体系

4.1.5　美国布朗斯维尔虚拟型共生模式

美国布朗斯维尔生态工业园是一个"虚拟"的生态工业园。它并不严格要求成员在同一区域，它是在计算机上选择适当的数学模型和数据库来建立成员之间的物质或能量关系，设置合理的门槛来筛选适当的企业构建产业生态链。工业园区以外的企业不必通过废物交换与区内企业形成密切关系，他们只要能够共享材料和能源，便能"虚拟性"地加入工业园区的运营。

布朗斯维尔生态园区最大的特点是打破地理边界，在快速信息流交换的基础上实现物质流与能量流的交换。而且，各类企业的参与，使得网状结构更加完整，生态网络的灵活性明显增强。此外，企业不必通过直接的废物交换来形成密切的关系，使这种模式的适应范围也大大增加。虚拟型生态工业园区节省了一般工业园区建设所需的土地购置成本，以及错综复杂的交互关系和实地工厂搬迁的困难，比实际工业园区要更具灵活性，但它也存在一定的局限性，即低效率的劳动分工和地理距离可能会加重运输费用和交易成本。因此，虚拟型生态工业园区比较适合工业用地紧张、地租高、交通运输相对发达的地区。

布朗斯维尔生态工业园位于美国与墨西哥边境的布朗斯维尔，布朗斯维尔是一个"梦幻般的交通枢纽"，是美国和墨西哥边境上唯一拥有五种交通方式的城市，却面临着经济发展滞后和失业人员众多的窘境，通过建设生态工业园区，该市可以充分利用发展中国家对再制造工业设备不断增长的需求来发展经济。布朗斯维尔市正好位于生态工业园的中心位置，而且园区延伸到毗邻布朗斯维尔的马塔莫罗斯，生态工业园规划设计人员在初期就考虑将布朗斯维尔生态工业园建设成一个"虚拟"的生态工业园，使得位于同一地点的工业企业不必通过废物交换的方式进行连接，从而可以相互共享物质，使各企业也将参与园区的运营，而不必进行空间上的迁移。美国环境保护基金会建议在园区原有成员的基础上，不断增加新成员，起到工业生态网络"补充网络"的作用，例如引进溶剂回收工厂、再生塑料厂、再利用运输集装箱的配送中心以及热电站等（如图 4.7 所示），以新的工业公司来补充现有的工业公司，加强废物交换的速度，比"真正的"生态工业园区更具复制性。

4.1.6　加拿大伯恩塞德平行型共生模式

20 世纪 60 年代中期，加拿大各地区经济发展速度和环境状况差距较大，为了应对环境危机，政府开发了一批工业生态项目，投资建造了加拿大生态工业园区，并为此制定了促进经济增长的政策。在进行生态工业园区规划时，

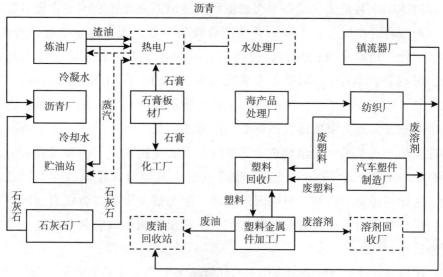

图 4.7　布朗斯维尔生态工业园区

主要确立了五种产业生态共生网络：蒸汽锅炉、造纸厂、包装行业的互动共生关系；化工、发电、苯乙烯、聚氯乙烯、生物燃料之间的循环产业链；发电、钢铁、造纸、刨花板厂的生产链；火力发电厂、炼油厂、工厂、水泥厂；石油冶炼、橡胶厂、石油化工厂、蒸汽发电站等的结合。伯恩赛德工业园便应运而生。1965 年，联邦政府根据大西洋开发委员会的建议，为园区筹建投放资金，开始了伯恩赛德工业园区的规划建造，为加拿大大西洋沿岸经济做出了巨大贡献。伯恩赛德一直是工业和商业发展的集聚地，在 20 世纪 90 年代初，伯恩赛德工业园区开始将工业生态学作为发展可持续工业园区的工具。自 1991 年开始，伯恩赛德被选为工业生态学原理的试验地，开展各项研究，以获取各类企业生态生产的更多信息，并定期进行生态原理的学习教育，加强企业间更多的创新型共生关系，以减少其对环境的消极影响。伯恩赛德工业园区内企业存在多样性和互动性，履行"清道夫"角色（再利用、再制造、改造加工）、"分解者"角色（回收公司）、生产或销售环保产品以及提供环境管理服务的责任。

　　伯恩赛德工业园区成立于 1967 年，位于新斯托克的达特茅斯，现已发展成为加拿大最大的工业园区之一，占地 2500 公顷，拥有 2000 多家企业和约 30000 名员工，是一个交通便利的城市商业园区。园区主要以轻工业、物流和商业服务业为主，各类产业较为分散，园区内企业冗余度高，各企业处于相对平等的地位，建立了各种产业生态链和废物循环利用体系，形成了平等共生的网络生态系统。为了鼓励企业生产、使用和销售环保产品，园区建立了清洁生产中心，负责清洁生产规划，减少了园区内废弃物的排放，最大限度地提高资源利用效率，提供污染防治技术服务，并且建立信息共享平台，激励企业间进行合作，交换利用产品和废物。清洁生产中心采用产学研合作模式，政府不直接参与园区建设，主要通过政策、法律等经济手段间接影响园区发展，生态效率中心在为政府和园区企业提供信息平台方面发挥着各种作用，使科研机构、政府和企业可以更有效地运作。

在伯恩塞德工业园区，采用了四种策略来探索工业共生网络（如图 4.8 所示）并提高可持续性和生态效率：生态效率评估、生态效率机会评估、生态效率实施评估和污染预防研讨会。伯恩塞德生态效率中心（EEC）位于伯恩塞德工业园区，由 Dalhousie 大学和 Nova Scotia Power Inc. 合作，成立于 1998 年，得到了哈利法克斯地区市政经济发展和环境管理机构的支持，这些赞助商和合作伙伴共同承担了向企业界提供中心服务的费用。生态效率中心为企业提供避免或减少浪费的指导，特别是污染预防以及资源和能源保护战略。公司进行生态效率审查是免费的，生态效率机会评估包括数据收集、机会和潜在节约的确定、初步成本估算以及后续步骤的建议。公司支付标准评估费用的 25%。生态效率实施评估涉及分析特定选项，以优化能源、水和材料的使用。它详细评估了技术可行性、环境影响和效益、预计节省、资本成本、实施的利弊和行动建议等。

信息共享中心可以实现园区内各种信息的分享，促进企业的合作交流。例如，伯恩塞德工业园区通过提供暑期实习、就业和研究项目进行学生的教育。此外，每个月都会在商业和环境主题上发布伯恩塞德新闻的报纸专栏。这些主题包括材料和能源的循环，反馈循环，食物网，共生关系，资源和生物多样性的保护以及循环经济。

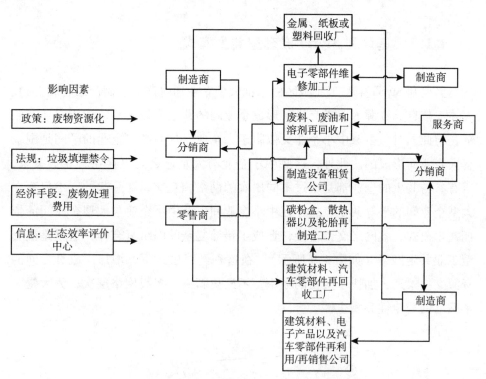

图 4.8　加拿大伯恩塞德平行型共生模式

近年来，园区通过产业共生系统，促进了材料的再利用、回收、再制造、租赁和再循环。越来越多的企业销售和使用环保产品，以减少所提供的商品和服务对环境的影响。伯恩塞德工业园区生态系统采用了新的策略和工具，并试图以比"自然"更快的速度促进其发展。

伯恩塞德工业园区的许多企业都在使用溶剂，而废溶剂被认为是危险废物，必须由危险废物收集器处理，这是一个非常昂贵的过程，特别是如果企业大量使用溶剂，因为废溶剂不能在新斯科舍省内回收，必须送到安大略省或美国。长途运输不仅增加了回收成本，而且还会导致空气污染和自然资源的枯竭。

目前，园区已经发展较为成熟，实现了能量层级利用和资源的共享交换，建立了多产业生态共生模式，不断完善更新工业生态共生系统，运用全新的产业生态智慧，走上产业高端化、绿色化的道路。

4.1.7 奥地利 Styria 嵌套型共生模式

奥地利 Styria 生态工业园区由一批大型企业通过产品、副产品、废弃物、人才、信息、资源等要素交换，形成企业间的共生合作关系，构成主导产业链，与此同时，多家中小企业又依附于大企业，这些中小企业的子网是围绕着大企业而形成的。此外，这些中小企业与大企业之间也存在着业务关系，所有参与共生的企业都是通过不同层次的网络相互交织在一起的，不仅存在大型企业间的平等共生，还存在中小企业间以及中小企业与大型企业间的依托共生模式，各网络交错连接，形成了错综复杂的网络复合体，这就是嵌套型工业共生网络（如图 4.9 所示）。在这种网络模式下，增加了成员之间的资源交换渠道，加快了交易的频率，不断更新嵌入多级网络层次，大大提高了网络的稳定性和安全性。

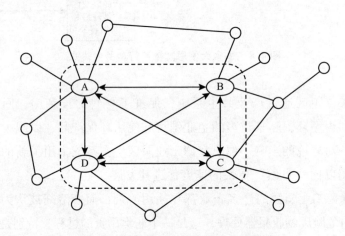

图 4.9 嵌套型工业共生网络结构模式

奥地利 Styira 生态工业园内部是典型的嵌套型工业共生网络结构，（如图 4.10 所示），园区共生网络结构中有一些决定网络整体稳定性的核心企业，如造纸厂、发电厂、水泥厂、钢厂和污水处理厂等。通过核心企业间的交流互动，园区实现了主导产业的资源交换，确立了主要产业链结构。同时，大量的中小微企业依附于不同的核心企业，例如垃圾回收公司、小型水泥厂以及造纸厂等，它们不仅保持着与核心企业的频繁、稳定的合作关系，而且与其他中小企业维持一定的关联业务往来，因此，每个企业都能够参与到共生网络的运行中，成为其中的一个节点，相互交错，从而构建出错综复杂的生态产业链网状体系。

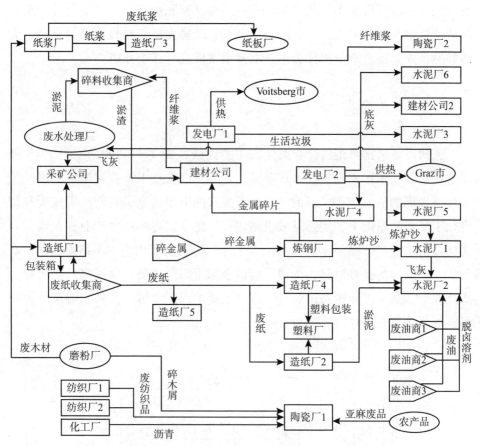

图4.10　奥地利 Styria 工业园中的嵌套型工业共生网络结构

4.2　国内典型产业生态共生模式

在我国，为了便于管理各种类型的产业园区，出台了生态工业园区划分标准，将我国的生态产业园区分为综合类、行业类以及静脉类。综合类产业园区包括国家级经济技术开发区、国家级高新技术产业园区、省级经济开发区和高新区等，一般由园区管委会负责管理，科研机构提供技术支撑，企业间接参与，其中最具代表性的就是苏州高新区生态工业园区。行业类产业园区主要是由大型企业集团或政府主导，其他企业参与，最具代表性的为广西贵港制糖示范园区和山东鲁北化工示范园区。静脉类产业园区主要进行废物的清洁处理和循环利用，一般由企业牵头、政府支持，典型代表为青岛新天地静脉产业园区。本节将按类别选取典型案例进行详细介绍。

4.2.1 综合类

苏州高新区是典型的综合类生态工业园区，成立于1990年，1992年经国家批准设立为国家高新技术产业园。之后，高新技术产业逐渐成为园区工业经济发展的核心产业。目前，园区在现有的电子信息、精密仪器仪表和精细化工产业的基础上，加强基础设施建设，建立以高新技术产业和产业共生为特征的工业经济循环系统（如图4.11所示）。园区内实现了高新技术产业与生态产业链的良好对接，构建了福田金属生态产业链、中国高岭土矿业生态产业链、紫兴纸业生态产业链、新航纸业生态产业链、古桥物流废木材产品链等多条生态产业链。

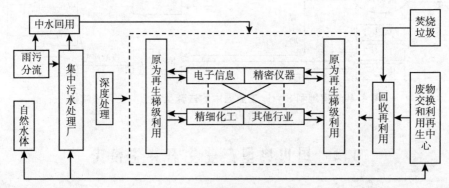

图 4.11　苏州高新区工业生态系统

电子信息产品制造业是苏州高新区产业园区的核心产业，其工业增加值占园区整体的60%，其注资金额也占整体投资额的一半，因此，综合利用电子信息产业产生的电子废弃物已成为高新区生态工业园区建造的重要发展点。目前，以电子废弃物为核心的生态产业链已成为苏州生态产业高新技术发展的亮点。其中最具代表性的是福田金属生态产业链，跨国企业在产业链末端运用了先进的污水处理技术，并采用清洁生产技术，使经处理的污水符合国家污水排放标准。各企业在产业链中构建了原材料和产品的供应链，构筑了良好的合作共生关系，同和矿业公司通过回收产生的固液废弃物，建立了一个小型回收系统，如图4.12所示。

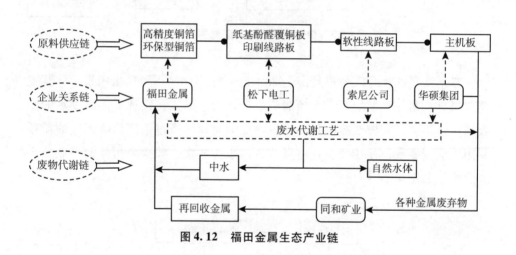

图4.12　福田金属生态产业链

中国高岭土公司在高新区西北部的阳山实施采矿，拥有两个地下矿山、一个高岭土精选厂、一个粉体厂、一个专门从事高岭土矿物加工研究和新产品开发的研究所以及一个先进的检测设备检测中心，是工业区的典范，为化工、造纸、高档陶瓷、工程橡塑材料、电子工业、航天工业等行业提供优质产品，提高了资源的利用率，增加了公司的经济效益，如图4.13所示。

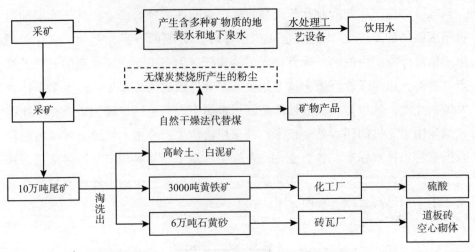

图 4.13　中国高领土公司矿业生态产业链

苏州紫兴纸业有限公司是由全球纸业龙头 STORA ENSO 集团投资,其主要成果有:第一,制定了 115 项清洁生产计划;第二,实现了油漆废水的回收利用;第三,实施脱硫项目,将废物变为财富。通过二氧化硫废气的循环利用生成废氨水,使相关企业可以节省污水排放费,减少公司外购工业氨水的成本,如图 4.14 所示。

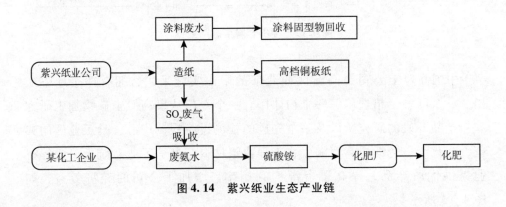

图 4.14　紫兴纸业生态产业链

新航发泡纸业在高新区环保服务公司的介绍下,形成与妮飘纸业公司的合作关系,将造纸废水用于制造可降解的纸浆模塑产品,取代原先用于生产的纸浆原料，两家企业通过联合共同实现了环境效益和经济效益的共赢，充分发挥了环保服务公司的媒介作用，如图 4.15 所示。

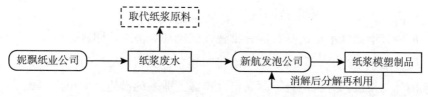

图 4.15　新航纸业生态产业链

在这些生态产业链中，企业间都是"一对一"的原料、副产品和废物产业链，且每个产业链都很短，大概拥有 2~5 个节点（企业），尚没有与外界建立网络关系，企业在产业链中扮演着同等的角色，或者以某企业为核心呈现企业并列共生的特征。规模不同的企业在参与园区建设方面有不同的主动性和自主权，国际知名跨国企业或大中型国有企业具有较高的参与积极性和自我意识，如华硕、松下和中国高岭土公司；而小型外资企业和民营企业的参与积极性较弱。

在高新区生态产业链建设中，一种是引进型，另一种是原创型。其中，引进型生态产业链主要依靠外商投资企业的生产系统和专有技术，不具备原创性或独特性，与当地关联度小，例如福田金属生态产业链，产业链上的企业相互合作，以日资企业为主，与当地企业联系不多。相反，原创型生态产业链上的企业大多为大中型国有企业，与当地具有较强的联合关系，并且对上游企业具备较强的依赖性，例如中国高岭土矿业的生态产业链，其原材料便是高新区内的高岭土矿产资源，产业链的延伸部分内化，部分与其他地方企业建立了共生合作关系，化工厂和砖瓦厂由于生产规模小、产品结构单一、销售市场狭小，因而地方性特征明显，对高岭土公司有很强的依赖性。

在经济发展方面，园区整体呈现稳定增长态势，园区企业成员的成本得到不同程度的降低，形成了新的利润增长点，与此同时，园区提高了生态效率，在能耗、水耗以及二氧化硫等废气排放方面均有所改善，实现了多产业的综合发展。

4.2.2 行业类

（1）广西贵港制糖示范园区

广西贵港制糖示范区是我国首批建设的循环经济工业园区，位于广西壮族自治区贵港市市中心，园区依赖贵港集团建立，受到当地政府的重视，形成了园区内外与市区的有机结合，园区借助市区工业基础设施，向市内居民、企业等销售产品，减少了运输费用，节省了企业成本。园区以制糖业为核心产业，酿酒产业、造纸业、水泥制造业以及通信工业为辅助产业，形成了六大产业生态共生系统，建立了两条生态产业链，是国内行业类生态工业园区的典型代表。两条生态产业链为"甘蔗—制糖业—糖浆酿酒—废酒精合成有机化肥"和"甘蔗—制糖业—蔗渣造纸—废物回收制成水泥"；六大共生体系如下：

1）甘蔗田系统：通过园区内自行种植甘蔗，减少了原材料的引进，为制糖厂提供了高效能、无污染的原材料，使园区拥有了稳定的甘蔗供应渠道。

2）制糖系统：制糖厂选取高品质甘蔗，经由制糖工艺流程，生产出原糖、精炼糖以及蔗果低聚糖等产品。

3）酒精系统：采用固态发酵和蒸馏提取工程等工艺，将生产过程中产生的副产品（废糖蜜）用来生产高纯度酒精和高效能酒精酵母。

4）造纸系统：造纸厂回收制糖系统产生的蔗渣等副产品，制成各种纸类产品，并且合成有广泛用途的纤维素品种——CMC - Na。

5）热电联产系统：以蔗渣和糖渣为发电厂的可替代燃料，排出的高温烟气经过锅炉加热形成高压蒸汽，带动发电汽轮发电，形成热电联产系统，为园区提供电力保障。

6）环境综合治理系统：专注于治理园区内各类环境问题，诸如对粉尘、废气、废水的综合治理和各类副产品的生产利用，并且对园区环境进行监测检控。

两大生态产业链与六大共生循环体系互联共通、紧密结合。初步建立了园区"甘蔗—糖—酒—造纸—热电—水泥—复合肥"的封闭式多产业链网络结构（如图4.16所示），它使各产业相得益彰，实现资源的有效配置和物质的多循环利用，使环境污染程度最小化，增强了园区抵抗外来风险冲击的能力。这种现代化甘蔗园的建设，促进了甘蔗种植的可持续发展，对保护和恢复农业生态环境做出了贡献，提供了更为经济且可靠的能源危机解决方案，促进了新型能源产业的绿色发展。

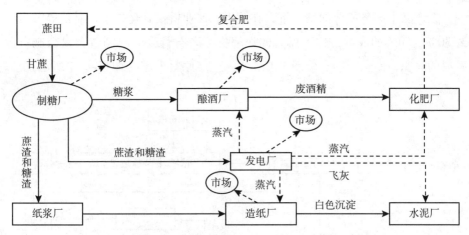

图 4. 16　广西贵港国家生态工业（制糖）示范园区产业链

（2）山东鲁北化工示范园区

山东鲁北企业集团公司位于黄河三角洲，是全国最大的磷酸盐和复合肥生产基地。长期以来，鲁北企业集团在全过程的可持续设计基础上，对磷酸盐复合肥行业的发展进行了长期的治理和制约。在工业生态学理论指导下，依靠技术创新和生产资源整合，经过 20 多年的实践和探索，在盐碱沙漠海滩建立了资源共享的产业共生结构。目前，鲁北企业集团形成了少数具有多年成功运作经验的生态工业园区之一，在园区内构建了多条生态产业链，如磷铵硫酸水泥联产、海水"一水多用"、盐碱电联产生态产业链等，实现了深层次的物资循环，解决了产业发展与环境保护的矛盾，对于总结和发展工业生态学理论，探索生态工业园区建设模式具有重要意义。

1）磷铵硫酸水泥生态产业链（PSC 生态产业链）。

鲁北企业集团已成功整合了 30 万吨磷酸铵、40 万吨硫酸和 60 万吨水泥的生产工艺流程，并实现了多产业联合，从磷酸铵生产的磷石膏废渣中生产硫酸和水泥，再将硫酸作为原料返回到磷酸铵的生产中，实现了资源的循环利用和污染"零排放"，形成了比较完善的产业链。该产业链以磷矿为主要原料，磷石膏和硫酸形成从源头到源头的垂直封闭，避免了黄铁矿和生产硫酸的石灰石矿的开采，削减了生产磷铵排出的磷石膏废渣、制作硫酸产生的黄铁矿废渣，在产品生产量相等的情况下，在此生态产业链模式运作下，制造商节省了约30%~50%的成本，这不仅有效地解决了磷石膏废渣限制磷肥复合肥行业发展的问题，而且开辟了硫酸工业和水泥生产原料渠道（如图4.17所示）。

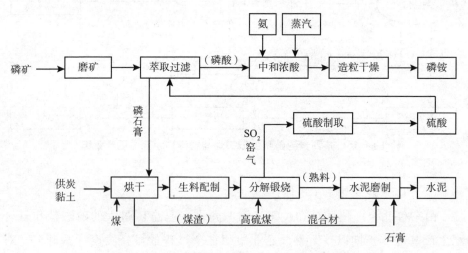

图4.17 鲁北磷铵—硫酸—水泥生态产业链

2）海水"一水多用"生态产业链。

鲁北企业集团突破传统的盐制造模式，以发展海洋化工为目标，实现"海水—水产养殖—制盐—化工"综合发展模式，建立海水"一水多用"的产业链。在初级卤区，建设了五万亩的养殖水场，进行鱼虾蟹贝的全方位养殖，开展了青石斑鱼、海参等名贵水产品的科学养殖，建立了孵化池、育苗池、养殖池三位一体的生态养殖体系；通过蒸发海水形成中级卤水，由10000吨海水溴化厂生产一系列高附加值产品，如溴化钠、溴化铵等。将盐石膏用作PSC产业链的原料，一部分饱和卤水用于制盐和深加工制成精盐和碘盐，另一部分饱和卤水直接用作6万吨离子膜烧碱和氯产品深加工生产线生产烧碱的原料，从卤水资源中提取和加工钾、镁盐产品，生产硫酸钾和氯化镁，实现了海水资源的充分利用，减少了海水污染（如图4.18所示）。

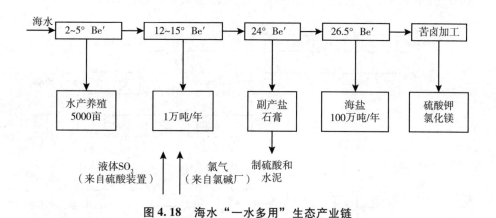

图4.18　海水"一水多用"生态产业链

综上所述，鲁北企业集团构建了初级卤水养殖、中级卤水的溴提取、饱和卤水的盐碱生产、钾镁盐的提取以及盐田废渣生产水泥的多产品循环模式。

3）盐碱电联产产业链。

盐碱电联产产业链实现了PSC产业链与海水"一水多用"产业链之间的横向耦合，连接了两大主导产业链的物质和能量流动。该产业链以劣质煤和煤矸石为原料，运用循环流化床锅炉将气体进行高温分离，之后经汽轮机做功，再由汽轮机带动发电机产生电能。热电厂运用海水直流冷却技术产生热能，并将蒸汽用于烧碱厂、磷铵厂和氨合成厂的生产。经由产业链的运作，产生的电能被输送到产业链内的各工厂，将加热后的浓缩海水送回盐场，用于提取溴和制盐，卤水经过电解质产生 H_2、Cl_2 和 NaOH 溶液，NaOH 溶液经由浓缩制成烧碱，再经过干燥剂干燥形成固体烧碱。产生的 H_2 和 Cl_2 一部分液化合成盐酸，排出的炉渣用作水泥混合物（如图4.19所示）。

4）鲁北化工综合生态产业链。

鲁北生态工业园区将磷铵硫酸水泥、海水"一水多用"和盐碱电联产三大产业链进行有机整合，形成了特有的工业共生体系。这三个产业链衍生出的 18 种共生体系相互关联，以硫酸和海水等作为共生网络的基本物质流，以蒸汽转为电能和热能的多级利用形成能量流，以磷石膏、盐石膏和矿渣的再循环利用形成废物流，三大流动体系相互交错、共生融合，实现了完整化工生态产业链的构建，达到了资源共享、废物零排放的目标，如图 4.20 所示。

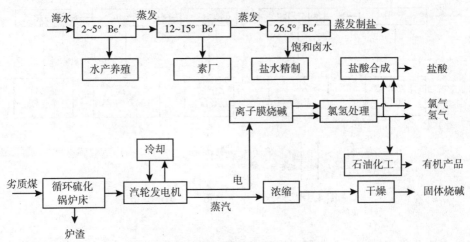

图 4.19　鲁北盐碱电联产产业链

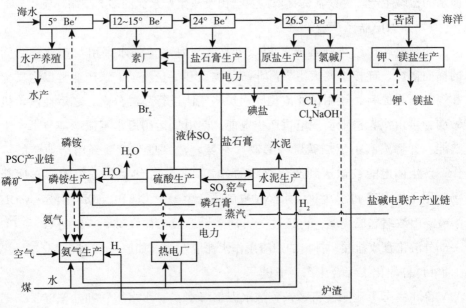

图 4.20　鲁北化工综合生态产业链

4.2.3　静脉类

静脉工业生态工业园（VIP）是主要由从事静脉工业生产的企业组成的生态工业园区。根据国家环境保护总局 2006 年制定的标准，VIP 是废物回收的平台，包括两个过程：一是将废物转化为可再生资源；二是将可再生资源加工成产品。青岛新天地静脉工业园是我国建造的首个以静脉产业为主导产业的国家生态产业园区，凸显了中国东部沿海港口城市静脉产业的发展模式。该工业园区基于固体废物收集、运输、储存、回收和生态修复和污染土壤的最终处置，实现了完全的产业化经营，集聚了机电产品、废塑料橡胶玻璃、废荧光管处理、废硒鼓盒和电池的综合利用以及各类废物的循环利用等优势产业。

青岛新天地静脉工业园区结合了静脉产业的特点和园区废弃资源的优势，以废弃物的安全处置以及废弃资源综合利用两大产业为主，建立了三个层面的生态产业链和三大生态治理体系。

三大生态产业链包括：

（1）企业层面的生态产业链

园区项目全面推进企业清洁生产产业链，建立废弃物运输、焚烧、安全填埋产业链，并建立生态保护和信息设施共享产业链。

（2）产业层面的生态产业链

重点实施废旧家电和电子产品资源回收、拆解以及综合利用的国家试点示范项目，对废旧家电、二手轮胎等进行拆解改造，回收具有利用价值的电子元器件，进行产品再制造，建立了再制造生态产业链；建立从废旧轮胎中提取燃料油和炭黑产品等物质的循环产业链；从固体废弃物中提取稀有贵金属，拓展了金属提取产业链。

（3）区域层面的生态产业链

产业园区与青岛市内电子、家用电器、石油化工、汽车、造船和纺织服装等六大动脉产业集群联动，实现静脉产业和动脉产业的共生合作，建立"6 + 1"生态共生网络系统，集"废物回收—无害化处理—再制造—可再生资源加工—产品销售和用户服务"于一体，实现青岛市绿色经济发展，走出一条可持续发展经济道路。

贯穿于生态产业链的三大治理体系包括废弃物拆解体系、再生资源深加工体系和无害化垃圾处理体系。

（1）废弃物拆解系统

废弃物拆解系统主要包括三个子行业：废旧家电和电子产品的拆卸和使用，废旧汽车的拆卸和使用，以及第七类废旧家电的拆卸和使用。废旧家电的拆卸也可分为废电视、废冰箱、废空调和废旧电脑等产品的拆卸线。废旧汽车的拆卸可分为：车和汽车压块的拆解线。第七种废物拆解可分为废旧五金电器、废旧电线电缆、废旧电机及其他拆解电线。拆卸后，筛选出可利用的废塑料、废金属、废轮胎等，将其输送到下游产业，其他废钢、废玻璃等作为再生产品送往园外出售，不仅减少了资源浪费，而且取得了一定的经济利润。

（2）可再生资源深加工体系

可再生资源深加工体系是园内拆解的废旧物品和园外购置的资源作为处理对象，进行贵金属回收、废旧轮胎橡胶回收、废塑料深加工、废矿物油深加工和废制冷剂回收。贵金属回收主要从废印刷电路板和废汽车催化剂中提炼获取；废旧轮胎橡胶主要通过热解法处理，提取具有较高附加值的油、炭黑、废钢丝和可燃气体等物质；废塑料的深加工是分离不同的废塑料产品，经由物理加工、复合再生等工艺，获得再生塑料、建筑材料和其他再生产品；废矿物油深加工是利用高压静电过滤净化废油；废弃物制冷剂回收处理是在园区的拆除线上，回收和净化氟利昂制冷剂，以实现回收利用、分解处理的目的。

（3）无害化垃圾处理体系

无害化垃圾处理体系主要处理园区外回收利用过程中产生的固体废物，包括危险废物处置、一般工业固体废物处理、生活垃圾处理和土壤修复。危险废物处理包括危险废物和医疗废物，通过焚烧、物理化学处理、综合利用、安全填埋和其他处置方法进行处理；一般工业固体废物处理是运用填埋方法进行废物储存；生活垃圾处理采取堆肥、焚烧等回收利用方法；土壤修复是对受有机和石油污染的土壤进行恢复，并且开展相关修复技术的研究。

整个园区分为四个功能区（研究区、实验区、服务区和生产区）和一个保留区，园区管理以服务区为核心，以生产区为龙头，以实验区和研究区为基础，通过副产品、产品和废弃物的交换实现物资流通，达到各区域之间信息、人才等要素的高度共享和交换，构建园区产业生态链，优化园区资源配置，有效利用固体废物，大大提高了园区经济效益，减少了环境污染。

4.3　国内外典型产业生态共生模式的经验与借鉴

通过以上对国内外典型案例的分析，可以从中发现很多值得遵循和借鉴的规律和经验，下面主要从政策机制、管理机制和信息机制三个方面进行简要概括和归纳。

4.3.1　建立一整套完善的产业共生政策体系

无论是从国外的产业生态共生模式来看，还是从国内的典型生态产业园区来看，完善的法律体系都是最基本的保障，主要体现在三个方面：

（1）完善的法律体系是废物回收系统运作的基础和保障

德国垃圾回收系统的建立，特别是电子垃圾回收系统，均以政府立法为主导，明确规定了垃圾回收处理的各个环节和企业违反法规应承担责任和面临处罚。通过政府制定政策的强制介入，参与回收流程的企业主体紧密相连，规范了企业的行为，严格控制了从废物源头到终端的回收处理过程，确保所有环节都能高效稳定地运行。政府部门应在产业发展、金融资金以及信息交流等方面提出扶持政策，例如，在产业链建设的早期阶段，面对企业缺乏资金投入、信息沟通不畅和市场进入壁垒等困难，政府可给予一定的政策补贴，确保产业共生体系的有效运行。在此基础上，推行技术创新企业的税收减免政策，鼓励各行业的绿色工艺创新，提高企业加入的主动性和积极性。除此之外，管理部门还可以通过行政手段，规划和实施废物回收过程的监督管理工作，制定废物排放标准，消除企业管理者的侥幸心理，确保废物的有序回收。

（2）以法律形式规定生产者责任制

在建立规范、有序的回收体系的基础上，国外还制定了一系列政策措施，以确保产业共生体系稳定有效运营。这些政策从法律层面规定了生产者的具体责任，加强了企业的环保责任意识，使企业自觉遵守相关规定，以具体的经济政策规范企业生产过程中的行为，减少污染排放。不同的经济政策在产业生态共生体系中的各个环节都有针对相关主体的不同作用，指引利益主体做出有利于生态共生的选择和决策。为促进资源的合理利用和防止环境污染，联合国经济合作与发展组织环境委员会于1972年提出的"污染者负担"逐渐演变为环境管理的重要政策。"污染者负担"政策规定污染环境责任由生产者承担，避免了费用转嫁给消费者的行为，体现了社会的公平效应，因为环境之所以被破坏，主要是因为生产者不合理利用资源的行为造成的，并且生产者由此获取了高额的超额利润，因此，需要为环境破坏承担一定的责任。而且"污染者负担"政策的实施可以筹集大量资金，来治理环境污染，引导企业自主管理污染源，减少外部不经济性，减轻了社会成本。

（3）制定排污费用规范企业行为

西方国家的污染收费政策包括两种：一种是根据污染者排放的污染物数量收取费用；另一种是征收环境污染税。在实践中，加拿大政府鼓励企业引进污染物处理设施，实现自主处理排污物，以达到国家排放标准，假如处理后仍未达到排放标准或是无自行处理能力，则需缴纳一定的排污税。征收环境污染税的一般是根据排放的污染物的数量和浓度计算税收，征收的税收由政府统一支配，用于治理污染和保护环境。为了监督污染收费政策的实施，政府制定了相关的惩处措施，针对未能及时缴纳排污费用的企业给予严厉的惩罚。通过实施污染收费政策，一方面加重了污染者的负担；另一方面还增加了政府治理环境的资金，提高了政府防污治污的能力。

4.3.2　加大对高科技的研发投入，提高技术创新支撑能力

先进的研发技术和环境处理技术不仅能够增强产品的性能，而且能够使

得副产品和废弃物得到充分利用，实现废弃物的再循环，增强产业共生模式的稳定性。日本注重对生态产业园区高技术的引进，值得中国等发展中国家学习借鉴。目前，无论是苏州高新区工业园区还是青岛静脉产业园区，中国的大多数工业园区普遍处于资源综合利用的低端水平，对废弃物的回收处理技术和资源再生循环利用技术的研发投入力度远远不够。技术可行性是生态工业园区发展的必要条件，技术的发展和进步可以实现排污处理所产生的经济效益，减少企业的生产成本，因此，相关利益主体都应集中于生态技术的研究，分析能源的适用性和无污染原材料的替代使用，建立信息流和物质流共享平台，加强邻近企业的互联共通，减少废物交换的交易成本。

在面对技术发展障碍的发展中国家，应吸收发达国家的先进经验，突破阻碍产业生态共生体系构建、影响生态产业运作的技术"瓶颈"。一方面，应充分发挥政府职能，在政府的指引下，加强生态企业的主导作用，组织研究开发绿色循环技术、绿色再制造技术、清洁生产技术、绿色产品设计工艺、废物无害化处理技术等核心技术。另一方面，应构建生态经济和绿色开发信息交流体系与相关技术咨询服务平台，创立专业有特色的官方网站，实现产业网络化，以便及时收集和发布有关生态技术的问题监控和政策信息，为科研机构、政府或企业多方的技术研究提供信息和数据支撑。此外，还应充分利用行业协会组织，定期开展交流合作会议，积极促进国际先进技术的学习和推广，从而减少企业技术选择和产品制造过程中的搜索成本，进而降低企业的生产成本，并且能够精准、快速地确定合作伙伴，减少企业间的合作违约风险，成功建立先进、稳定的产业生态共生模式。

4.3.3　转变政府职能，构建一体化的产学研运作机制

国外产业生态共生模式的典型代表，如卡伦堡工业园区和杜邦公司等，大多是企业自发组织形成，是企业主导型共生模式，实行自主经营，政府予以协助，从而发展壮大；相比较而言，国内多是以政府主导型为主，企业跟随政府政策变动来选择自身行为。综合看来，应避免单一主体责任过重，将管理者政府角色转变为服务型政府角色，坚持市场为导向，带动各方利益相

关者，担负好"守夜人"职责，关注当地居民环境保护意识的培养，加强环境教育学习工作，增强生产（企业）、大学（大学/科研院所）、官员（政府）和市民（居民）之间的密切合作，构建产学研一体化机制，共同推动产业生态化发展。例如，举办有关环境保护的讲座以便市民进行学习；加强与其他先进的生态工业园区交流学习，互相介绍环保产业的发展经验等。

除此之外，专业的行业管理也非常重要，这样可以减轻政府的管理负担，还能简化烦琐的手续流程。以静脉产业为例，国外的静脉产业主要集中在废弃包装和电子垃圾的回收利用方面，废弃包装物和电子垃圾在废物中的占比很大，并且污染严重、危害较大，在这种情况下，国外包装和电子产业制定了相关的企业行为规范和排放标准，加之生产者责任制的实行，形成了以大型回收公司为主的行业的经营方式，充分发挥了行业专业化管理作用。中国的废物回收管理还没有形成行业化管理模式，而是将其完全交给政府和社会，加重了政府的负担，也没有充分实现废物的循环利用，造成了当前的垃圾回收混乱、废物利用率低等问题，因此，国外的行业管理方式是值得中国等发展中国家学习效仿的。

积极促进相关利益者的协作关系，发挥关键参与者的作用，建立多方主体的产业生态共生网络。在环境保护部门的管理下，颁布统一管理措施，制定技术标准，规范指导方针，提供可持续的资金来源；坚持管理委员会的引领作用，切实发挥生态工业园区领导小组和办公室的职能和作用，建立科技研发中心，加强技术支撑，发挥核心企业与各节点企业的联结作用，通过产业链传导机制建立企业间、企业与科研机构、企业与居民的共生网络。

4.3.4 建立适合本国国情的垃圾回收利用产业的组织运行方式

德国垃圾回收系统是在扩大生产者责任范围的要求下建立和运作的，日本家用电器的回收是由生产者联合组织共同承担，德国、法国和其他欧洲国家建立的包装废弃物"二元回收系统"也是如此。欧洲国家开展的生产者责任制是符合其国情的，这是因为：首先，欧洲国家土地面积较小，生产者直接回收废弃物时所花费的交通成本较低；其次，欧洲多为资本主义发达国家，生产者资金等实力雄厚，市场占有率较高，可以产生规模经济效应；再次，生产者大多具有较强的法律意识和环保责任感，易于管理；最后，欧洲市场较小，基本没有伪劣产品，只需控制生产者产生的废物危害即可。但对于中国而言，经济发展不均衡，废物回收利用无具体标准、废物处理设施不完善；而且，欧洲国家大多已施行了污染费用收取制度，因此废物并无剩余价值，而中国只有少数地方收取了污染费用，人们不仅不用为废物排放承担经济责任，而且可以通过售卖废弃物获取经济利润，所以其剩余价值为正；中国地域辽阔，生产者回收废弃物的交通运输成本巨大，如果在当地建立私人回收站，则资金投入压力较重，难以实现规模经济效应；除此之外，中国企业实力水平参差不齐，生产者法律意识和企业责任感淡薄，增加了管理者的管理难度。

因此，我国应该明确界定生产者在废物回收中的地位，但不应过分强调其直接回收责任，可以让其承担一定的经济责任。在欧洲国家，单一企业有时也无法负担废物回收的全部压力，便通过建立行业协会或产业联盟组织来进行废物回收分工。但在中国，由于工业联盟或行业协会的职能普遍薄弱，因此并没有形成统一的废物回收体系，但从长远角度考虑，如果单纯依靠政府、行业管理机构，则并不能实现废物的综合利用，所以，中国不能简单复制欧洲国家的回收模式，即在生产者责任制的基础上建立资源循环产业系统，而是要根据中国的实际情况，将产业生态共生作为推动工业生态化发展的关键点，带动传统产业的可持续发展，与本地的经济、产业和文化特色资源相结合，选择适合本国国情的再生资源循环利用体系和产业生态共生模式。

第 5 章

京津冀产业生态共生演化机理

京津冀生态产业链的发展已初见成效，但主要集中在产业园区内，跨区域的合作偏少。京津冀三地资源丰富、产业发展迅速、政策支持明显，具备协同构建生态产业链的优势；京津冀合作已初显成效，主要集中在钢铁、生物医药、化工、煤炭和生态农业五大产业；京津冀形成了以产业园区为依托的生态产业链，典型园区包括中关村科技园、北京生态农业产业园、子牙循环经济产业园、天津泰达生态工业园和曹妃甸循环经济园区等。但是，京津冀地区生态产业链建设发展与推进时间较短，结合目前建设状况可以发现，其面临的主要问题在于体制政策、产业衔接、生产模式与技术支持四大方面。

5.1 京津冀产业生态共生驱动机理研究

京津冀地区产业生态共生的形成需要多方驱动，本部分结合产业共生理论探讨了最具代表性的产业生态共生的形成机理，包括成本推动机理、效益拉动机理、自组织演化机理、政府扶持机理、环保压力驱动机理和外部环境支撑机理等，如图 5.1 所示。

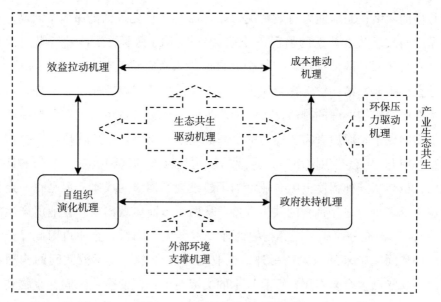

图 5.1　产业生态共生驱动机理

5.1.1　成本推动机理

一般情况下，影响产业生态共生的因素是很多的，但是从企业的角度来说，降低成本是其最关注的主要因素之一，因此非常有必要从成本的推动机理方面来分析产业生态共生是如何形成的，具体来说有以下两个方面。

（1）最小化企业副产品的处理成本

伴随着可持续发展观念的日益深入，京津冀地区政府高度重视工业性企业对环境的严重污染，工业性企业的"副产品"会对自然环境产生实质性的影响，尤其是没有经过环保处理的排污物对自然环境具有更强的破坏力。当前，全世界都在宣传环境保护，环保观念已深入人心，因此，一旦环境遭到工业的破坏，必将受到公众的谴责和法律的严惩。因此企业必须对生产过程中产生的"副产品"二次处理再进行排放。但是，处理"副产品"需要巨额投入，会对企业的效益产生很大影响。生态工业园可以有效解决此问题。对这些"副产品"生态工业园不只是简单地处理，更重要的是能够加以回收利用，成为他们的新型产品，并且，围绕生态工业园，发展成为一个产业生态共生的网络机制，能够有效解决"副产品"二次处理的高昂成本问题。在企业之间缺乏共生关系的情况下企业会对产品的成本与效益进行纵向的对比，它必将面对两种选择：一是企业自己投入资金进行垃圾处理或者填埋，二是直接排放。第一种选择会使企业产生大量的成本以补充由于焚烧、运输以及在政府机构办理的排污许可等所产生的一切交易费用，这在无形中增添了很多的成本；而后者需要面对的是高额罚款甚至停业，这就是"不合作成本"。所以，生态共生网络对于企业的影响是巨大的，积极参与带来的良好效果，虽然从某种程度上为企业增加了建设生态网络的成本，但是也一定会受益于众多企业并存带来的共生效益，从两个方面体现出来：企业所产生的"副产品"被充分使用，废弃物的处理成本会大大降低，企业也因此降低了由于环境问题带来的风险；另外，企业之间的合作加速了彼此间的沟通频率，不仅降低了交易费用，而且技术的交流与合作促使企业之间在废物利用技术上得到质的提升。因此"不合作成本"降低的背后是企业之间在处理环保问题的过程中，利用生态共生网络，促进了产业集聚过程，不仅是成本的节约，更是其他衍生费用的节约。

鉴于此，产业生态共生网络形成了两种关联性的关系，一种是企业间的关系网络的形成，另一种是企业与环境之间形成了一种必然联系。企业加入产业生态共生网络的动力主要是来自成本的节约；同时在产业生态共生中，外在的复杂作用力也会产生多种效应。对于企业来说，影响其发展的因素很多，如政策导向、成本叠加和不同的需求等，那么他们很容易就会对参与共生网络与否的成本做对比，企业最希望的就是处理废物的成本小于处罚成本，这也是企业参与共生网络的目的。

但是，"非合作处理"的成本与政府的处罚力度有一个临界值。如果相关的政府机构等部门提高了企业对废物排放的标准，那么企业要想维持生态标准就必须同相关领域的企业进行合作，尽可能将废弃物通过生态处理，以降低环境破坏，这种企业之间的合作促进了生态网络的形成，共生网络加速了整个产业链的迅速发展。同时，政府提升排放成本的同时还会对共生网络的建设成本进行补贴，以刺激产业链外的企业主动加入共生产业链上来，促进产业生态共生网络的扩大。由此可以看出，在产业生态共生网的建立和发展完善中，成本的推动具有至关重要的作用，京津冀地区政府相关部门可以适当通过提高环保标准，利用"成本的杠杆"推动生态产业共生网络的形成和发展。

（2）成本最小化

对于企业来说，经营的最终目标在于对利润最大化的追求，而降低企业成本或者说是成本最小化同样是企业追求的目标。成本越低，企业的产品越具有竞争力。对于工业企业来说，降低成本方面，产业生态共生有着绝对优势，在很多方面可以有效降低成本（例如运输、废物处理费用等）并及时转化成各种效益，政府的各项政策也有益于企业降低成本。因此，产业生态共生模式发挥着重要作用，其最终的目的在于如何在生产过程中让企业的总成本降至最低，可以说，在产业生态共生模式内进行生产，企业是可以获得很大利益的。

1）降低物流成本。

对于构建产业生态共生模式来说，建立的最初目标是最大限度地降低成本、提高效益、保护环境。其实，很早就有很多小规模企业或者单个企业在内部单独设立部门进行废弃产品的循环交易。此时的企业更多的是采用就地取材的方式解决问题，以减少在运输上的成本。伴随现代化运输网络的迅猛发展，运输的条件优势以及运输的路线都成为企业核心竞争力的重要指标。所以，交通作为地方企业发展的要素越来越凸显它的地位，更关系到企业的生存问题，如果交通不便，那么就会给企业的物流造成巨大压力，对企业成本有着非常大的影响。所以，一般情况下，企业在选址上都会考虑交通的便利性和资源获取的便捷性，将地理位置选择在交通发达和资源便利的地方。随着京津冀交通一体化进程的不断发展，京津冀地区的交通条件日益便利，产业生态共生链条和网络形成后，便利的交通条件和资源都会吸引更多的企业加入。总之，在产业生态共生内部，企业的聚集和共生所形成的实力解决了运输困难的问题，很大程度上降低了运输成本，因此企业非常愿意加入到生态共生网络中来。

2）再次利用，变废为宝，实现多家企业共赢。

企业在产品生产的过程中，不仅要求产品质量合格，而且要符合政府的环保要求，使企业不得不加大对环保技术的投资，间接加大了企业的生产成本，尤其在化工、能源等行业，废弃的副产品在整个产品生产中占有相当大的比例，处理这些副产品所带来的成本明显增加。例如，一些化学制品在生产过程中会产生一些特殊的非实用性化学物质，一旦处理不好会严重、多次破坏环境。因此，为了避免这种情况发生，该类企业就必须加入到产业生态共生网络中，这不仅符合当前环保发展的需求，而且会减少因处理废弃品而产生的各种费用。产业生态共生网络的作用实质上是企业间不同产品的互相利用，上游企业的废弃物可能成为下游企业能够进行产品生产的原料，最终的结果实现了企业在合作过程中的共赢，既减少了原材料获取的成本，又降低了处理废弃物的成本，使得处在不同环节的企业同时增加了营业收入。变废为宝的功能使更多的企业看到了未来发展的优势，进而使大多数的企业积极加入到产业生态共生网络中。

3）政府投资产生规模效益。

产业生态共生网络的形成，很大程度上抑制了废物对环境造成的污染，是可持续发展的战略。从政府角度，为了使环境保护工作顺利进行，会制定政策扶持采用环保设施的企业，最常见的措施有税收抵扣和减免、财政方面的补贴等，这些优惠政策可以降低企业的固定成本，主要表现在产业生态共生网络的最基本设施的组建以及公共的产品供给与公共服务的提供。对于区域经济来说，是否能够形成产业生态共生网络，主要是看自然资源的储备、是否有条件良好的公共设备、适当宽松的融资环境、高能力的人才配备等。

具有强大吸引力的区位经济会促使各大企业聚集从而形成生态产业圈，还会促使产业生态共生网络的形成与发展，其中政府的职责就是提供整个区域的共享性资源。政府的功能是加大对基础的交通设施、通信的网络方面的投资，并制定优惠政策吸引企业加入，为经济的可持续发展创造有利条件。因此，在产业集聚的过程中，企业通过利用地方政府提供的公共基础设施，节约了大量的成本，也间接增加了企业的收入。最基本的设施以及其他公共的物品提供，既能够提升企业在聚集地的经济效率，又能在一定程度上增强集聚区域的吸引力，促进更多的圈外企业进入共生网络。同时，管理部门对产业生态共生网络中的公共环境进行统一集中的管理，有利于减少各个环节部门之间的摩擦，降低成本。

另外，所有的产业集中在一起有多方面的优势：首先，可以减少资源的浪费，能够提供更多、更有意义的公共物品，提升了资源利用率；其次，聚集在一起的产业，也带动了所有企业自行提供公共物品。由此可以得出的结论是，企业的集聚不仅促进了分工的专业化发展，更是让这种分工具有规模并充分发挥它的效用。鉴于此，产业生态共生网络的分工过程更加精细化，通过构建区域产业共生网络，将产业发展嵌入本地网络，凝聚产业升级的内生力量，形成资源的互补以及功能互补的产业链条，促进本区域的稳定发展。因此，京津冀区域应做好空间布局和规划，按照现有的产业集聚布局建立产业生态共生网络，并将环保管理网络化的理念改造原有的产业布局，以产业生态共生的优势吸引更多的企业加入，促进共生网络的发展和壮大。

5.1.2　效益拉动机理

在构建产业生态共生网络之初，企业作为"理性人"追逐利润，就务必考虑成本与收益之间的关系，在一定时期内，只有当成本小于收益时，企业才会以肯定的态度选择加入网络；或者在长期的观察中，未参与其中的企业发现加入网络会带来更多收益，就会通过不断的策略调整，最终加入网络。

从某个角度来看，产业生态以集群的方式将众多企业集合在一起，形成生态产业集群。但是，生态产业集群因其自身特点区别于普通的产业集群。普通产业集群仅仅是在横向和数量上进行聚集，而生态产业集群实质上是一种横纵交替的共生网络，是质的飞跃。在产业生态共生网络中，企业是采用回收并再利用废物资源的方式来进行聚集的，即通过经济效益的拉动来集聚，经济效益主要从规模经济、范围经济和外部经济表现出来。

（1）规模经济

规模经济与经济效益有着紧密的关联，具体而言，通过大规模的生产促使经济效益不断增加，从而促使长期平均成本呈现下降的趋势，这同样也是降低长期费用的过程。从产业生态共生的特点可以发现，它获取经济效益的过程符合规模经济的发展规律，主要包括两点：一是产业链自身所具备的不断扩张的规模；二是在产业生态共生网络内，存在着一系列超大型的企业，以规模经济作为追求的目标。

产业生态共生网络采用规模经济的发展方式，不断扩大生产规模，壮大产业集群，使得产品生产朝向统一的规格和标准发展，这样也为更多的企业提供更多的生产经验，加强企业之间的合作往来，稳固的合作则会带来更多的效益，从根本上也是促进绿色经济的发展。规模经济的一大优势就是通过下游企业购进上游企业的原材料，上游企业减少处理副产品的成本，下游单位减少购买成本。因此，规模经济主导下企业活动会促使交易成本呈现大幅度的下降趋势。通过共生网络企业间资源共享，信息共享，取得规模经济效益，从而降低管理成本。同时，规模经济的另一个优势就是对于新产品的研发，起到了承上启下的作用，众所周知，新产品的研发对于规模较小的企业来说，是一笔不小的费用，在资金周转上会有一定的困难，影响小企业的发展。但是对于一个大规模的经济组合体来说，新产品的研发费用只是流动资金中的一小部分。综上所述，我们可以得出规模经济既有利于新产品新技术的研发，也有利于产业生态共生的稳定。

（2）范围经济

范围经济一般指厂商在进行多种产品生产的过程中共同使用有关生产要素，最终达到节约成本的目标。因此，范围经济是以生产经济性为原则，区别于个体生产的多产品共同生产过程。在产业生态共生共生网络中，企业间的分工不仅实现了按功能分配，而且功能之间达到娴熟的配合，在此过程中积累更多的生产经验与生产要素。分工形成的不同要素的组合更加灵活，破除了僵化的运行机制，提高了企业的生产效率，参加共生合作的每个企业均在范围经济的影响下获取更多的收益。

因此，对于京津冀区域来说，为了促进产业生态共生网络的形成和发展，也为了促进范围经济发挥作用，应以当前核心产业集聚地为依托进行整体规划，硬件方面主要包括道路交通、产业布局、能源供给以及生产废物的回收与处理等，其功能主要是为企业节约原材料，防止因重复利用而造成的浪费，实现资源的有效利用；软件方面，主要包括企业信息、人力资源培训、管理咨询和金融服务，通过这些方面的建设，更有利于企业节约生产成本，杜绝规模不经济。

（3）外部经济的内化效应

所谓的内化效应主要是从经济主体间的关系入手，发掘主体经济行为的影响与制衡过程，这种平衡过程影响市场供求关系以及价格机制的变化。但是，实际的经济活动中，往往很多现象无法及时反映出来，形成了市场的外部性。对于外部性，按照影响的结果可以分为外部经济和外部不经济。关于外部经济的论述，马歇尔在其著作《经济学原理》中已有详细的论述，其主要观点就是企业一般会受到外部环境的多重影响，这种影响对企业实质上是有利的，例如知识的增长水平提升、技术更新等，大大地降低了企业的生产成本。企业的外部从一定范围来看可以说是产业的内部。马歇尔指出，扩大任何一种商品规模的经济形式有两种：一种是依附于这种工业的经济；另一种是依赖于从事这种工业发达的产业。

马歇尔还指出，当任意一个商品的总产量增加时，都会伴随着企业规模的扩大，并且会在内部经济的生产量增加的同时壮大它的外部经济。按照马歇尔的理论阐述，构建内外部经济的理论框架，内部经济更强调企业内部的变化过程，包括人力使用、技术分工、科学管理过程等，最终降低企业的生产费用。而外部经济更强调外部环境的影响结果，企业受外部因素影响对生产成本进行控制，如企业所在地距离原材料的采购地的距离、销售市场的容量、交通运输的便利条件等。这些具有联系的各种企业聚集在一起，就会形成较强的外部的经济实力，实力的增强同样影响着内部的发展，企业会利用外部条件提升自身的竞争力。所以，按照马歇尔的理论，会有较多的企业加入到产业生态共生网络中，从而促使经济环境发生一定的变化，企业共同享受到可见的、非可见的利益，即得到所谓的外部经济。因此可见外部经济对企业是非常有利的，一方面为企业提供良好的外围环境，使企业在同等条件下开展商业活动，另一方面，外部环境影响内部制度的变革与创新，主要目的是增强企业的核心竞争力，在市场竞争中立于不败之地。因此，京津冀地区发展产业生态共生网络，应注重形成企业的外部经济，通过合理的产业布局规划和加快交通一体化进程，进一步提升产业生态共生网络的外部经济效益。

5.1.3　自组织演化机理

自组织是一种过程，即在没有人为干涉的情况下让事物自主发展，在这个系统内，系统的结构完全依靠内部解压来驱动演变，在相对稳定的情况下，向有序化、多功能化和结构化的方向发展，系统自身的功能和结构也会发展改变。产业生态共生网络也可以视为一个有机系统，是在特定的社会、经济、自然环境，特定的时期，特定的空间上形成的具有市场占有量、产业实体、工业剩余物质交换的一种特殊的系统结构。

产业生态共生网络的形成与社会经济的进步密不可分。一种相对稳定的产业生态共生网络的产生，离不开利益驱使、自然环境、技术创新、法律规范以及产业群和产业链等重要因素，只有在这些因素的共同作用下，产业生态共生网络才能健康长远地发展下去。自组织这种形式在自然界或者人类社会中是一种常态存在，非常普遍，并且从 20 世纪 60 年代开始，自组织理论的相关研究便如雨后春笋般迅速崛起，并且受到了社会的广泛关注，很多学者也开始对此展开更加深入的分析和研究，由该学科体系衍生出来的理论比较典型的有耗散结构理论、协同学理论和超循环理论。

（1）耗散结构理论

耗散结构理论更加强调组织内部各系统之间的关联，并且对外部环境与内部结构进行考察。从耗散结构理论中我们发现，所有的子系统都存在着紧密的关联，没有单一存在的个体形态。因此，当子系统处于一个非平衡状态的环境中，每个个体都会与其他个体不停地进行能源转换，在整个系统体系内形成了非线性效应，通过重新组合这些元素，构成产业生态共生网络可持续发展大系统。具体而言，在整体的系统活动当中，经济作为整体系统的一个子系统为另一个子系统能源的运行奠定了物质基础。并且经济子系统在不断发展的过程中也影响了其他子系统的发展，尤其是对社会子系统提供了帮助，在能源领域范围内为能源系统的发展提供了条件，能源与环保息息相关，因此也带动了环境子系统的发展，各个子系统同样将功能反馈给经济子系统，环境的改善、社会的稳定等，都是促进经济子系统发展的重要力量。

所以，不同子系统间相互影响，构成了紧密的关系链条。但对于影响的结果包含正向和负向两个方面。例如，在经济发展的过程中，如果以消耗能源、破坏自然环境为代价的经济增长，就会形成反面效果。首先，造成了能源子系统的破坏，甚至对于非可再生资源是一种毁灭性的打击，反过来阻碍经济的可持续发展。其次，会引发环境污染、生态破坏等，这就需要将大量的人力、物力、财力投入到防治过程中，并且恢复和治理需要一定的时间，则会抑制经济的发展速度。还有，经济发展不平衡带来的人口流动，实质上导致区域发展极为不协调，最终导致经济全局遭到破坏。

综合以上分析，耗散结构理论构建了一个系统框架，在系统内部和系统外部构成紧密的关联，使得自组织形成了稳定的组织结构，这种结构被定义为耗散结构。

社会是客观存在于世界进化过程中的，其运行依靠耗散结构，但是维持结构的运行还需要一定的社会物质基础作为基本要素，例如能源、物质以及不同系统间的信息交换，这样才能实现大部分的内部分化。由耗散结构理论我们发现，产业生态共生网络作为一个系统，既要注重内部经济、能源、人口、环境等子系统的相互协调发展，也要注意与系统外生态环境的相互影响。

（2）协同学理论

利用协同效应和系统要素竞争理论进行自组织形成内在机制的抉择，即为协同学理论。在早期的生态工业园建设中，因为缺乏经验，在建设园区的过程中出现了很多考虑不够周全的地方，后续驱动力不足。之后引入协同学理论，助其进行长远的规划，通过构建基于评价体系的数学模型，可对生态工业园区的管理秩序和产业体系发展动向进行科学预期，方便后续的管理。所以，协同理论分析框架是搭建出一套结构体系，从内部了解生态工业园区的运营体制，通过体制设置与机制运行，寻找绿色可持续发展的理论模型。

以生态工业园区的建设为依据，可以借助协同学理论的理念进行产业生态共生网络的构建和完善。如将产业生态共生网络视为一个系统，则在产业生态共生网络系统和各个子系统中，协同过程都是最基础的，在自组织的过程中，系统内部与外部的竞争一直都是存在的，这也是系统不断演化与进步的一个佐证，协同效应的产生则是由于竞争令系统内部与外界之间永远都存在着个体差异，令自组织不断地进行运动。产业生态共生网络内的各子系统间的竞争与合作，令这个自组织结构更趋于高级和稳定，合作与协同效应保证了可持续发展的实现，是实现产业生态共生网络演化的重要途径。京津冀区域产业生态共生网络的构建和发展过程中，可以考虑引入协同学理论，通过政策引导在系统的内外部打造良好的合作与竞争的环境。

（3）超循环理论

至少包含一个催化循环的循环过程即为超循环。这是一种高级循环，主要通过周期函数形式的催化耦合而得。它的组合对系统耦合度的提高有非常大的帮助，可以通过协作与竞争的双重作用，促使子系统相互作用，完善自身的重叠催化循环与自身催化循环。因此，借助系统连接，系统能量便可被充分激发出来。超循环中自我演化、自我适应和自我复制功能都将促进其自身的演变，所以想要进一步发展，就必须保持信息的稳定性。

分析产业生态共生系统，发现其具有非常强的复杂性。首先，对其动力机制进行研究发现，它的演化轨迹是按照其自身的演化机制进行的，属于非线性动力系统。在信息流和物资流的共同作用下，产业生态共生系统被驱动运作，在协议的保护下为了适应外部环境，生态共生系统将不断重组，并通过与成员间的协作创新以达成预想的组织目标。产业生态共生系统努力匹配外界环境、学习外界环境和与外界环境交互的过程也是其自我演进的过程。

及时联结机制是产业生态共生系统结点间的另一特性，而共生网络的形成则为企业间的相互学习与交流提供了一个良好的环境。节点之间的相互作用和决策结点活性为产业生态共生系统提供了创新源，其创新的原动力是组织中结点的交流与冲突。决策模式不同造成产业生态共生系统中成员的决策能力差异，从系统复杂性角度考虑，组织走向创新的动力是生态共生系统内部的不安定因素以及各种扰动。

由此可知，产业生态共生网络的发展和演化，离不开外界信息流、物质流的推动和内部交流冲突的催化。为保证京津冀产业生态共生网络的发展和演化，以及保证外部信息和物质的充足，还应当引导网络内部企业的合理竞争和协同创新，以实现产业生态共生网络从稳定到变化再到稳定的发展。

5.1.4　政府扶持机理

短期来看企业的环境效益和经济效益是一对难以调节的矛盾，如果仅仅从经济交易角度考虑，企业投入成本注重生态保护会降低经济效益。因此，这种情况下，需要依靠政府的力量引导和约束，通过制定全面的策略和规划，使企业了解产业生态共生网络既能满足政府的环保要求，又能最大限度地降低成本，带来长期收益。

京津冀产业生态共生的构建是一个相对复杂并且需要多方面协调的过程，因此必须配合科学的政策和规划，通过制定法律法规和监督管理环境的指标来规范企业行为，为企业树立统一标准。目前，对企业而言，环境效益与经济利益显然仍处于对立面，因此必须通过强制性手段来约束企业行为，令其彻底放弃"生产第一，治理第二"的错误想法。但同时还必须保证，企业在按照政府规范严格执行的情况下，依然能够获得应有的利益，使其意识到通过与其他企业共生能够使生产的废弃物再次利用。因此，政府需要制定各种政策和措施努力协调企业与企业、社会与企业之间的关系，以达到利益的高度协调。

（1）制定相关的鼓励和制约政策

为了给企业加入生态共生网络提供动力，京津冀地区政府可根据市场情况和企业的实际条件制定一定的扶持政策，鼓励企业积极转型。政府的鼓励政策可以从税收、资金和规范条款等方面入手，构建出符合地方特色的促进产业生态共生的政策。例如，针对那些积极主动加入产业生态共生的企业，政府可以在税收上给予一定的优惠；对于那些在废弃物利用和资源副产品上潜力较大的企业，出台一定政策激励其继续努力；针对构建产业生态共生链条有突出贡献的核心企业，给予奖励，并放宽信贷条件等。

保护环境与企业经济效益在某种层面上存在着一种不可调节的矛盾，因此很多企业为了能够获得更高的利润而忽视了对环境的保护，所以政府制定严格的环保政策是非常有必要的，这样才能有效控制那些存在侥幸心理、不顾集体利益的企业和个人的行为。具体来说，政府可明文规定企业具体可排放的废物、废水和废弃总量，可通过提高排污费用来进行限制。有了这些约束条件，企业就会想办法调整自身的排污处理方式。如果只通过改造排污技术或进行治污设备的安装来减少废弃物的排放，会耗费大量的资金和生产精力，并不是最科学合理的办法。而通过与其他相关企业的合作，通过开发生产副产品来降低排污成本，这样既保障了环境质量又保障了企业的实际利益，并且挖掘出了废弃资源的剩余潜力。为此，政府所制定的环境质量指标必须是科学合理的，将企业排放物的数量和浓度都考虑在内；针对污染情况要征收相应的税款，尤其是超出排放标准的部分更要加重税负，污染税必须涵盖所有污染物，不能有个案的存在；另外还要专门设置监督部门，确保所有政策的贯彻执行。

（2）合理制定资源价格

研究产业生态共生链内相关企业的经济行为不难发现，下游企业与上游企业间的关系与能否以更低的价格从其他渠道获得生产原材料有非常直接的关系。换言之，企业生产都是以经济收益为最终目标的，下游企业虽然与上游企业存在着互惠互利的合作协同关系，但上游企业并不是下游企业唯一的原料来源，如果下游企业能够以较低的成本从其他途径获得原材料，那么这必然会对上下游企业间的合作关系造成直接影响。那么只有在下游企业从除上游企业以外的渠道获得原材料的成本过高的情况下，两者间的关系才是相对稳定的，这种关系的维持就需要政府通过影响资源的价格来影响原材料的价格，以维持产业生态共生的稳定。

（3）培育良好的政策环境

政府部门对产业生态共生的宏观调控是方方面面的，为了提高效率，有必要进一步对其服务工作进行完善，为产业生态共生链条甚至网络的构建培育良好的政策环境。优惠政策主要是针对产业生态共生中的相关企业，可以是协调融资渠道、企业支撑网络、高科技技术帮助、提供商业孵化器、提供培训与教育、促进技术转让、加强推广和促进生态商业链发展经验的积累等。以上提及的政策，在降低企业单位生产经营成本方面能起到非常有效的作用，使得产业共生链上的企业具备链外企业所没有的竞争优势，这样就能够促进更多的企业参与到产业生态共生中来，形成一种良性循环。

5.1.5　环保压力驱动机理

伴随着社会经济的不断向前发展，人类居住的环境持续恶化，大自然用自己的方式惩罚着人类的破坏行为，但值得庆幸的是人类开始进行反思，在进行生产的同时考虑自然与环境问题。企业的生产必然会带来资源的消耗，对生态环境造成一定破坏。政府对企业生产的外部性逐渐重视，行政及舆论层面的环保压力也促使企业加入生态共生的链条。

（1）资源约束和环境压力的驱使

科技的日新月异令人们进入快速发展的高科技阶段，随之而来的资源问题也变得越来越突出，来自环境的压力更令企业举步维艰。绿色生产已经成为全球倡导的商业行为，企业效益正在逐步与其环境效益、资源利用率挂钩。理论上，生态环境系统的容量是有限的，也就是存在一个界限阈值，当商业活动对资源的消耗在阈值范围内时，生态系统的发展演变能力会随着物质、能量的转换、流动和信息上的传递变得越来越强。因此为了使企业的生产在生态环境系统的容量范围内，要尽可能地实现绿色生产，通过构建生态共生的新的生产模式来寻找生态产业发展演变与资源环境之间最和谐的关系。

1）缓解资源约束。

过去，人们生活生产所使用的大多是不可再生的资源，这些资源随着时间的流逝储存量变得越来越少，那么为了人类可持续发展的大计，就必须通过科学的方法合理使用资源，形成一个能够循环利用的绿色闭合生产链。在此基础上提出的产业生态共生发展模式，是在原有的生产链的末端加入了废弃物资源化和资源回收重新利用的环节，尽可能高地提升资源的利用率，降低生产对物质资源的消耗。在产业生态共生构建的过程中还可根据实际情况合理规划能源的使用流程，充分利用产业链中的所有能源。

2）减轻环境压力。

保护环境已经成为一个全球性的问题，各国政府都针对改善环境制定了法律法规，尤其是对企业运营过程中的环境保护进行了规范。无论是国际性质的环保行为，还是以国家为单位制定的环保法规，都明确要求每个企业应为环境保护作出自己的贡献。解决生产环节中的污染问题也是对企业生产的一种约束，企业必须通过科学可行的方法寻找出路，如与其他企业建立合作关系，交换回收再利用的副产品，实现互惠共赢，即企业间实现生态共生。

（2）环保法规与政策及国内外环境标准的压力

环境保护已经成为全球关注的问题，无论是发达国家还是发展中国家都越来越重视环境保护，国际上更是出现了专门关注生态环境问题的组织，并且国际立法也在不断出台新的关于环境问题的法律法规。国际组织对企业生产和经营中的环境保护要求更加严格，只有在允许的范围内，企业才可以建设和生产，如果违背与环境保护相关的法律法规，将会被勒令停业整改，严重者还会被查封。很多企业虽然意识到了环境保护的重要性，但将治理污染的重点放在了生产末端的处理上，可行性不强，经济成本投入过大，所以并不是最可行的办法。

为了能够更严格约束各国对环境的综合管理，国际标准组织专门制定了ISO14000 环境标准，例如《环境审核通用原则》《环境审核指南环境审核员资格要求》《环境管理体系原则、体系和支撑技术通用指南通用原则》《环境管理体系规范及使用指南》《环境审核指南审核程序、环境管理体系审核》等。跨国型大公司必须通过国际环保标准才允许进行交易往来，没有经过环保认证的企业其产品不能销往已经通过环保认证的国家，因此很多综合实力雄厚的企业都将环境保护作为选择合作伙伴的一项必要条件。

保护环境不仅是一种道德行为，更是企业增强自身竞争力的表现。而对于已经造成的污染，政府方面也在通过硬性规定，责令企业改造和重整。如果企业将末端处理作为环境保护和污染治理的唯一途径，是无法根除污染问题的，那么就会出现这样一个"怪圈"，企业花费了很多资金好不容易使污染物处理的标准符合规定，但随着环保改革，排放标准在不断提高，企业又要再次进入污染物处理工作改进中，周而复始，所以唯一的途径就是在资源回收再利用上寻找与其他企业间的互惠共赢合作，通过转变生产方式实现与其他企业的生态共生，在满足环保要求的前提下实现经济收益的稳定和竞争力的提升。

（3）提升和塑造企业形象与声誉

环境保护已经不是一个人、一家企业、一个地方或者一个国家的独立行为，其已经上升为全球性问题。"先生产、后治理"的错误思想，已经给人们的生活环境造成了非常不利的影响，温室效应、沙尘暴和雾霾等自然灾害已经严重到无法被人们忽视的地步，因此政府和社会更加关注带来严重污染的制造业生产企业的行为。为了可持续发展的长远计划，政府对企业的经营过程进行约束和管理。法律法规中对企业生产排污所提出的要求是非常严格的，很多企业迫于政府的压力和法律的威慑不得不遵守和执行，但他们并没有真正意识到环境保护的本质意义，仅依靠末端处理来努力达到规定的标准，这种方法不但费时费力，更不能从根本上解决环境污染问题，而且很可能成为束缚企业发展的一种负担，也严重损害了企业形象。企业形象直接关系着它的可持续发展和生存。员工形象、领导形象、产品形象和企业保护环境形象都是决定企业形象好坏的重要因素。随着环保意识的加强，消费者不再仅仅关注商品的价格和质量，而是将环保和健康放在了首位。随着社会的发展，疾病的发病率居高不下并且正在逐步朝着年轻化的趋势发展，这与环境恶化不无关系。消费者绿色环保意识的增强，更严格了对企业形象的考察。因此，无论从社会、政府还是消费者角度而言，都迫切要求企业在减少废弃物排放、节约能源方面做出努力和改革，并鼓励企业开发新的副产品交换模式，做到资源的回收再利用。政府以及社会各界会从对环境的污染程度、创新实力、是否采用新的生产模式等多个方面评价一个企业，由此可见，环保工作的好坏也是决定企业形象的关键。

通过上述分析不难看出，资源约束、环保法规的约束以及企业形象的塑造都能够有效推动企业加入生态共生的链条。因此京津冀地区应在国际、国内相关环保法律、法规的基础上完善本地区的环保法规，通过制定执行严格的法律法规监督企业的环保行为，在一定程度上促使企业通过与其他企业的生态共生达到环保要求，并且政府相关部门还可以利用舆论监督，对企业环保情况进行等级评比，通过地区公共信息平台进行公示，迫使企业为维护自身形象而重视经济利益与环境效益间的关系，主动选择加入生态共生的链条。

5.1.6 外部环境支撑机理

产业生态共生的形成动力除了上述探讨的几种机理以外，近些年来人们普遍比较认可的还有技术保证、公众参与、中介组织的支持等外部环境的支撑。

（1）技术保证

随着科学技术的日新月异，新的生态技术也为产业生态共生的实现创造了条件，废弃物利用技术、清洁生产技术和污染治理技术是其中比较重要的技术。

废弃物利用技术：顾名思义，是指及时对废弃物的回收再利用，这种技术是对原生产链中的废弃物进行资源优化处理，提高资源的利用率，是最为科学并且理想的一项废弃物处理技术。但不同企业生产链中的废弃资源不同，因此就必须有相关生态共生网络技术作为支持，才能真正实现。

清洁生产技术：该技术是针对整个企业生产过程的，在生产过程中采用无废少废技术，同时实现生态化产品制造和零排放制造。

污染治理技术：通俗地讲就是环境工程技术，其核心是将有害废弃物通过废弃净化装置进行过滤处理，使其满足国际排放标准后再排放，不对环境和生态平衡造成污染。此类技术的特点是在保持原生产工艺与系统的基础上，在生产链末端加入净化废弃物的装置或者环节，以达到控制污染的效果。

（2）公众参与

政府部门的引导和宏观调控作用、法律法规的硬性规范作用都是对企业生产的一种带有威慑性的约束，但需要企业贯彻执行才能取得良好的效果。因此，除了政府部门的监督作用以外，还需要公众的集体参与。在产业生态共生模式的构建过程中，充分发挥群众的监督效应必然能够提升环境保护政策的有效落实。

公众在环境治理中的作用是难以取代的，公众的参与为环境保护提供了保障，可以通过废弃物的回收、加强环境管理监督、信息互动等发挥重要作用。随着公众参与度的加深，环保意识的深入人心，非正式制度在社会治理的应用中越来越多，这也是构建生态共生文化氛围的根本途径。具体而言，公众的环保意识和处理环境问题能力的提升，使公众更关注企业的环保行为，因此，公众意识一方面可以监督企业，迫使企业采取措施应对公众的舆论，改善其生产方式；另一方面，公众更期待绿色产品在市场中出现，这不仅是为了身体健康，更是环保行为的一种表现，也促使企业改变旧的生产方式，不断提高绿色产品的质量和数量，形成品牌效应以提高企业的竞争力，参与生态共生。

科学绿色的发展观教育公众养成节约能源的良好习惯，更倾向于使用绿色健康的环保产品。过去，消费者购买产品多半受到价格因素的影响，但随着时代的进步，物质生活水平的提高，消费理念发生了巨大的改变，人们越来越看重产品自身的质量和对健康的影响。需求决定市场，消费者喜好的改变给产品的发展带来了最直接的影响，进而左右着企业经营者的思想和策略。消费者对绿色产品的肯定和需求，迫使企业经营者不得不正视环境保护问题，从绿色环保的角度对产品进行改良，尽量减少生产污染、降低能耗，在保护环境的同时又确保了企业的经济收益。因为只有同时满足环保要求和质量要求的产品才更受到消费者的欢迎，因此企业也努力在原材料选取、加工、生产、资源优化、包装、销售和回收方面形成完整的生产链条，实现经济效益和环境效益的共赢。

（3）中介组织支持

产业生态共生的形成离不开中介组织（行业协会、市场中介组织）的支持和推动。一方面，中介组织加大内外部的宣传，在产业内部通过宣传生态共生模式带来的经济效益和社会效益，鼓励企业通过加入生态共生链条转变生产模式，在实现经济效益的同时注重对生态环境的保护；在产业外部通过宣传新的产业生态共生模式，吸引其他产业的企业与产业内生态共生链条上的企业合作，形成一个密集的关系空间。

另一方面，中介组织为企业之间的沟通搭建信息共享平台，通过平台的建设使企业之间实现经济协作，融资服务、人才培养等各方面的信息共享和顺畅沟通，中介组织的作用得到更好发挥，服务治理实现质的提升，构建企业间良好的合作氛围，促进企业间的生态共生合作，为企业得到长足的发展奠定了基础。

5.2 京津冀产业生态共生的形成

在"京津冀一体化"战略实施的过程中，产业生态共生的形成和发展是必然趋势。其产业生态共生的形成机理遵循一般的共生规律，由共生单元、共生形式和共生环境三个要素构成。其中，共生单元是产业共生的基础性条件；共生形式构建了一个关系空间，将各单元纳入其中，形成彼此的沟通；共生环境是共生单元赖以生存和发展的内外部环境的统称。

5.2.1 京津冀产业生态共生单元

共生单元是构成共生系统的最基本的主体，是产业生态共生系统内部进行资源和能量的生产、交换的最小单位，是形成共生体或构成共生关系的基础物质条件。在京津冀产业生态共生体系中，诸多相关联的企业可以看作是一个一个各具特色的共生单元。这些共生单元不是独立存在的，而是相互依存、相互影响的经济主体。京津冀在地理位置、产业结构、区域分工方面有很多密切的联系，在交通、生态、环保等产业的发展中也应该注意利用已有条件，将各个共生单元紧密地联系起来，形成一个完整的、无缝衔接的体系。

整体来看，京津冀三地各自有着比较明确的分工。2015 年 4 月 30 日中共中央政治局召开会议，审议通过《京津冀协同发展规划纲要》，对京津冀发展做出了详细的规划。京津冀协同发展是国家在经济发展上的重大战略，实质上是疏解北京的非首都功能。因此，在交通、环境、产业、医疗等各方面应实现区域协作，并在许多重点方面取得突破。京津冀整体定位是"以首都为核心的世界级城市群、区域整体协同发展改革引领区、全国创新驱动经济增长新引擎、生态修复环境改善示范区"。所以，京津冀根据自身的特点，形成了自身的发展规划，如北京市将把第三产业作为主导产业予以充分发展，原来的产业布局逐步向外转移。该项措施在短期内会造成政府财政收入的下降，但是未来的发展中由于第三产业及高新产业的壮大，利润空间会大幅上升，进而促进北京的经济发展。天津市依托交通优势与原有产业基础，结合北京的产业转移成果，进一步优化产业结构。河北省更是利用产业转移的机遇，提高自身的工业化水平，实现经济的快速发展。另外，农业朝向绿色农业、科技农业的方向发展，加强生态治理，构建和谐的产业间关系。

产业协作和产业共生是区域经济一体化的最重要内容，是经济主体为了实现综合效益的最大化，而促使生产要素在区域之间流动和重新组合的过程。总体上看，企业是产业生态共生单元中最重要的主体，但由于历史和现实原因，京津冀的产业共生受到政府政策的影响也比较大，地方政府在区域产业共生体系的构建中占据极为重要的地位。例如近两年来随着雄安新区的建设规划不断完善，北京大量企业外迁，由天津、河北承接，这些都要求各个共生单元之间的相互配合、相互交流、密切合作。因此，在构建京津冀产业共生体系的过程中，要注意结合共生单元的特征出台产业政策，不能盲目地进行规划设计。一般而言，共生单元具有以下特征：

（1）关联性

区域内产业之间的关联性是区域产业共生的主要特征，与传统的产业集聚相比，产业共生的关联性更为突出、更加广泛。传统的产业集聚仅仅指的是在一定区域内几个相关企业由于地理位置的关联效应产生的简单联合。而产业共生的关联性不仅表现为一定的区域内相关行业的实质性合作与资源共享，还表现为具有资源互补特征的不同行业和产业群之间的互动联合。处于不同产业、但是有所关联的企业在长期的合作过程中，通过信息、资源的共享和持续不断的互动交流，形成长期而又稳定的合作机制，以获得更多的经济效益和社会效益。这种互动性是建立在关联性基础之上的，不是盲目形成的，常见于上下游企业之间。例如在京津冀地区，如果发展生态农业，地处河北的上游企业可以为北京、天津的下游企业提供大量的农产品，使北京、天津的下游企业得以集中各种资源进行专业化生产，明确专业分工不仅有利于获得规模收益，还使得上下游企业都能从中受益。上游企业得到下游企业提供的原材料，下游企业可以享受上游企业的专业化服务，二者可以共享收益。在不同的产业之间，也会形成一定的关联性，进而形成产业共生。在京津冀三地中，河北的第一产业占比较高，农产品的深化加工需要先进的机器设备，而天津的高端制造业会为河北的相关企业提供高精尖的制造设备，生产出的农产品广泛应用于北京的服务、餐饮等产业。由此可见，共生单元往往都具有较强的关联性。

（2）互利性

共生单元一定是互惠互利的，这是由产业的融合性所决定的。产业之间的不断融合和相互交流使各个共生单元都实现了更多的效益。从整体上来看，产业之间的互动和交融在共生模式下可以带来比"单打独斗"更高的净效益。在不同类型或者同一类型的产业中，相互关联的共生单元在技术、信息等资源交流的过程中交叉渗透，逐渐融为一体。基于产品的供求关系、技术的互补性、业务模块的完整性，各个共生单元实现了业务、技术等领域的融合，进而实现了互利共赢。这种互利性并不是"平均主义"，产生的净效益在共生单元之间的分配上会存在细微的差别，但是所有共生单元又因为"共同创造价值"这一目标被整合在一起。在构建京津冀产业共生体系的过程中，虽然三地都有各自的规划和定位，不同产业也有不同的发展要求。但是应该注意地区之间、产业之间的交互和融合，这样才能充分地利用和整合现有资源，提升整体的规模效益。京津冀地区发展产业生态共生可以充分考虑各地的实际情况，以某一地区为核心，其他地区配合，提升互惠互利性。如可以利用好河北的自然资源、天津和北京的市场优势来发展生态旅游产业，借助河北省优越的自然风光，把当地的农业和旅游业融合在一起，实现产业共生，也造福三地群众。

（3）可持续性

任何资源都是有限的，构建产业共生体的目的就是在保护生态环境的基础上实现共生单元的互利共赢和可持续发展。在一个产业共生体系中，各个共生单元往往会形成一种长期稳固的可持续发展的协调关系。区域内不同产业的企业会自发地与相关联的企业进行互动和融合，并形成一定的产业链，从而形成一种稳固、长期的合作关系，实现整个链条的可持续发展。上游的企业为下游企业提供大量的原材料和资源，但是一个区域内的资源都是有限的，处于共生体系中的上游产业不能无限制、不节制地随便生产。这就要求京津冀产业生态共生发展过程中的每个环节中的共生单元即企业都必须综合考虑资源的供给和需求情况，区域内各类产业都要尽可能地减少污染、降低需求、节约资源，并有效地使用废弃物，实现资源的循环利用，将在某一环节中所产生的废弃物经过处理后转变成为下一环节中的原材料。例如，在京津冀生态旅游业发展的过程中，现代农业也得到发展，农产品加工过程中产生的各种废料、废渣又被加工成为各种肥料和饲料，用于养殖业和种植业，产业的花卉和家禽可用于销售，从而在各个环节上都实现了资源的充分利用，并且减少了污染、保护了环境。

5.2.2　京津冀产业生态共生形式

京津冀产业生态共生形式主要表现为共生单元的相互作用，从而形成某种共生关系。在共生关系的作用下，个体之间的作用影响方式与强度都可以显著地体现出来，另外，还能够表现出各个共生单元之间的资源交换关系。这种关系是市场主体在长期的经济活动中逐渐形成的较为复杂的关系，是一种竞合关系，各种资源总是会流向更有效益的节点，因此在这些节点上必然存在激烈的竞争，使得整个共生体系充满活力。

一般来说，共生体系中的共生单元会自发地结合在一起构成一些业务模块，在一定的区域范围内，当某一产业的业务模块 X 和模块 Y 进行资源交换活动时，二者就会产生共生关系，形成共生体。从理论上来讲，X 和 Y 既是一个独立的个体，也是共生体的构成部分。它们因为某种经济关系而产生联系，虽然可以各自运行，但是在共生体系中运行显然更有效率，因为二者彼此依赖、相互影响。例如，在京津冀区域经济一体化的进程中，某一区域首先出现第一个经济体，它可以独立存活，但是必然会与其他市场主体产生各种各样的联系，在发展到一定程度以后，这个经济体沟通联系的市场主体越来越多，就会自发地整合一部分资源在经济体内部进行交换，此时就会产生共生关系。常见的共生形式有三种：资源共享形式、资源分离形式和资源重叠形式。

（1）资源共享的共生形式

在这种形式中，模块 X 和模块 Y 本身并没有任何联系，但是二者要共同消耗同一种资源，因此会产生资源交换关系，这种形式常见于同一个产业的不同业务流程中（如图5.2所示）。例如，在生态旅游产业中，特色农产品销售和农家乐住宿并不会必然地产生联系，但是二者可能需要共同的资源，如都需要良好的交通条件、电商服务平台等。这就使得二者产生了一种资源共享的共生形式。在京津冀产业生态共生体系的构建过程中，有效实现资源共享无疑是一项重要任务。同一产业内部、不同产业之间都需要促进资源的流动和资源的共享，这样才会为产业共生的发展创造良好的条件，扫除资源交流的障碍。生态保护同样需要政府间的合作，需要打破行政壁垒，保证生态空间的逐步扩大，并且实现区域内部的全面发展，以实现能源清洁生产，绿色循环低碳经济发展，区域府际关系的协作在生态环境治理中发挥着重要作用。随着生态保护建设的不断深入，循环经济的崛起，加快产业转型升级的速度，在产业集群发展上，朝着更有利于区域经济乃至全国经济的方向发展。在产业转移对接上，发挥三个地区的优势，实现有规划的衔接计划，真正实现京津冀地区的产业协作。

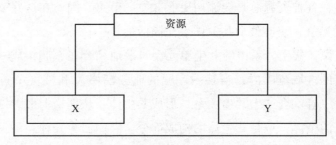

图5.2　资源共享的共生形式

（2）资源分离的共生形式

在这种形式中，模块X和模块Y分别使用两种不同的资源，两个模块之间会产生各种经济联系，但是模块与模块之间、资源与资源之间均不发生重叠，具体关系如图5.3所示。这种共生形式往往会产生于不同的企业或者不同的产业中。例如，地处天津的某企业A主打高端制造设备，专注于生产一种业务模块X，而北京的某企业B主要生产A企业所需的生产性服务（模块Y）。A企业为了节约成本，集中精力生产X，往往会购买B企业的服务模块 Y。这样既促进了专业化分工，又实现了企业与企业之间的互利互惠。这种形式一般出现在不同的产业中，或者同一产业的上下游企业中。京津冀的产业结构各具特色，应该根据本地区实际，有效促进第一、第二、第三产业之间的衔接和融合。例如，在发展工业和服务业的同时，可以有效利用这些产业产生的废渣、废弃物等反哺农业。在不同的区域，不同的企业之间也可以通过这种形式建立合作关系，有效促进经济效益和社会效益的提升。

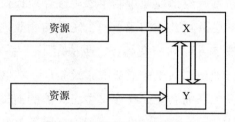

图 5.3　资源分离的共生形式

（3）资源重叠的共生形式

在这种形式中，模块 X 所需要的某些资源可以用于模块 Y，模块 Y 所需要的某些资源也可以用于模块 X，具体关系如图 5.4 所示。这种情形下，模块与模块之间、企业与企业之间获取资源的方式和渠道都具有一定的重叠性。这种形式常见于产业链条中，不同的企业、不同的业务模块之间都存在密不可分的交叉环节。在京津冀产业生态共生体系的过程中，还需注意这些产业之间的融合和企业之间的协作。例如，高端制造业的产品生产模块与售后服务模块链接形成了"制造＋服务"的形式。不同环节、不同企业之间，产品或服务的市场交易会变得更加频繁，流程也更加复杂，这时如果仅靠内部资源往往不能及时、有效地解决突发问题，交易成本也会随之上升。因此，会交叉利用各种内、外部资源，由此产生各种共生关系。

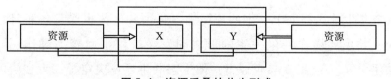

图 5.4　资源重叠的共生形式

5.2.3 京津冀产业生态共生环境

共生单元之间的相互关系形成和发展过程受到周围环境的影响，通常情况下，可以把影响共生单元可持续发展的所有因素统称为生态共生环境。区域产业的生态共生环境既包括区域内经济主体进行交易活动所依托的市场环境、生态环境，也包括政府部门通过制定宏观性计划提供的政策环境。共生单元、共生形式和共生环境共同构成了一个完整的产业生态共生体系，影响着每个共生单元的发展方向和演变趋势，也决定了共生关系的形态和特征。图 5.5 勾画了区域产业生态共生的形成要素及条件，在区域的某一产业或者不同产业内，两个有关联的企业，在注重生态保护的前提下，通过物质、能量、信息、价值等资源的交换，在生产、配置、服务等环节产生各种各样的共生关系，并在外部环境的影响下形成合作竞争的共生关系，实现了共生单元之间的互利共赢和协同发展。

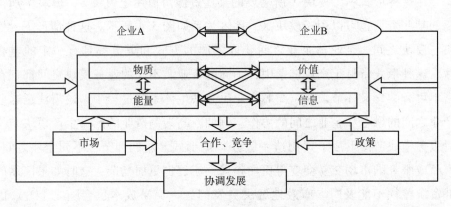

图 5.5 区域产业共生的构成要素

每个共生单元都处于一定的环境中，每个共生体也受到各种环境因素的影响，共生环境在共生关系的形成和发展过程中起着关键作用。一方面，共生单元（企业 A 与企业 B）的生态共生环境决定了二者在资源交换的过程中采取的形式，这就决定了共生单元之间形成的共生关系类型。另一方面，共生单元（企业 A 与企业 B）在决策的过程中，要综合考虑市场、生态、政策等外部环境的影响，外部环境因素通过各种渠道影响共生企业的发展和共生关系的形成，共生关系反作用于外部环境。良好的环境有利于扩大共生单元之间的对外开放程度，使各主体之间建立顺畅的共生关系。生态共生环境涵盖两种类型：一种是内部环境，另一种是外部环境。

（1）内部环境

内部环境具体是指影响不同业务模块之间的互动和交流机制的各种因素，主要是针对各类产业中的业务模块而言的。内部环境主要包括产品种类、各类规格、技术标准等。在具体的生产和运营过程中，不同的企业往往会生产不同规格、不同种类的产品，面临着不同的技术标准和要求。例如在食品加工行业，涉及绿色食品认证标准、环保产品认证等。不同的认证标准，需要满足的条件也不同。如果不同的产业单元在同一业务模块面临着不同的技术标准，那么它们之间的互动和交流必然会受到阻碍。随着技术创新的不断加快，产品规格也在逐渐统一，在未来，不同企业相关联的业务模块之间的互动会越来越频繁，交易成本也会逐渐降低，产业链将进一步拓展和深化。因此，在构建和完善产业共生体系的过程中，要优化技术、信息等内部环境。尤其注意发挥技术创新的促进作用，通过科技的不断进步，优化产业的生产成本函数，降低边际成本，形成规模经济，促进产业的不断融合和转型升级。在京津冀产业生态共生形成和发展的过程中，要注意整合和优化内部结构，完善技术标准和体系，创建良好的内部环境。

随着京津冀一体化战略的实施，在加强区域企业互动交流的基础上，关联企业可以自发形成上下游衔接的产业链，制定统一的生产规划和技术标准，使之更加合理，有效地实现各企业之间的协调发展，使各共生单元之间形成稳固的共存关系，实现区域内部均衡稳定的共生状态。要优化整合和充分利用区域内部资源，形成共生单元互惠互利、相互促进使共生得以维系和发展的内在机制。共生关系的客体就是各个共生单元所掌握的内部资源，共生体系内部环境的优化可以产生新的共生能量，使原本孤立的企业建立各种联系，形成空间上的关系网络，让各产业在集聚的过程中，不断取长补短，实现产业发展模式的创新，建立产业的共生形态。

因此，京津冀的企业应该注意优化自身的运作机制和内部环境，遵循市场规律和市场经济规则，在配置企业资源的同时注意加强与关联企业之间的合作。各个市场主体应该建立一种合作竞争的关系，利用各自的优势开展广泛的合作和协作。实现优胜劣汰，激发市场活力。应该意识到，企业的内部环境是共生单元得以发展壮大的"内因"，在市场机制的作用下，企业要注意提升自身的技术实力、信息收集能力和资源获取能力，并树立合作共赢的理念，积极谋求与外部关联企业的合作。

（2）外部环境

外部环境是相对于内部环境而言的一种整体性、宏观性的环境。具体包括市场环境、生态环境、制度建设、政策规划、社会资本政策等。内部环境与外部环境不是孤立存在的，二者互相作用、互相影响。外部环境是共生产业的外部因素，属于"外因"，其作用的发挥很大程度上受到内部因素的制约。反过来说，内部环境的形成也会在一定程度上受到外部环境的影响。

京津冀产业生态共生面临的市场环境与以往相比更加开放，"首都经济圈"的发展也更有利于构建京津冀统一大市场。但也要看到京津冀环境污染非常严重。在未来，应该大力发展生态产业，在空间布局上实现依托城市集聚区与产业经济带与生态环境、资源发展相适应的发展格局，政府应积极引导相关产业进行转移，建立集聚区，培育更加开放的市场环境。要逐一摸清三地在产业发展路径、发展程度等方面的差异，以产业链研究为基础，判断三地主导产业中各产业链环节的定位。北京作为中国的政治、经济、文化中心，必须发挥核心作用，并且在国际交流与科技力量发展方面领跑京津冀地区；天津作为制造基地，依靠渤海，运输方式多样化，是改革开放的前沿地带；而河北在物流领域发挥着重要的作用，逐步实现产业转型升级，尤其是雄安新区的建设，更加突出疏散中心城市功能，建立新型城镇化，统筹城乡发展，为京津冀一体化起到支撑作用。因此要各有侧重，促进区域内不同产业之间的合作与共生。

京津冀产业生态共生发展有着独特的政策优势。2014 年 5 月，国务院总理李克强在政府报告中曾对京津冀一体化做出相关的总结，报告中对京津冀一体化的功能再次重新定义，并且力促该地区在经济协作与经济社会协调发展方面获取更大的成功。2017 年 4 月 1 日，中共中央、国务院决定在雄县、容城、安新 3 县及周边区域实行托管，设立国家级新区——雄安新区。这一举措无疑有利于京津冀一体化战略的进一步实施，也更加有利于促进产业的转型升级和交叉融合。在国家宏观政策的引导下，京津冀三地也在"十三五"规划中相应出台了鼓励生态环保产业发展的一系列措施。北京市"十三五"规划纲要明确了"建设绿色低碳生态家园"的目标，突出了以"市场导向"发展生态产业的思想。天津市"十三五"规划提出了"营造绿色宜人生态环境"的整体构想，重点任务包括"开展低碳城市试点建设"和"建设国家循环经济示范城市"。河北省则提出了"坚持绿色发展，加快推进人与自然和谐共生"的发展理念。因此，未来可以将生态产业作为突破口，发展循环经济，加快绿色产业的融合共生，共同促进三地的绿色发展。

5.2.4　京津冀产业生态共生发展过程

根据京津冀产业发展特点，其生态共生的发展过程共分为四个阶段，分别为点共生阶段、线共生阶段、面共生阶段以及网络共生阶段。具体过程为政府出台法律法规强制要求企业节能减排、保护环境，核心企业为适应新时代发展要求探索新的生态共生模式，先发出试探性共生信号，点共生形成；上下游相关企业跟随加入共生链条，线共生形成；链外生产性及服务性企业被吸引嵌入，延伸出新的产业链条，面共生形成；其他相关联的产业、服务业也陆续加入，初步形成共生网络。在这样的产业生态共生模式中，企业的保护生态环境行为由政府强制最终转变为自发。京津冀产业生态共生模式形成过程如图 5.6 所示。

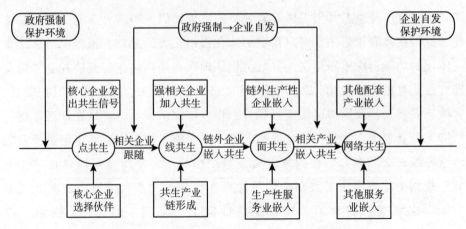

图 5.6　京津冀产业生态共生模式形成过程

（1）点共生阶段

产业生态共生的第一个阶段是点共生的阶段，主要表现为核心产业的核心企业在政府强制生态保护的政策引导下率先试探性地发出共生信号。核心企业是指关键性的企业，也是产业链中制造主要产品的企业。核心企业经济实力最强、技术水平最好，在产业关系网络中居于核心地位，具有很好的生存发展能力以及适应环境变化的能力。因此，在整个产业链中，核心企业往往具有十分重要的作用，并且也会对其他企业产生比较大的影响，在动态发展的共生网络中占据着主导地位。核心企业在竞争和博弈中往往发挥着主导性的作用，其决策也会影响其他企业的行为和决策，其他企业为了生存发展需要与核心企业保持合作关系，进而形成共生关系。由于核心企业有足够的能力适应形势并及时应对外部环境的变化，因此在产业发展链条中，核心企业在促进产业集群和生态共生方面发挥着重要作用，它们的发展壮大对于实现区域经济的协同发展具有重要意义。

京津冀产业生态共生发展的过程中，制造业的核心企业是最基本的共生单元，重点包括钢铁、化工、装备制造、生态医药等，这些产业中位于不同地区的核心企业决定了共生的形成模式。按照京津冀协同发展的战略部署，这些核心企业逐渐转移到天津和河北等地，凭借其较强的经济实力以及先进的技术资源承担了试探开拓的责任和风险，在京津冀协同和生态保护的政策引导下，综合考虑产业环境、资源环境、市场环境和政策环境等外部环境，投入较多的资金、技术以及人才资源尝试发展新的生态共生模式，希望通过新的发展模式既能满足国家对生态保护的要求又能实现企业的创新、可持续发展。

（2）线共生阶段

产业生态共生形成中线共生阶段表现为核心企业的上下游以及横向关联的企业跟随加入共生链条。由于产业链条上的大多数企业都倾向于与值得信任的企业合作，所以当核心企业发出共生信号后，其横向和纵向相关企业也会试探性地加入共生链条。线共生阶段，核心企业的相关企业会有两种不同的选择：一种是跟随核心企业一起选择新的发展模式；另一种是沿用旧的发展模式，选择新的合作伙伴。相关企业选择不加入共生网络，可能有如下几个方面的原因，一是该企业与核心企业间不存在较强的合作关系，没有太强的互补性和共享性，受益不大；二是企业转变模式的过程中会有一定的风险，虽然核心企业承担了大部分的风险，但是相关企业往往经济技术实力不强，承担风险能力较差，在做决定时顾虑较多；三是政策因素，选择不加入共生模式的企业对国家和地区的税收等优惠政策解读不够，或者不认为政府推动京津冀环境保护的政策对自身转变模式有利，担心转变模式后经济利益受损。

京津冀地区若要推进产业生态共生的形成，应综合考虑上述的三方面原因，尽量打消企业的顾虑。一是通过对环境保护法律法规的细化和严格执行，迫使核心企业意识到只有转变生产模式，与相关企业资源共享、生态共生，才能适应新时代的发展要求；二是加强同企业的沟通和联系，切实了解企业迫切需要的政策扶持和优惠措施，制定真正能够推动企业转变生产模式的优惠政策，使企业能够真正了解和解读政策措施，让企业相信国家和京津冀各地区政府机构对于生态保护的决心和政策执行力度。

在线共生阶段，共生链条往往是不太稳定的。一般来说，关联性比较强的企业会跟随核心企业一起尝试新的发展模式，关联性比较弱的企业却只能寻找新的合作伙伴，这种现象就会造成共生链条的不稳定。生态共生链条搭建的过程中企业彼此间的关系会发生一定的改变，相关企业在入链的过程中所发挥的作用既取决于与核心企业之间的相互依存关系，也取决于其所在的共生环境。要想促进产业生态共生链条的构建和发展，需要良好的共生环境，这就要求京津冀各级政府相关部门打造良好的内外部共生环境，促进线共生阶段的发展和稳定。

（3）面共生阶段

面共生阶段是指产业共生链条之外的企业加入的过程。加入的主体既包括产业链外的生产性企业，也包括服务性企业。产业链条的形成、构建和发展过程中，关联企业之间必然会存在特有的关系，这种合作关系的维护关系到整个生态共生产业的稳步发展。在线共生阶段，产业生态共生的链条还不太稳定，原来的产业链条中有部分弱相关的企业缺失，既对入链的强相关企业有一定的消极影响，又使原链条有了一定的局限性。产业共生链条之外的企业加入，为共生链条带来了新的活力，促进了企业间产品、知识、信息等方面的交流，使原有的产业生态共生链条生长出新的"枝杈"，由单一的线条发展为拥有新的链条的面状结构。这个阶段与生物群落受外界环境刺激后变化然后重组的阶段具有相似性，生物群落在受刺激后会缺失一部分现有的物种，然后接纳周围新的物种，彼此改变并融合，形成新的共生关系。

产业生态共生链条作为顺应新的经济发展模式的新生代链条，其崭新的理念不断吸引链条外的企业加入。横向和纵向的生产和服务链条都不断完善，企业之间的共生关系也越来越密切，企业之间的合作也会更加顺畅、更加频繁。链外企业的加入有利于共生链的重新整合和完善，具体包括产业结构的优化重构、产业链条中上下游企业共生关系的完善等，进而促进整体效益的提升，增强产业集群的市场竞争力。这就有效激励了具有相似经济属性的共生单元融入外部的共生环境中，促进区域资源的最优化配置。

一般而言，核心企业往往处于比较重要的战略地位，可以制定行业规范，影响各个共生单元之间的沟通、交流。并且核心企业是上下游企业联系的桥梁和纽带，是非常关键的经济主体。因此，京津冀地区产业若想成功形成产业生态共生模式，应更多关注核心企业的发展。核心企业可以促进多个共生链条的协调与沟通，增进内部信息的交流，加强彼此之间合作，共同构建比较稳定的外部环境。同时还要注重对后加入的生产性企业和生产性服务业的扶持，创造良好的学习和创新环境，通过创新扶持政策促进产业生态的面共生阶段的发展。

在面共生阶段，产业生态共生的状态不断趋于稳定，集聚效应便逐渐显现出来。链外企业陆续进入，企业之间的共生关系得到重构，彼此之间的依赖性也会增强。在线共生阶段，集群企业既处于特定的共生环境中，也处于一定的共生关系中。但是在面共生阶段，企业更多是依赖于内部的共生关系而不是外部的共生环境。企业间的共生关系趋于稳定，共生单元彼此分工合作，交往和联系更加密切，集聚效应逐渐凸显，产业生态共生模式已经稳固并快速发展。

（4）网络共生阶段

由于众多共生产业链条都已形成，因此相关配套的产业和服务产业也大量的加入，产生的集聚效应更加明显，最终形成产业生态共生网络，这个阶段就是网络共生阶段。核心企业位于网络的中心位置，配套的生产性和服务性企业是连接产业之间的纽带，出现面与面之间的合作共生，即网络共生。为形成和维持产业生态共生网络，京津冀应该完善基础配套设施，通过相关的机制、政策促进企业间的创新合作，资源、技术的共享，通过企业间的原料、产品循环和合作创新，形成新的生产模式，既保证企业的经济效益又实现生态保护。

产业生态的共生网络包括横向和纵向两方面的产业链。在纵向链条中，产业内部的分工与合作更加顺畅，整体规模也逐渐壮大，产品的生产、销售都形成了比较专业的体系和结构。产业之间的关系既有互惠和互补，又有制约和竞争，这就促使网络中横向产业面的结合和发展。产业生态共生网络是各种共生单元之间各种关系的高级共生形式，既囊括产、供、销链条中的纵向共生关系，也包括具有竞争合作关系的横向共生关系。在产业生态共生链条和关系网络中，技术、人力、资源、信息等都发挥着非常重要的作用。因此，为了促进产业生态共生网络的形成，京津冀各级政府相关部门应在政策引导的同时着重为其提供充足的技术、人力和创新资源。

5.3   京津冀产业生态共生的动态演化

产业生态系统只有具备了一定条件才能完成其演化过程，因此本部分首先主要介绍京津冀产业生态共生的演化条件，包括产业生态共生系统必须开放性、非均衡、非线性、涨落波动、稳定性和非稳定性并存；其次介绍京津冀产业生态共生系统的演化阶段，包括初始、成长、成熟、衰落或优化升级五个阶段；最后介绍京津冀产业生态系统的演变过程，主要包括突变和渐变过程、生命周期过程。

5.3.1   京津冀产业生态共生演化条件

在一个产业生态共生系统中，只有满足一定的条件才能出现自组织演化现象。京津冀产业生态系统演化的一个重要目标就是通过系统内要素间及要素与外部产业的沟通与协调，使整个产业系统从无序、低效的阶段走向有序、高效的阶段。在实际的发展过程中，产业生态系统会呈现出一种耗散结构。著名化学家普利高津认为，在某一系统中，如果各组成部分呈现耗散结构，那么该系统在由无序状态向有序结构发展的过程中必须满足某些必要的条件。具体如下。

（1）产业生态共生系统必须是一个开放性的系统

根据耗散理论的相关学说，自组织系统发展和演化的基本前提是具有开放性。只有在开放性系统中，各组成要素才能自由地与外界进行持续不断的物质、信息等资源的交换。由此可见，开放性是系统进行自我完善的首要条件。同时，熵理论的相关学说认为，只有在开放性的系统中，内外部信息才能自由沟通，系统内部的熵才能被外界的负熵流抵消，当负熵流足够多时，系统总熵就会随之降低，此时系统内部各要素便可自发地向有序结构演化。由此可见，在开放性条件下，系统才能较为顺畅地与外部环境进行信息、能量和资源的交换。总之，开放性是系统进行完善和优化的首要条件，也是自组织得以生存和发展的必要条件。

京津冀产业生态共生系统处于复杂而又多变的经济环境和社会环境中，系统内部各要素与外界环境是相互依存，密不可分的。在构建京津冀产业生态共生系统的过程中，只有确保系统具有一定的开放性，有效维持系统内部各要素与外界不断地进行物质、能量等资源的交换，才能产生足够多的负熵流以抵消系统自身的熵，进而有效减少总熵，促进系统的自我优化，最终实现产业生态共生系统有序、高效的发展。

（2）产业生态共生系统是一个远离平衡态的系统

通常来说，系统具有两种状态：平衡态和非平衡态，而非平衡态又可以进一步被细分为近平衡状态和远平衡状态。在平衡态的系统中，由于内部要素缺乏与外部环境的沟通，因此物理量是不流动的，整个系统都处于混乱、无序的状态，系统结构也比较单一。近平衡态是一种短暂性存在而又接近于平衡态的状态，其最终发展状态是平衡态。在与外界环境交互沟通的过程中，随着开放系统的随机涨落形成的有序、稳定的状态是远平衡态，在接近分叉点时，自组织在新的时间层面和空间层面都会变得有序，形成耗散结构。

京津冀产业生态共生系统不是一个静态的系统，而是一个不断发展、不断变化的系统，它由多条相互关联的产业链构成，其中各元素之间的关系和布局也需要随着市场需求、产业结构、技术水平等因素的变化而变化。因此，在未来，需要结合市场形势的发展需求，鼓励多样化的产业共生形式，使整个系统向着非均匀、多样化、个性化、高端化的方向发展，推动京津冀产业生态共生系统远离平衡态。

（3）产业生态共生系统是一个非线性的系统

自组织理论的相关学说认为，假如系统内部各要素呈现线性关系，那么系统结构将很难发生实质性的变化。产业生态共生系统是一个由多种元素构成的复杂系统，包括上下游企业、高校、科研机构、生产者、消费者等。在各要素的相互交织和相互作用下形成网状结构，整个系统的变化发展受到各种要素的综合影响，而不是某单一要素作用的结果，任何单一元素都不足以撼动和影响整个大系统。同时，各个要素之间的相互协调和聚合，形成"1 +

1 > 2"的集聚效应，实现单一组织难以独立发挥的整合功能。

京津冀产业生态共生系统不仅涉及上下游企业和不同产业链之间的整合，还涉及北京、天津、河北等地之间的地域协作。各要素之间形成一种互相交织的复杂系统，系统的发展受到多种因素的综合作用。系统中的各个要素通过生产性的专业化分工和流通性的市场整合等活动形成较为复杂和多元化的非线性关系，再加上受外部市场环境、政策因素等的干扰和影响，这种生产和消费过程不再是元素之间简单的线性叠加过程，而是非线性的交互影响过程。这种各要素之间的非线性耦合效应，会增加系统发展的不确定性和复杂性，使系统脱离平衡态，实现整体优化的效果。

（4）产业生态共生系统具有涨落波动的状态

在一个开放性系统中，各个子系统或者各个要素之间的互动模式不是一成不变的，系统的变化发展趋势也不存在一个固定的模式，而是具有一定的波动性。这种起起伏伏、时有偏差的状态在自组织理论中被称为"涨落"。系统的涨落是偶然的、随机的现象，对于平衡态系统而言，涨落并不会影响整个系统的结构，因为要素之间的波动、变化都会被耗散掉。但是，对于远平衡态系统而言，当涨落或者波动作用达到一定的临界点时，通过要素之间的相互影响作用和非线性作用，整个结构的稳定状态就会被打破，系统也会发生巨变。这时，在内外部环境的综合作用下，系统会得到优化和重构。涨落具有双重影响，首先，它会打破原来的稳定状态，其次，它会使系统得到升级，步入另一个更加有序的状态。

京津冀生态产业共生系统的发展也是在各种因素综合作用下进行的，内部的技术革新和外部的市场变化都会产生新技术、新产品和新模式，进而造成或大或小的波动或涨落。例如，随着农业机械化的发展和生产技术的改进，绿色农业的发展成为可能，生态农业和生态旅游业相结合出现了新的生产模式和消费模式。再如，排污技术的改进和产业链的深化发展使得一些重工业的废料、废渣再次成为原材料，被应用于新的生产中，得到二次利用，不仅实现了绿色产值的增加，还降低了能耗。这些变革和波动都可以被视为"涨落"，都会在一定程度上影响京津冀生态产业共生系统的发展，不断促进产业的优化升级。

（5）产业生态共生系统处于稳定性和非稳定性并存的状态

在影响产业生态系统发展的各因素中，既存在相对稳定的要素，如政策体系、法规制度等。也存在不太稳定的要素，如市场环境、投资风险等。若在某一时间节点，稳定性因素的作用较大，系统就会暂时处于比较稳定的状态。但是，如果在某个阶段，不稳定的因素比较多，并且波动达到一定的临界点时，系统就会处于不稳定的状态。此时，外部的信息、资源流入系统，通过减少熵而推动系统的重新整合，如此循环往复，系统就实现了不断的优化和变革。

京津冀生态产业共生系统的发展受到稳定性因素和非稳定因素的综合影响，因此，整个系统也会呈现出稳定性和非稳定性并存的特点。如果长期处于稳定的单一状态，那么各要素就会失去向前发展的驱动力。如果长期处于非稳定的单一状态，那么整个系统的发展就会面临较大的风险和波动性。因此，在未来的发展过程中，要综合考虑多种因素，充分重视经济体制、市场环境、技术创新等因素的多重影响，实现稳定性和非稳定的有机统一。

5.3.2 京津冀产业生态共生演化阶段

通过上述分析可知，自组织系统处于波动和远平衡态内外部环境中。因此，京津冀产业生态共生系统的发展进程存在一定的阶段性特征，根据不同阶段的特点，理论上，本书认为京津冀产业生态共生系统将经历初始、成长、成熟、衰落或优化升级这五个阶段，各阶段的划分依据如表 5.1 所示。

表 5.1　　　　　　　京津冀产业生态共生系统的演化发展阶段

自组织演化阶段	划分依据
初始阶段	系统初步形成，各要素之间的联系很少，系统中的元素较少，没有形成特别复杂的交叉网络；各个要素之间进行不多的物质交流，初步形成了较为简单的共存状态；在此环节，产业的共生模式比较单一，集中体现在对废弃物的循环利用方面
成长阶段	系统中逐渐出现错综复杂、分工协作的多样化产业，实现了产业链的延伸与拓展；在多元化的产业链中，信息、资源、能量的循环交换周期大大缩短，出现了"开源节流"的生产模式，逐渐实现产业的集约型发展

自组织演化阶段	划分依据
成熟阶段	系统中各要素之间的联系趋于稳定，多元复杂的产业链网形成较为稳定的共生格局；要素之间的组成结构趋于完善，产业链实现纵深化发展。逐步形成统一的大市场，产品实现了精细化加工，经济实现绿色增长
衰落阶段或优化升级阶段	市场逐渐趋于饱和，消费规模逐渐缩小，产业的规模效益下降，系统的经济效益不再增加，而是停滞不前或者不断衰退。在此背景下，产业链网不稳定，系统呈现衰落状态。此时，如果能够发现新的增长点，系统会实现优化升级

具体发展阶段如图 5.7 所示。

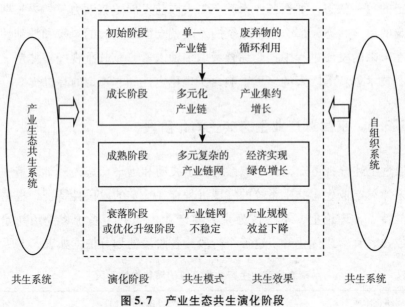

图 5.7　产业生态共生演化阶段

（1）京津冀产业生态共生系统的初始形成阶段

在初始形成阶段，整个产业共生系统仅存在为数不多的参与主体，企业与企业之间的联系也比较少，并且它们之间的关系也比较简单，没有形成复杂交织的网络结构。企业与企业之间的合作与交往多表现为上下游企业之间废渣、废物的循环利用，地区与地区之间的联系和沟通也比较少。往往会出现较大的企业垄断资源、形成"一家独大"的局面。政府扶持的生态产业园在此阶段会发挥极为重要的作用，凭借政策优势和资源优势成为领军者。私营企业、小微企业虽然也会加入进来，但是竞争力明显不如大型企业，资源、信息的交换也是不对等的。

此时，系统内部资源比较匮乏，外部条件也不够完善。基础设施建设还较为薄弱，道路、通信、水、电等服务比较滞后，与企业生产相配套的中介市场、金融服务、技术平台等也都还处于起步阶段，生产技术、流通模式很不成熟，各种横向和纵向合作平台尚未搭建。产业与产业之间的关系也比较单一，由于企业数量较少，所以市场不会存在太过激烈的竞争，资源的开发程度也比较低，政府和企业都不必担心资源枯竭、产能过剩等问题。一些市场新兴领域被逐渐挖掘出来，吸引大量企业进入系统中，系统的吸纳能力也在不断增强，呈现出较好的市场前景和发展趋势。

（2）京津冀产业生态共生系统的成长阶段

在系统的成长阶段，要素类型逐渐多元化，参与主体更加广泛，企业类型也更加多样，不仅包括政府和企业主体，还包括银行等金融服务机构、高校等科研机构。随着先入主体的生产经验和技术的逐步完善，越来越多的参与者会被吸引进来，出现产业集群的趋势，系统中的要素数量快速增长并出现规模效应。企业间的合作向纵深方向发展，开始形成种群和产业链。由于整个系统中的信息和资源是有限的，同类企业之间逐渐开始产生竞争。产业之间的垂直结构关系和水平结构关系在这一阶段也开始成型，生态产业链不断完善，由于面临着各种新兴事物，系统的结构在此阶段相对而言波动性比较大、发展变化的速度比较快。

在京津冀生态产业共生系统的成长阶段，势必会涌入大量的企业与其他组织，各种产业快速崛起，产值的增长率也会迅速提升。随着外部基础设施条件的不断完善，各种硬件平台和服务设施也会搭建起来。产学研合作平台、大型技术服务设备的引入、金融服务和中介服务的完善都会使企业之间的横向联系、纵向交往向纵深化发展，产业的集约化程度加深。为了提升自己的资源吸收能力和市场竞争能力，各个企业会主动对生产技术和工具手段进行转型升级，提高资源和信息的利用效率，进而使得产业的竞争力得以提升，整个系统的效益也得以提高。此外，配套产业和周边市场也会发展起来，餐饮、运输、教育、金融、中介、物流等相关行业也会逐渐完善，形成交叉互补、相互协作的产业链，企业与企业之间、产业与产业之间开始慢慢形成资源共享、密切配合的复杂合作网络。

（3）京津冀产业生态共生系统的成熟阶段

在成熟阶段，系统中存在大量的企业，产业链也渐渐趋于稳定，各个行业的竞争也会日趋激烈，市场竞争的结果就是优胜劣汰，一些竞争力不足的小微企业会退出市场，而那些发展前景比较好的企业则会脱颖而出，产业布局形成一种更加有效、合理的格局，产业链的交互与协作也更加科学。政府与市场的关系更加融洽，政府能够适时地根据市场环境变化出台政策，引导和推动市场的良性发展。各个企业在较长一段时间的竞争或合作后建立起稳定的合作同盟、行业协会或者产业联盟，彼此关联的产业也会建立起复杂交错的合作网络。

在此阶段，京津冀生态产业共生系统真正形成较为完整的体系结构。在生产过程中，企业会追求更加精细化的技术，进行集约化大生产。在流通环节中，已经基本形成比较统一的大市场，各个企业之间的交易已经具有良好的模式，金融和中介服务颇为完善。原材料提供者、产品生产者、市场供应商、产品消费者之间建立起良性的沟通模式和互动关系，政府、企业、高校、中介服务机构之间形成了密不可分的合作伙伴关系。在此基础上，经济效益高、结构体系合理的产业生态共生系统得以完善，关联产业快速成长。

（4）京津冀产业生态共生系统的衰落或优化升级阶段

由于资源和信息是有限的，系统中的各个参与主体对资源的抢占日益激烈，当现有的资源承载不了当下的需求时，生态企业就要考虑改进技术，增加在生产、管理、运营等环节的资金投放，以谋求新的出路。此时，很多承受不了的企业就会因为被市场淘汰而退出，随着市场的衰退和效益的减少，很少会有新企业再加入。系统中企业的数量会慢慢减少，个别竞争力不足的产业也会衰落。现存的生态企业对于高端技术、硬件设备、金融服务等的需求逐渐升级，但是效益却不会再大幅提升。此时，整个共生系统中企业和产业的市场规模便开始慢慢缩小，各个行业出现不景气的状况，甚至出现衰退现象。由此可见，虽然经历了前一阶段的成熟化发展，系统已然形成了各要素、各种群相互协同，各企业、各产业分工协作的格局，但是，随着资源的消耗和市场规模的受限，再加上外部环境的变动和冲击，如新技术的需求、重大政策的改革等，系统的发展仍然会面临很大的挑战。在这种背景下，如果共生系统具有比较好的调节能力，就会巧妙地应对各种各样的冲击进而实现自我更新，向前进入下一个新的初创阶段，再进行发展，实现成熟和再创新，如此循环往复。反之，假如系统中的各个参与主体无法适应内外部环境的变化，就会被淘汰，使得整个系统逐渐进入衰落阶段，最终走向消亡。

京津冀生态产业共生系统日趋成熟的时刻也是资源消耗的高峰期，由于资源的有限性和不可再生性，再加上十分激烈的市场竞争，在此阶段，假如系统中的企业找不到新的经济增长点，就会被市场所淘汰，相关产业和整个产业链也会受到影响，系统将会慢慢衰退。生态产业共生系统的核心环节是生产领域，而获得核心竞争力的关键是实现技术的升级，并且无论是生产领域还是流通领域都需要整合各种资源，因此整个共生系统的优化升级需要耗费大量的人力、物力、财力。产业链条越多、市场规模越大、区域跨度越大，系统的升级难度就越大，所需要的时间就越长。在这个过程中，如果系统中的参与主体能很快地适应环境、转变生产方式、改良生产技术，快速发现新的经济增长点，就可以使整个系统完成自我更新，进入下一个循环周期，从而使整个生态产业共生系统重焕生机。否则，将会走向衰落。因此，在未来的发展过程中，要注意不断发掘新的经济增长点，鼓励应用新技术、开发新产品、培育新服务，政府在出台政策时也要加大对于新兴绿色产业的扶持，通过政策扶持为新兴市场的发展注入新活力，增加新动力。通过转型升级，系统中的企业会以新兴市场为核心形成一个新的自组织网络，进入新的循环周期。系统中的关联产业和相关产业链也会培育出新的核心力量，顺利进行优化升级，最终实现可持续发展。

5.3.3 京津冀产业生态共生演化过程

（1）突变和渐变过程
根据变化的剧烈程度、周期长短等特点，产业生态共生系统的自组织演化过程可以分为突变过程和渐变过程。突变过程往往发生在某一短暂的时间点上，一般是系统内部结构或者外部环境涨落积累的结果，它的进行往往预示着系统发生实质性、剧烈性的根本改变。而渐变一般指的是一个持续性的波动状态，整个过程都比较和缓。无论是渐变过程还是突变过程，都是系统改变旧态、进行自我优化的潜在力量，二者共同构成了产业生态共生系统的动态发展状态。

京津冀生态产业共生系统中，突变过程发生在多个层面和维度中，包括内部结构、外部环境、内外部环境的相互作用等。首先，对于内部要素来说，突变有可能会发生在各个主体要素中。例如，作为最核心的技术要素，生态产业共生系统的形成、成长和发展都离不开技术的创新与变革。从半机械化生产到机械化生产再到自动化生产、智能化生产，这其中都涉及生产技术的突变过程。其次是外部环境所引发的突变，包括政府政策的变动、市场形势的波动等。市场形势的剧变也会引发系统的突变，或者在内部要素与外部环境相互作用的条件下，也会发生突变，例如 2019 年国家发展和改革委员会、中国人民银行、财政部、自然资源部等九部委印发了《建立市场化、多元化生态保护补偿机制行动计划》，结合国家提出的绿色金融计划，政府与社会资本合作（PPP）项目更多地出现在产业链条中。

与突变过程相比，渐变过程是一种较为缓和、周期较长的发展状态。这是一种长期的量变过程，并且当接近一定的临界点后势必会引发质变。京津冀生态产业共生系统的发展与演变也离不开渐变，渐变的表现形式也具有多样性。以农业生态产业为例，起初仅仅是绿色农业和农副产品的发展，后来随着市场规模的扩大和市场需求的增加，农家乐、生态旅游产业也与农产品的发展紧密结合在一起，形成一条完整的产业链条。随着产品和服务的优化，新的服务模式、消费模式也应运而生，农业新生态的产业链越来越多，带动周边市场如火如荼地发展起来。这种渐变过程是在一定时间段内逐渐实现系统升级和优化的过程，转变时间较长，是一种持续性的发展过程。

（2）生命周期过程

产业生态共生系统的演化也可以视为一个生命周期过程，从萌芽、成型、成长、成熟、衰退到新系统的再生，如此循环往复，推动系统向前发展。作为一种低能耗、高收益、高附加值的发展模式，产业生态共生系统的演变过程也与传统产业系统有所不同。在初期的萌芽过程中，需要完成基础性的技术突破并积极挖掘潜在市场，这需要进行精准的定位和充足的投入。在成长过程中，产业生态共生系统会逐渐壮大，一个产业的进步会带动相关好几个产业的发展，一个产业链的完善会影响多条产业链的协作。在成熟与完善过程中，会呈现出一个复杂多元、精细高效的合作网络。当市场趋于饱和时，产业生态共生系统也比较容易找到新的生长点，从而实现新的突破，而不会像传统产业那样比较容易死亡。由此循环往复，生生不息。

　　京津冀产业生态共生系统的萌芽、构建、成长、成熟和升级也是一个完整的生命周期过程，如图 5.8 所示。在萌芽过程中，需要政府给予大量的政策扶持，企业也要找准市场定位、加大技术投入。在成长过程中，要注意企业与企业之间、产业与产业之间的分工协作，发展多元化的产业链条，实现规模效应。在完善的过程中，要注意加强区域之间的协同与配合，根据各地特点发展特色生态产业。河北省可以利用资源优势，将第一、第二产业的发

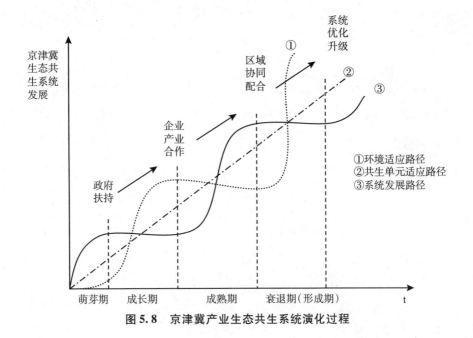

图 5.8　京津冀产业生态共生系统演化过程

展与生态发展相结合。天津市可以利用高端制造业优势，完善金融服务，将绿色加工业与先进制造业相结合。北京市可以利用政治文化优势，大力发展科技创新，为京津冀产业生态共生系统提供文化和技术支持。当市场趋于饱和时，还要及时进行产业结构调整，深入挖掘新的经济增长点，实现系统的优化升级。只有这样，才能实现生命周期的良性循环。

第 6 章

京津冀产业生态共生模式构建研究

本章在对京津冀产业发展水平、生态环境发展水平及京津冀产业、环境与资源协调状况进行分析的基础上，首先，通过构建京津冀产业发展与生态环境的综合评价指标体系，借助于耦合协调度模型及格兰杰（Granger）因果关系检验模型计算两个系统的耦合协调度及对两者之间的 Granger 因果关系进行分析；其次，对京津冀产业生态化发展存在的问题进行详细剖析，并构建包括三维立体循环、耦合共生和共生网络的京津冀产业共生模式；再次，借助于构建捕食者被捕食者（Lotka – Volterra）模型，利用 2002～2016 年的时间序列数据对京津冀的产业生态共生关系进行定量研究，结果表明京津冀产业生态之间确实存在着共生关系；最后，在产业生态共生模型的基础上引入资源消耗因子，对京津冀产业生态共生模型进行优化及完善。

6.1 京津冀产业生态化发展状况

京津冀区域位于东北亚和亚太经贸圈的核心区域，包括北京、天津、河北，位于环渤海地区，是北方的经济结构调整中心，改革开放以来，该区域经济发展水平得到了显著提高。随着京津冀经济的快速发展，产业发展与生态环境之间的关系再次成为社会关注的焦点。

6.1.1 京津冀产业发展状况

近二十年来，京津冀区域经济发展迅速，产业结构不断优化，本部分从经济发展水平、产业结构、行业结构入手分析其表现特征，进而剖析影响京津冀区域经济协调发展的关键因素。

（1）经济发展水平对比

京津冀位于环渤海地域，属于毗邻地区，2014 年京津冀协同发展战略被正式提出，治理发展成为中国的第三大经济增长极，进行协同发展不仅能够减轻首都的超负荷压力，同时能够优化津冀的产业结构，拉动经济质量的提高。当前，为了更好地疏解北京的非首都功能、带动津冀同步发展，在国家政策的引导下京津冀正逐步实现协同发展。从经济发展总规模上看，河北省对京津冀地区的生产总值贡献最大，北京市次之，天津市排名最后；但从人均生产总值指标上来看，北京市与天津市较为接近，而河北省与京津差距过大，拉低了京津冀地区的总体人均生产总值，如图 6.1、图 6.2 所示。

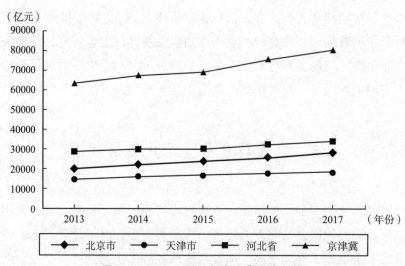

图 6.1　2013～2017 年京津冀生产总值

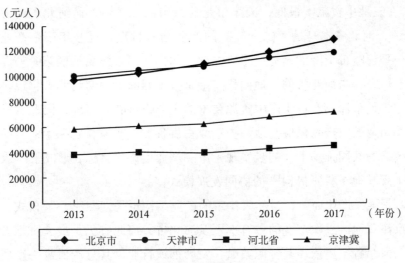

图 6.2　2013～2017 年京津冀人均生产总值

　　北京市是全国的政治经济中心，是人才、知识与科技的集聚区，经济持续增长，与此同时，北京作为全国的首都，拥有完善的基础设施、优质的教育与医疗资源，吸引着大量人口涌入，造成人口的集聚和资源的稀缺。随着北京市高污染产业的转移和停产，生产总值从高速增长转变为平稳增长。天津市则具有较大的发展潜能，在 2013～2015 年这三年中，人均生产总值超过了北京市，实现了各类资源的充分利用，而且天津市位于海河下游，拥有天津港口优势，是海上交通的重要枢纽。河北省在京津冀中土地面积最大、人口最多、资源也最丰富，但是经济发展滞后，人均生产总值远远低于京津两地，出现了经济断层危机，要实现京津冀经济均衡发展，应将着力点放在河北省，为了防止出现三地经济发展失衡现象，实现协同发展，应尽快调整河北省经济政策规划，鼓励生产企业进行技术升级、设备改造、创新产品，增加企业间的联动，建立高效科学的生态产业链，做到废物循环利用，应尽快调整河北省经济政策规划，实现河北省资源的合理配置，借助京津红利，提升河北经济质量。

　　（2）产业结构对比

　　从京津冀三地的整体产业结构来看，在第一产业中，北京市贡献度为

3%，在三地中贡献度最低，天津市是北京市的 1.7 倍，而河北省的贡献度为 92%，河北省本身是"二三一"的产业结构特点，近些年第一产业占有率处于平稳略带下降的趋势，尽管如此，却仍居于京津冀地区第一产业增加值的首位，这与河北省的土地面积广阔是分不开的，表明河北省仍以传统产业为主，是京津冀产业生产中资源要素的主要提供者。目前，河北省已经成为京津两地的农产品供应基地，为京津提供各类生产原材料和生活食品，在三地政府的共同推动下，初步实现了第一产业生态化目标，形成了"农业企业＋生产基地＋科研机构"的协同发展模式。

对于第二产业而言，虽然天津市的产业结构也是"二三一"模式，但是其在京津冀地区三次产业的占有率不及河北省，河北省仍是最大贡献者。在过去，河北省主要依靠其资源禀赋，发展钢铁行业，其总产值曾一度居于全国前列，但由于过度开采导致资源严重不足，而且其产品只求量不求质，产品性能不高，因此出现了产能过剩、第二产业低迷等情况，与此同时，京津两市也存在部分工业企业污染排放量不达标、产业生态化不足等问题。在这些因素的共同作用下，京津冀地区生态环境遭到了破坏，污染严重。随着京津冀第二产业合作体的建立，开始了第二产业的转型升级，2017 年第二产业占比比 2016 年同期下降了 1 个百分点，实现了多次的区域间产业梯度转移，构建了跨区域产业链，产业分工与合作逐步向生态化、合理化和规范化发展。

北京市是京津冀地区第三产业的最大贡献者，占比 47%。北京作为中国的首都，具备高精尖的科技产业和高质量的服务业，第三产业的发展代表着一个城市的发达程度，北京是金融服务、高技术中心，为了适应政策、社会经济形势和各类人群的生活需求，北京市进一步朝高端化第三产业迈进。天津市从 2014 年开始，产业结构发生了轻微的变化，由之前的"二三一"结构调整为"三二一"结构，2017 年，天津市第一产业增加值占有率为0.9%，第二产业的产值占有率为 40.9%，第三产业的产值占比为 58.1%，逐步转变为工业与服务业并重的具有发展潜能的城市。河北省随着产业结构的优化升级，开始对传统工业产业进行转型整改，多个资源城市开始向服务型城市转变，因此，同样具备发展潜力。京津冀在第三产业方面开展了多项合作项目，建立了多个环保、低碳产业园区，创新金融合作机制体制，共同打造了多个京津冀合作示范区，努力将北京资源优势转化为第三产业生态化强势。

在京津冀整体产业结构上，第三产业虽然占有绝对优势，但京津冀三地产业发展差距较大，津冀仍以工业发展为主，且传统型产业占主导地位，因此，要实现京津冀生态产业化发展，重点是实现第二产业的生态化转型升级和协调第二产业与第三产业的结构比例，如图 6.3 所示。

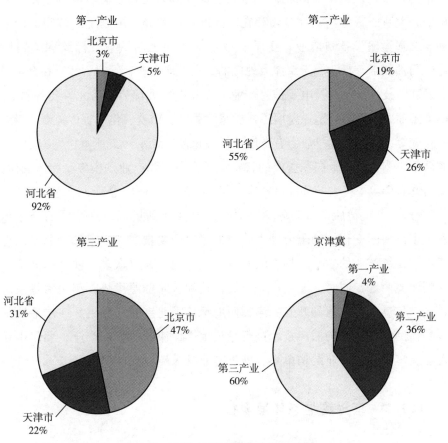

图 6.3　2017 年京津冀产业结构情况

（3）行业结构对比

在经济快速发展时期，国家忽视了环境保护的重要性。首先，北京和天津城市化进程比较同步，制定的城市发展规划、经济发展规划目标也比较相似，造成一些产业出现严重同质化现象，区域间联动不明显，不利于区域生态产业链的形成。其次，北京和天津作为直辖市，在国家区域发展战略中的定位所形成的高姿态意识使得在与河北产业对接上出现了问题。再次，京津冀科技和信息技术等资源分布不均，天津、河北两地在人才供给、资源供给、缓解北京生态环境压力方面做出了很大贡献，但是这两地未能充分享受北京的科技研发带来的红利，三地间的技术流动受到阻碍。最后，在产业结构上，北京、天津与河北城市存在较高的梯度差异，限制了区域间的产业联动。交通运输设备制造业、化学工业、机械加工制造业、橡胶和塑料制品业、石油加工等行业属于京津冀地区的重点发展产业，同时，北京在金融服务业、高新技术产业以及电子信息产业方面具有发展优势，河北省装备制造业、电力工业以及医药制造业发展迅速。京津冀发展钢铁、化工等传统产业导致二氧化硫等废气的过度排放，有毒废液排放超标导致水污染严重，"三废"的排放严重影响企业的生产和居民的日常生活，在京津产业规模集聚膨胀的阶段，对河北省产生了巨大的环境负效应，河北省的生态环境遭到了严重破坏。

进入 21 世纪后，生态环境保护的重要性受到重视，京津冀的产业结构发生了巨大的变化，随着劳动力、土地等生产要素的成本增加，北京已经承担不起传统产业的生产，加之河北省地域辽阔、人口众多，便将部分工业转移到津冀两地，同时，北京市凭借其科技和人才资源优势，集中力量发展金融业、信息业以及软件开发。津冀两地承接了北京的部分钢厂、制造业工厂等，借助北京先进的循环技术进行绿色生产，津冀的第三产业主要集中在批发业、零售业，产业结构单一，处于产业链末端。

6.1.2 京津冀生态环境现状

京津冀地区在长期的粗放式发展模式下，资源和环境被过度利用，环境问题严重，水资源短缺且污染严重，雾霾袭城，给人民的身心健康造成了极大不利影响，区域可持续发展能力堪忧。

（1）水资源日益短缺，水污染严重

京津冀区域是我国水资源极为短缺的地区之一，2005～2016 年间，京津冀地区水资源总量在 137.9 亿～307.9 亿立方米之间，波动较大，其中 2014 年水资源总量最低，2012 年最高，12 年间京津冀地区水资源总量平均水平为 193.6 亿立方米，如图 6.4 所示。2005～2016 年间，京津冀地区水资源总量占全国比重最低值为 0.51%，最高值也仅为 1.04%。京津冀地区水资源总量短缺，人均水资源量更是严重不足，平均水平仅为 192.93 立方米，尚不足全国人均水资源总量的 1/10，属于重度资源型缺水地区，已经成为限制区域经济发展和城市化进程的主要障碍。

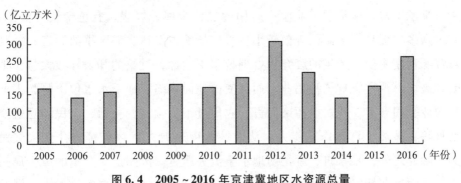

（亿立方米）

图 6.4 2005～2016 年京津冀地区水资源总量

由于京津冀沿海地区污染严重，工业废水未经处理便流入海洋，导致水污染严重，并且污染范围在不断扩大，其污染水平常年位于全国榜首，2017 年受污染的海域面积是 2013 年的两倍，大量的工业用水和生活用水使得过量的氮、磷进入海洋，水体富氧化严重，海洋生物数量锐减，部分种类濒临灭绝，京津冀地区渔业面临规模缩小、质量下降的挑战。由于海水污染严重，京津冀便开采使用地下水，由于开采过量，水资源面临严重短缺，人均水资源量不足为全国平均水平的 1/10。多年来，随着城市化和城市工业化的不断发展，产生的污水、废气和废渣大量增加，同时，由于工业用水挤占了农业用水，农业用水挤占城市用水，城市用水挤占了治理环境用水，导致生态环境治理程度不够，污染范围不断扩大。北京市为了缓解生态问题和城市压力，将部分传统产业转移到河北省，而河北省对废弃物排放检测力度不够，清洁生产技术不够先进，使得产业对接后，环境保护与产业发展不均衡，出现了此消彼长的矛盾，环境用水十分紧张。

（2）污染类型多元化，形成的原因错综复杂

除了水污染和水资源短缺等问题，还存在大气污染、工业污染和农业污染等多种污染。就大气污染而言，京津冀空气质量明显低于全国平均水平，2017 年 8 月，空气质量为优的天气比例为 67.5%，与 2016 年同期有所下降，全国平均水平为 82.5%，在全国十大大气污染最严重的城市中京津冀地区占了六个，主要污染物为臭氧和细颗粒物（PM2.5），雾霾天气已经成为京津冀地区的大气常态，数据表明京津冀地区大气污染严重。京津冀地区矿产资源丰富，聚集了工业生产所用的黑色金属、煤炭、有色金属等资源，矿区众多，但是大多矿区规模较小、采矿技术不发达、矿区事故频发，并且对资源利用率低，产生的废弃物处理技术不达标，过量的开采导致大量土地受到破坏，严重影响了种植业，而且使得地面塌陷、地下水水位下降，工业和农业受损严重。就农业污染而言，农田过于依赖复合化肥、农民随意燃烧秸秆等，破坏了自然修复能力。从地区角度来看，京津冀普遍存在大气污染，除此之外，张家口、承德两地水土流失严重，沧州遭受严重的重金属污染。导致这些情况发生的原因主要包括产业结构失衡、人口密度过大、科技水平落后、人们环境意识薄弱等。目前，京津冀已经采取多种措施来整治环境污染问题，2016 年 12 月，河北省政府发布《河北省重污染天气应急预案》；京津冀共同建立污染防治小组，确定防治行动方案等。

6.1.3 京津冀产业、环境与资源的协调状况

（1）京津冀地区产业生态化发展状况

产业生态化是产业发展、资源与生态环境相协调的最终结果，其主要表现在 3R 原则，因此，基于 3R 原则，将从资源减量化水平、资源循环利用水平和污染控制水平三个方面，分别分析京津冀地区产业生态化发展状况。

1）资源减量化水平。

资源减量化主要包括用于生产的能量的减少和产生的废弃物的减少，通过选取万元 GDP 能耗、万元 GDP 电耗和万元 GDP 固体废弃物产生量三个指

标来反映京津冀三地在 2013～2017 年的资源减量化水平。从图 6.5、图 6.6
和图 6.7 中可以看出，河北省一直处于较高水平的资源消耗，2015 年河北
省万元 GDP 能耗开始下降到 1.0 以下，整体呈下降趋势，2017 年稍有回升，
但基于河北省对于资源的保护程度，开始重视清洁能源的开发与利用，预测
未来将稳定在 1 以下，并有持续下降的潜力，万元 GDP 电耗从 2014 年开始
下降速度明显增快，原因可能在于 2014 年国家开始促进京津冀协调发展，
通过对京津冀区域的生态一体化治理、资源共享和循环利用技术的引进等，
能源消耗明显下降，到 2016 年开始趋于平稳。相比较而言，北京市和天津
市基本处于线性下降趋势，万元 GDP 能耗均处在 0.6 以下，天津市排名第
二，北京市能源消耗和电力消耗最低。从固体废弃物产生量方面来看，河北
省在 2015 年猛升，原因在于这是京津冀协调发展政策施行的第二年，京津
两地将部分高污染的传统产业转移到河北地域，因此，河北省固体废弃物生
产量的增长速度远超过生产总值的增长速度，导致万元 GDP 固体废弃物产
生量从 2015 年飞速上涨，在 2016 年京津冀逐步进入互相协调的阶段，固体
废弃物产生量开始减少，并进入稳定期。总体来看，河北省与天津市、北京
市的资源减量化水平差距较大，京津冀的发展趋势主要取决于河北省，因此
应将京津冀产业生态化的重点集中在河北省。

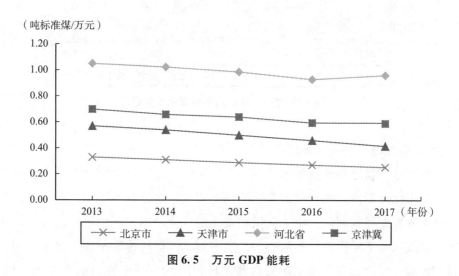

图 6.5 万元 GDP 能耗

（千瓦时/万元）

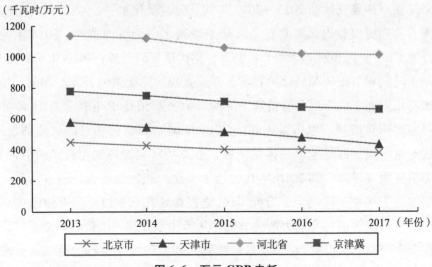

图 6.6 万元 GDP 电耗

（吨/万元）

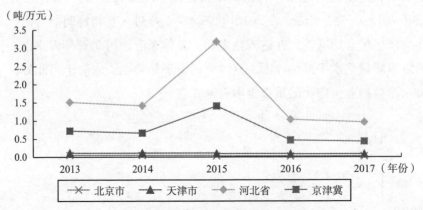

图 6.7 万元 GDP 固体废弃物产生量

2）资源循环利用水平。

资源循环利用水平主要体现在两个方面：一是资源的综合利用，包括生产过程中伴生副产品和排放废弃物的循环利用；二是资源再生，包括再制造和再生资源的回收利用。由于我国在资源的综合利用方面的研究已经开展多年，科技水平不断提高，也取得了一定成绩，而资源再生是接下来要攻克的研究挑战，因此，在探究京津冀资源循环利用水平时主要从第一方面考虑，包括固体废弃物综合利用率和危险废弃物综合利用率两个指标。从图 6.8 和图 6.9 可以看出,天津市的固体废弃物综合利用率接近 100%,综合利用水平很高,天津市拥有多个静脉产业园区,最典型的就是天津市子牙循环经济产业区,主要从事废旧机电产品、废旧电器、报废汽车等的加工、拆解、深加工、再制造,对新能源进行研发和利用,构建了"回收、拆解、初加工、深加工、废物再制造"的循环经济产业链。北京市的固体废弃物综合利用率在 2013~2016 年处在 80%~90% 之间,在 2017 年突然下降,北京市工业企业大多已经搬迁,固体废弃物大多为生活垃圾,可利用价值较少。在危险废

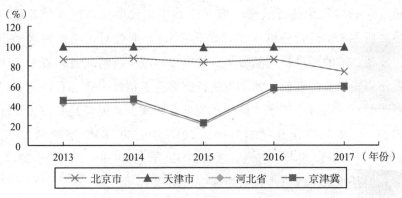

图 6.8 固体废弃物综合利用率

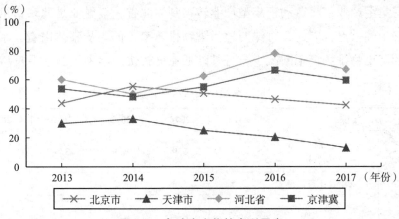

图 6.9 危险废弃物综合利用率

弃物综合利用率指标上，京津两地均有所下降，相反，河北省除了在 2014 年低于京津两地，其他年份均高于京津两地，并且有上升趋势，在 2017 年有所下降，河北省近几年废物处理技术不断提升，对生态环境和产业清洁生产的重视度提高。总体而言，京津冀与河北省的趋势图一致，京津冀三地在危险废弃物利用水平上还有待提高，固体废弃物利用基本处于不稳定期，2017 年后保持稳中求进的上升趋势，资源循环利用水平较高，但还存在改进空间。

3）污染控制水平。

控制环境污染是目前京津冀地区环境治理的重点，也是实现产业生态化的基础工作。本研究分别选取了京津冀三地以及合计的废气中的主要污染物排放量（包括二氧化硫排放量、烟（粉）尘排放量）和废水排放量，以及在京津冀所占比重进行分析（如表 6.1 所示）。通过对污染控制水平指标的比较，发现三地的污染物均随着年份的增加而减少，河北省一直是京津冀三地主要污染物最多的省份，河北省装备制造业、钢铁工业、石油化工以及医药制造业等高污染行业较多，虽然排放量有所减少，但是其所占比重却在小幅度增加，二氧化硫排放量的占比从 2013 年的 80.84% 增加到 2017 年的 88.84%，烟（粉）尘排放量占比从 2013 年的 89.9% 增加到 2017 年的 90.4%，但是废水排放量占比有所减少，由 2013 年的 57.6% 下降到 2017 年的 53.1%，所以，河北省污染物排放量不均衡，影响到京津冀的整体区域。京津两地的污染排放量以及占比均有所下降，京津主要聚集了资本密集型和技术密集型产业，将劳动密集型产业转移到河北省，金融业是北京市第三产业发展中的重点，因此，京津两地污染物排放率较低。从整体来看，京津冀地区的污染物排放量不断减少，且其降低速度较快，污染控制水平较高。

表 6.1　　　　　　　　　　京津冀污染控制水平比较

	年份	2013	2014	2015	2016	2017
北京市	二氧化硫排放量（万吨）	8.7	7.9	7.1	3.3	2.01
	占京津冀比重（%）	5.5	5.3	5.2	3.7	3.0
	烟（粉）尘排放量（万吨）	5.93	5.74	4.94	3.45	2.04

年份		2013	2014	2015	2016	2017
北京市	占京津冀比重（%）	4.1	2.9	2.9	2.5	2.3
	废水排放量（万吨）	144580	150714	151733	166419	133138
	占京津冀比重（%）	26.8	27.4	27.3	30.4	27.9
天津市	二氧化硫排放量（万吨）	21.7	20.9	18.6	6.8	5.56
	占京津冀比重（%）	13.7	14.1	13.6	7.6	8.2
	烟（粉）尘排放量（万吨）	8.75	13.95	10.07	7.81	6.52
	占京津冀比重（%）	6.0	7.0	5.8	5.7	7.3
	废水排放量（万吨）	84210	89361	93008	91534	90790
	占京津冀比重（%）	15.6	16.3	16.7	16.7	19.0
河北省	二氧化硫排放量（万吨）	128.5	119	110.8	78.9	60.24
	占京津冀比重（%）	80.87	80.51	81.17	88.65	88.84
	烟（粉）尘排放量（万吨）	131.33	179.77	157.54	125.68	80.37
	占京津冀比重（%）	89.9	90.1	91.3	91.8	90.4
	废水排放量（万吨）	310921	309824	310568	288795	253685
	占京津冀比重（%）	57.6	56.3	55.9	52.8	53.1
京津冀合计	二氧化硫排放量（万吨）	158.9	147.8	136.5	89	67.81
	烟（粉）尘（万吨）	146.01	199.46	172.55	136.94	88.93
	废水排放量（万吨）	539711	549899	555309	546748	477613

（2）京津冀产业与环境协调发展实证分析

1）主要概念阐释。

"共生性"来源于生态学，后来被应用到社会经济领域，是指两个或者两个以上的系统经过一段时间的磨合后，系统内的各要素达到最优配置，最终实现协调发展。将京津冀产业发展与生态环境看作复合系统，复合系统在不断变化，只有当系统或者系统要素相互匹配时，复合系统的共生性才能达到最优。

这两个子系统相互支撑、相互促进，实现产业生态系统从弱到强、从无序到有序、从低级到高级的协调共生，产业与生态系统在不同时期的发展水平决定着复合系统的共生性是否协调有序。

2）京津冀产业与生态环境协调发展实证推演。

第一，子系统评价指标体系。

为了更加客观地评价京津冀产业发展与生态环境系统之间的耦合协调度，在已有研究的基础上，综合产业发展与生态环境评价模型，遵循全面性、层次性、数据可得性等指标评价原则，构建了涵盖经济增长、经济发展质量、产业经济发展在内的 3 个一级指标，包括 GDP、就业人口数、固定资产投资在内的 12 个基础指标组成的京津冀产业发展水平的综合指标体系（如表 6.2 所示）；构建了包括生态要素条件、生态压力条件、生态响应条件在内的 3 个一级指标，包括森林覆盖率、人均绿地面积、人均粮食总产量、建成区绿化覆盖率在内的 12 个二级指标所组成的反映京津冀生态系统的综合指标体系（如表 6.3 所示）。

表 6.2　　　　　　　　　产业发展评价指标体系

项目	一级指标	二级指标	类型	因子分析法	层次分析法	多层次灰色评价	二级指标权重	二级指标最终权重
产业发展指标评价系统	经济增长（0.333）	国内生产总值	正	0.242	0.328	0.151	0.240	0.080
		国内生产总值增长率	正	0.438	0.267	0.546	0.417	0.139
		人均 GDP	正	0.320	0.405	0.303	0.343	0.114
	经济发展质量（0.333）	就业人口数	正	0.264	0.106	0.249	0.206	0.069
		城市人均可支配收入	正	0.280	0.234	0.201	0.238	0.079
		农村居民人均纯收入	正	0.299	0.443	0.345	0.362	0.121
		恩格尔系数	正	0.157	0.217	0.205	0.193	0.064

续表

项目	一级指标	二级指标	类型	因子分析法	层次分析法	多层次灰色评价	二级指标权重	二级指标最终权重
产业发展指标评价系统	产业经济发展（0.334）	固定资产投资	正	0.171	0.543	0.224	0.313	0.105
		三次产业产值	正	0.377	0.897	0.371	0.548	0.183
		R&D经费/GDP	正	0.144	0.345	0.143	0.211	0.070
		全员劳动生产率	正	0.137	0.367	0.152	0.219	0.073
		外商直接投资	正	0.171	0.267	0.110	0.183	0.061

注：二级指标最终权重 = 二级指标权重×所属一级指标权重。

表6.3　　　　　　　　　　生态系统评价指标体系

项目	一级指标	二级指标	类型	因子分析法	层次分析法	多层次灰色评价	二级指标权重	二级指标最终权重
生态环境系统指标评价体系	生态要素条件（0.548）	人均粮食总产量	正	0.096	0.161	0.204	0.154	0.084
		森林覆盖率	正	0.264	0.322	0.131	0.239	0.131
		人均绿地面积	正	0.280	0.035	0.052	0.122	0.067
		建成区绿化覆盖率	正	0.296	0.264	0.245	0.268	0.147
		人均耕地面积	正	0.064	0.219	0.368	0.217	0.119
	生态压力条件（0.321）	人均工业二氧化硫排放量	负	0.500	0.247	0.667	0.471	0.151
		人均废水排放量	负	0.260	0.247	0.200	0.236	0.076
		人均工业粉尘排放量	负	0.167	0.309	0.067	0.181	0.058
		一般工业固体废物产生量	负	0.073	0.198	0.067	0.113	0.036
	生态响应条件（0.131）	生活垃圾无害处理率	正	0.171	0.359	0.343	0.291	0.038
		城镇生活污水处理率	正	0.486	0.243	0.404	0.378	0.050
		工业固体废物综合利用率	正	0.343	0.398	0.253	0.331	0.043

注：二级指标最终权重 = 二级指标权重×所属一级指标权重。

第二，子系统发展水平度量。

假设第 t 年京津冀产业发展的指标取值记为 x_{t1}，x_{t2}，$\cdots$，x_{tm}，m 表示产业发展系统包含的指标个数，记为 S_1；同理，第 t 年生态环境各指标取值记为 y_{t1}，y_{t2}，$\cdots$，y_{tm}，n 表示生态环境系统包含的指标个数，记为 S_2；无论是产业发展指标体系还是生态环境指标体系，在对原始数据进行收集时，各个指标的单位不同，为了更加科学地比较评价结果，需要利用式（6.1）和式（6.2）对原始指标数值进行处理。正向指标利用式（6.1）进行处理，逆向指标利用式（6.2）进行处理。

$$x_{ti}^* = \frac{(x_{ti} - \min(x_{ti}))}{(\max(x_{ti}) - \min(x_{ti}))} \tag{6.1}$$

$$x_{ti}^* = \frac{(\max(x_{ti}) - x_{ti})}{(\max(x_{ti}) - \min(x_{ti}))} \tag{6.2}$$

建立产业子系统在第 t 年综合发展水平的评价函数为：

$$F(t, x) = \sum_{i=1}^{m} \alpha_i x_{ti}^* \tag{6.3}$$

式（6.3）中的 α_i 代表产业发展各指标权重，x_{ti}^* 根据式（6.1）计算得出。在确定指标权重系数时，为了避免单一方法确定权重带来的局限性，此处采用三种计算指标权重的方法，然后对这三种方法计算出来的平均值乘以对应的一级指标权重，可获得产业发展子系统二级指标最终权重。同理可得生态环境综合发展水平的计算公式为：

$$F(t, y) = \sum_{j=1}^{n} b_i y_{tj}^* \tag{6.4}$$

第三，复合系统静态耦合协调度度量模型。

利用 $F(t, x)$ 与 $F(t, y)$ 的相对离差来反映子系统与在时点 t 的协调状态，相对离差系数越小说明复合系统在 t 时刻静态耦合协调度越强，否则越弱，离差系数 $C(t)$ 定义如下：

$$G(t) = \frac{|F(t, x) - F(t, y)|}{\frac{1}{2}[F(t, x) + F(t, y)]} = 2\sqrt{1 - \frac{F(t, x) \times F(t, y)}{\left[\frac{F(t, x) + F(t, y)}{2}\right]^2}} \tag{6.5}$$

因为 $F(t, x) > 0$，$F(t, y) > 0$，$C(t)$ 取最小值的充要条件为：

$$\frac{F(t,\ x) \times F(t,\ y)}{\left[\dfrac{F(t,\ x) + F(t,\ y)}{2}\right]^2} \rightarrow \max \tag{6.6}$$

定义产业子系统与生态环境子系统的静态耦合协调度模型为:

$$C(t) = \left\{\frac{F(t,\ x) \times F(t,\ y)}{\left[\dfrac{F(t,\ x) + F(t,\ y)}{2}\right]^2}\right\}^k \tag{6.7}$$

其中 k 为辨别系数,且 $k \geqslant 2$。

显然,$0 < C(t) \leqslant 1$,其中 $C(t)$ 为静态耦合协调度,k 称为辨别系数,可取的值为 2、3、4、5,为了计算结果更有区分度,本研究设 $k = 4$。通过公式(6.7)可以通过证明得出,当 $F(t,\ x) = F(t,\ y)$ 时,达到最大值 1,静态耦合协调度越强,而此时子系统 S_1 与 S_2 的相对离差取值达到最小值零;$F(t,\ x)$ 与 $F(t,\ y)$ 两者综合发展水平相差越大,其静态耦合协调度越弱。

第四,复合系统动态耦合协调度度量模型。

$C(t)$ 作为复合系统的静态耦合协调度度量指标,所反映的仅仅是 t 时刻协调发展的静态协调性,但是不能反映复合系统中各子系统协调发展的整体水平,例如若两个子系统的综合发展水平都很低,则依然能够计算出较高的静态耦合度,为此引入反映复合系统协调发展水平的动态耦合度度量模型,该模型能够反映一个时间段内长期共生性的发展变化趋势,计算公式如下:

$$D(t) = \sqrt{C(t) \times T}, \quad T = \alpha F(t,\ x) + \beta F(t,\ y) \tag{6.8}$$

其中,$D(t)$ 为动态耦合度,$C(t)$ 为静态耦合度,T 为产业与生态环境系统的综合发展水平,α、β 分别表示产业发展子系统与生态子系统发展水平的权重。

相对于静态耦合度,动态耦合度模型适用范围更广、稳定性更高。它综合考虑了产业子系统与生态环境子系统的共生性以及二者所在阶段的发展水平,该公式可以弥补静态耦合度模型的缺陷,能充分说明两个子系统的总体发展水平越高共生程度越强。动态共生性 $D(t)$ 的取值范围为 $[0,\ 1]$,为了更好地展现京津冀产业发展与生态环境协调共生的时空变换,在此借助相关文献对耦合程度进行如下的等级划分(如表 6.4 所示)。

表 6. 4 动态共生性评价标准

类型	$D(t)$ 取值	亚类型	子类型	共生类型
协调发展	$0.8 < D \leq 1$	高级协调	$g(E) - f(U) > 0.1$	高级协调—生态环境滞后
			$f(U) - g(E) > 0.1$	高级协调—产业发展滞后
			$0 \leq f(U) - g(E) \leq 0.1$	高级协调
转型发展	$0.5 < D \leq 0.8$	基本协调	$g(E) - f(U) > 0.1$	基本协调—生态环境滞后
			$f(U) - g(E) > 0.1$	基本协调—产业发展滞后
			$0 \leq If(U) - g(E)I \leq 0.1$	基本协调
不协调发展	$0.3 < D \leq 0.5$	基本不协调	$g(E) - f(U) > 0.1$	基本不协调—产业发展受阻
			$f(U) - g(E) > 0.1$	基本不协调—生态环境受阻
			$0 \leq f(U) - g(E) \leq 0.1$	基本不协调
	$0 < D \leq 0.3$	严重不协调	$g(E) - f(U) > 0.1$	严重不协调—产业发展受阻
			$f(U) - g(E) > 0.1$	严重不协调—生态环境受阻
			$0 \leq f(U) - g(E) \leq 0.1$	严重不协调

为了更清晰地表示京津冀地区战略新型产业与生态间的耦合协调程度，依据表 6.4 动态耦合协调度划分标准，说明 $D(t)$ 数值越大，表明协调水平越高，反之，协调水平越低。对 1995 ~ 2014 年（该期间指标数据是最全的）京津冀产业发展系统与生态系统的动态耦合度进行计算，结果如表 6.5 所示。

表 6. 5 不同类型下京津冀产业发展与生态环境动态耦合度计算结果

年份	类型 1	类型 2	类型 3
1995	0. 335	0. 244	0. 208
	基本不协调—产业发展受阻	基本不协调—产业发展受阻	基本不协调—产业发展受阻
2000	0. 284	0. 257	0. 202
	严重不协调—产业发展受阻	严重不协调—产业发展受阻	严重不协调—产业发展受阻
2001	0. 287	0. 336	0. 260
	严重不协调—产业发展受阻	严重不协调—产业发展受阻	严重不协调—产业发展受阻

年份	类型 1	类型 2	类型 3
2002	0.312	0.407	0.335
	基本不协调—产业发展受阻	基本不协调—产业发展受阻	基本不协调—产业发展受阻
2003	0.356	0.449	0.404
	基本不协调—产业发展受阻	基本不协调—产业发展受阻	基本不协调—产业发展受阻
2004	0.340	0.416	0.374
	基本不协调	基本不协调	基本不协调
2005	0.435	0.515	0.467
	基本不协调	基本不协调	基本不协调
2006	0.558	0.406	0.487
	基本协调	基本协调	基本协调
2007	0.473	0.428	0.527
	基本不协调	基本不协调	基本不协调
2008	0.478	0.560	0.534
	基本不协调	基本不协调	基本不协调
2009	0.420	0.478	0.459
	基本不协调	基本不协调	基本不协调
2010	0.593	0.549	0.573
	基本协调	基本协调	基本协调
2011	0.566	0.694	0.624
	基本协调—生态环境之后	基本协调—生态环境之后	基本协调—生态环境之后
2012	0.725	0.859	0.779
	基本协调—生态环境滞后	基本协调—生态环境滞后	基本协调—生态环境滞后
2013	0.772	0.827	0.945
	基本协调—生态环境滞后	基本协调—生态环境滞后	基本协调—生态环境滞后
2014	0.809	0.859	0.954
	高级协调—生态环境滞后	高级协调—生态环境滞后	高级协调—生态环境滞后

3）实证结果分析。

第一，产业发展与生态系统综合指数分析。

从表 6.1 中可以看出，在一级指标中经济增长（0.333）、经济发展质量（0.333）、产业经济发展（0.334）在产业发展综合指标体系中所占的比重大致相等，说明这三个因素对产业发展的影响同等重要；在产业发展二级指标体系中，三次产业产值（0.183）是对产业发展影响最大的指标，其次是国内生产总值增长率（0.139）、农村居民人均纯收入（0.121），基于以上分析可以看出，在过去 24 年间，三次产业产值、国内生产总值增长率、农村居民人均纯收入是影响该区域产业发展的关键因素，其实证分析结果与实际比较相符。另外，一个区域经济的发达程度与第三产业的发达程度是呈现正比例关系的，经济越发达的区域，第三产业逐渐会成为支柱产业，所以政府在制定产业发展政策时应向第三产业倾斜，生态产业的共生发展主要是第三产业与生态环境的协调发展。

从表 6.3 可以看出，生态要素条件（0.548）在一级指标中所占的比较大，所以是影响生态系环境系统最重要的指标，其次是生态压力条件（0.321）和生态响应条件（0.131），在二级指标中人均工业二氧化硫（0.151）、建成区绿化覆盖率（0.147）、森林覆盖率（0.131）和人均耕地面积（0.119）对生态系统综合水平具有较高的贡献份额，总共占到了 54.8%，基于以上分析，可以看出减少二氧化硫污染、加强建成区绿化覆盖率、加大植树造林力度、保护耕地是提高生态环境系统综合水平的强有力措施。

京津冀产业发展和生态环境系统综合评价指数如图 6.10 和图 6.11 所示。

图 6.10 和图 6.11 展示了北京、天津、河北以及京津冀产业发展和生态环境系统综合水平变动趋势，在研究期间，无论是北京、天津、河北还是京津冀总体，两个系统的综合发展指数均呈现逐年上升趋势。对于产业发展来说，北京从 1995 年的 0.139 到 2014 年的 0.671，增长了 4.83 倍，天津从 1995 年的 0.144 到 2014 年的 0.658，增长了 4.57 倍，河北从 1995 年的 0.073 到 2014 年的 0.581，增长了 7.99 倍，京津冀整体来看，产业发展综合水平从 1995 年的 0.076 到 2014 年的 0.646，增长了 8.5 倍；而生态环境指数在 1995～2008 年逐年上升到 0.437，后又下降，基本保持在 0.5 左右，整体呈现比较稳定的状态。

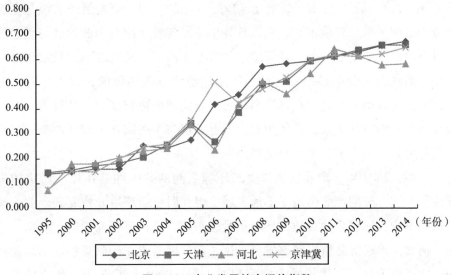

图 6.10 产业发展综合评价指数

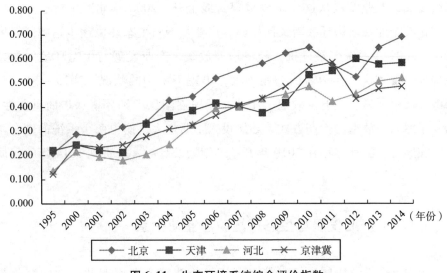

图 6.11 生态环境系统综合评价指数

第二，耦合协调度分析。

为了探讨两个系统贡献度取值不同对其耦合协调度的影响，本书借助于已有研究成果，分析三种不同类型（类型 1：$\alpha = 1/2$，$\beta = 1/2$；类型 2：$\alpha =$

$1/3$，$\beta = 2/3$；类型 3：$\alpha = 2/3$，$\beta = 1/3$），每种类型产业发展子系统与生态环境子系统的重要程度不同，可以计算出不同年份京津冀产业发展与生态环境耦合协调度的发展历程，计算结果如表 6.4 所示。从三种不同权重计算的两个子系统的耦合结果来看，其总体变化趋势是很相似的，仅大小有所差异，因此可以得出结论，在计算两个子系统的耦合协调度时，其权重大小对最终结果的影响并不大，总体来看，产业发展与生态耦合协调度的变化趋势是先降后升，形成了一个 S 形曲线。

1995～2004 年，产业发展与生态环境之间的共生性处在比较严重的失调阶段，这一时期产业出现了迅速发展，但此时生态环境开始受到产业快速发展的影响，导致京津冀地区环境质量越来越差，在所研究期间，北京、天津、河北三地经济之所以能够发展迅速，其原因主要在于以高污染、高能耗的二次产业为主，环境承载力没有超过上限；2005～2008 年，产业发展与生态环境大致处于中等失调状态，但是产业发展与生态环境的耦合协调度在持续增加，产业发展从这一阶段呈现直线上升。2008 年北京奥运会，政府对重排放企业采取搬迁或者关闭措施，产业发展与生态环境逐步达到了轻度失调。2009 年由于金融危机，经济增速放缓，产业发展与生态环境间的差距加大，导致这一年两者的差距加大，出现不协调的状况。2010～2014 年经济发展水平显著上升，政府、企业、居民逐渐认识到环境保护的重要性，改变了原来粗放型的生产方式，环保投入不断加大，使得两个系统的耦合协调度在经历了波动之后在 2010 年开始继续增长趋势，一直到 2014 年的优质协调。

6.1.4　产业发展与生态环境动态互动关系

运用复合系统协同度模型测量分析了京津冀产业生态共生性的变化趋势，但是产业生态系统各子系统之间的协调度变动原因还需要通过计量经济分析做进一步研究。在此运用 EViews6.0 软件进行协整检验，利用格兰杰因果关系检验模型来探究京津冀产业发展与生态环境协同度变动的原因，并依据表 6.2 和表 6.3 中各指标权重，运用式（6.3）和式（6.4）计算的产业发展与生态环境各子系统的综合指标。协整分析的前提是时间序列数据必须是平稳的，因此为了分析产业发展与生态环境之间是否存在协整关系，首先对两个系统进行平稳性（ADF）检验，检验结果如表 6.6 所示。

表 6.6　　　　　　　　　　　　时间序列的单位根检验

水平序列	ADF 检验值	临界值（5%）	结果	一阶差分序列	ADF 检验值	临界值（5%）	结果
$F(t, x)$	−0.8658	−3.1003	不平稳	$\Delta F(t, x)$	−2.0239	−1.9699	平稳
$F(t, y)$	1.760618	−3.1003	不平稳	$\Delta F(t, y)$	−2.86395	−1.9699	平稳

由表 6.6 可见，两个子系统的原始序列是不平稳的，但在 5% 显著性水平下，产业发展子系统一阶差分的 ADF 检验值为 −2.0239，小于其临界值 −1.9699。同理，生态环境子系统一阶差分的 ADF 检验值为 −2.86395，小于其临界值 −1.9699，说明两个系统的一阶差分是平稳的，可以进行协整检验与分析。为了检验京津冀产业发展与生态环境两个子系统的互动耦合关系，对其进行 Johansen 协整检验，结果如表 6.7 所示。

表 6.7　　　　　　　　　　　　Johansen 协整检验结果

零假设协整向量个数	特征根	T 统计量	5% 显著性水平临界值	概率值
None *	0.823	45.431	34.182	0.002
At most 1 *	0.764	25.349	18.162	0.027
At most 2 *	0.459	4.983	8.164	0.109

由表 6.7 可以看出，产业发展与生态环境两个子系统在 $P = 0.05$ 时至少存在一个协整关系，说明两个系统存在着长期均衡关系，其方程可描述为：$F(x) = 0.040235 + 1.049906 F(y)$，生态环境系统的系数为正，说明产业发展与生态环境存在着长期的正相关关系。接下来对两个子系统的因果关系进行检验，使用的方法为格兰杰检验，根据 AIC 确定滞后期，其检验结果如表 6.8 所示。

表 6.8　　　　　　　　　　　格兰杰检验结果

Null Hypothesis	Obs	F – Statistic	Probability
F(t, y) does not Granger Cause F(t, x)	14	1.65942	0.00903
F(t, x) does not Granger Cause F(t, y)	14	8.30896	0.24352

由表 6.8 可知，产业发展是生态环境的格兰杰原因，而生态环境不是产业发展的格兰杰原因，说明我国目前阶段生态环境还不能对产业发展起到决定性作用，但是随着人们对生态环境越来越重视，生态环境的发展变化会对产业发展的影响越来越重要。检验结果证实了生态环境与产业发展之间的因果关系。

由此可以看出，伴随着时代变迁，产业发展与生态环境之间形成了较为复杂的耦合共生关系，在此以京津冀为例，构建了产业发展与生态环境耦合协调发展的概念模型，利用 1995 ~ 2014 年的统计数据进行定量分析，结果表明：产业发展与生态环境之间普遍存在着彼此影响、彼此制约的耦合协调关系；在研究期间，北京、天津、河北三地的产业发展与生态环境的耦合协调度的变动情况为上升－下降－上升，耦合协调度也从最初的基本不协调到最后的高水平协调，经历了产业发展受阻到生态环境滞后的演变历程；产业发展是生态环境的格兰杰原因，而生态环境不是产业发展的格兰杰原因，说明我国目前阶段生态环境还不能对产业发展起到决定性的作用；耦合协调度是一个相对的概念，其最终结论取决于所研究系统的指标初始数据，本部分从时间序列角度对京津冀的产业发展与生态环境两个系统的耦合协调度进行了分析，还可以从空间角度对两个或多个系统的耦合协调度进行评价，这些都是分析产业经济与生态环境可持续发展的重要定量工具。

6.1.5　京津冀产业生态化发展存在的问题

一个地区的产业生态化水平在很大程度上影响该地区的经济发展水平，合理的产业生态化水平对区域经济发展具有积极的促进作用，反之，将严重影响区域经济健康有序发展。本部分结合京津冀产业生态化共生机理探讨京津冀产业生态化发展存在的问题，包括产业梯度较大、产业间联动程度较低，缺乏技术创新性，企业环保意识薄弱、生产模式较为传统，环境治理责任模糊、配套政策不足等。

（1）产业梯度较大，产业间联动程度较低

作为中国的首都，北京具有强烈的城市虹吸作用，承受着很大的压力。北京以第三产业为主，其中金融业是其发展的重点；天津逐渐形成第二产业与第三产业并重的趋势；河北第二产业发展贡献最大，第一产业其次，第三产业发展薄弱。京津冀产业梯度差异较大，限制了区域间的产业联系，产业链不完整，生态环境出现危机。行政区划阻碍制约了京津冀地区的产业联动程度。究其原因，首先，北京、天津在制定城市发展规划时，其定位、目标相似，导致一些行业严重同质化，失去了合作的基础。其次，北京、天津原有及现有的政治经济地位，造成在与河北合作的过程中缺乏平等互利。再次，京津冀地区在科技和信息技术资源方面分布不均及差距过大，在需求和对应的供给方面出现断层现象，形成不了密切联系，生态链建设不健全。最后，河北省的工业仍然是一种粗放型的发展方式，缺乏产品深加工技术，不能有效回收污染物，不能很好地对污染物进行无害化处理，但是天津拥有先进的垃圾回收技术，北京拥有丰富的信息和物质资源，然而，京津冀地区之间没有形成良好高效的产业生态共生系统，产业链断裂，造成严重的环境污染，没有形成区域间"资源开发—产品加工—废物回收—市场销售"的生态产业链条。

（2）缺乏技术创新性

产业生态化是对传统产业的转型升级和生态创新改造，需要创新技术的支撑。技术创新分为生态技术创新和非生态技术创新，生态技术创新主要是指通过更有效的技术、更清洁的方式，尽可能减少能源的消耗，实现产业生态链上物质的循环再利用，主要涉及企业与上下游企业的技术对接；非生态化技术创新主要是以企业的经济效益为导向，实现传统技术的改进，提高企业的经济利润。无论在生态技术创新还是在非生态技术创新方面，京津冀地区都存在着诸多问题。例如，尽管北京相比天津、河北科技水平较高，但是在清洁能源替代高污染高消耗能源、资源循环利用等方面仍存在缺陷。天津子牙生态工业园也不能有效处理废弃物及进行二次深加工，只能进行简单的回收，最终残留垃圾的安全处置技术不成熟，网状生态产业链运行受阻。而河北省依托资源禀赋，建立了相对成熟的钢铁产业链，但是距离"低消耗、零排放"的目标仍然有一定的差距，对于废水、废气、废渣的循环利用，可再生、无害化处理没有达到国家要求的标准。

（3）企业环保意识薄弱，生产模式较为传统

多数企业以利润为导向，只关注短期利益，对排污责任认识不足，认为环保责任是政府和社会的义务，轻视企业生产对生态环境和资源的负面影响。正是因为环保意识的薄弱，导致京津冀地区环境污染严重。产业生态化的典型实践形式是生态产业链的构建，是以提高资源循环利用效率和减少污染物排放量为目标，实现产业的生态转型。在京津冀地区，大多数的生态产业链属于政府和资源主导型发展模式。政府主导型模式依靠政策机制从产业生态共生角度来规划区域产业发展，并提供资金与技术支持，优点是加快产业链的形成，但是该种模式也存在着一定的缺陷，政府过度干预限制了企业自主进行设备升级、技术改造、产品创新等，最终导致产业链崩溃。而以资源为导向的发展模式很可能降低资源利用率、过度开发、滥用资源等，使原有的平衡遭到破坏，偏离了建立生态产业链的初衷，得不偿失。

（4）环境治理责任模糊，配套政策不足

目前，京津冀区域还没有形成生态保护和环境治理的长效机制，对环境治理责任分工不明确，存在企业与政府的推诿现象，相关配套政策不足，京津冀多是从废弃物减量化、环境污染控制方面进行政策制定，对具体的责任义务指向不明，再加上京津冀地区行政壁垒的存在，无法形成跨区域的环境协调机制，导致空头治理、多头治理以及碎片化治理现象的产生。不合适的外部支持是生态产业链发展的障碍，生产企业为了追求利益最大化，对环境无限索取和污染排放、环保意识薄弱、责任心差，缺乏产业生态共生意识，不会主动在产业链中进行整改重组。即使是有意愿加入生产链条的那些中小企业，也可能面临着资源被垄断、信息不对称、契约不合理等一系列问题。而政府方面缺乏对产业链内企业的政策补贴以及完善的配套政策，对中小企业保护力度不够，政策的缺失或不完备导致生态产业链的负外部效应。

6.2　京津冀产业生态共生模式

京津冀是中国北方经济发展的重要增长极，在大力发展经济的同时污染状况日趋严重，人们开始越来越多地开始关注生态环境的变化。要从根本上解决京津冀地区污染严重的问题，关键是要使自然资源得到有效循环或利用，尽量减少污染物的排放，需探寻新型的产业生态共生模式。本部分从实证角度分析京津冀产业生态共生的三个主要模式：三维立体循环模式、耦合共生模式及共生网络模式。

6.2.1　三维立体循环模式

国家在京津冀协同发展战略中指出，要在生态环境保护、产业转移方面取得重点突破。京津冀协同发展专家咨询委员会委员、中国城市规划设计研究院原院长李晓江强调，雄安新区规划首先要坚持生态优先，绿色发展。这些都说明国家越来越重视京津冀产业生态共生、协调发展，京津冀地区势必成为未来中国经济发展的核心区域。将产业发展与生态环境看作一个内容广泛、结构复杂、相互依赖、相互影响的复合系统，只有整个系统达到共生协调，才能实现整体优化，如何协调经济发展和生态环境之间的关系，已成为当前的热点问题。越来越多的学者开始研究产业发展与生态环境之间的交互作用，不断推进工业化和产业化进程，积极转变经济增长方式，通过建立京津冀三维立体循环模式，协调两者之间的关系，对推进区域经济发展、保护生态环境至关重要。

对于京津冀地区而言，三维立体循环模式是指通过整合北京第三产业（服务业）、天津第二产业（加工型产业）、河北钢铁煤炭等资源型产业，互惠互利，达到保护环境、有效利用资源、增值科研成果的目的，构成企业与企业、生态园与生态园、区域与区域间的产业生态链，实现产业生态共生发展，京津冀三维立体循环模式如图 6.12 所示。

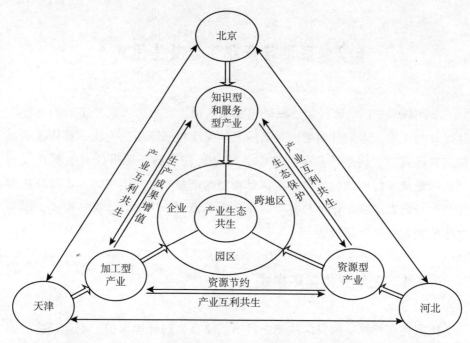

图 6.12　京津冀产业生态共生三维立体循环模式

由图 6.12 可知，第一维度为宏观区域产业生态共生，以北京、天津、河北三地为载体形成区域间的互利共生。京津冀区域位于东北亚和亚太经贸圈的核心区域，包括北京、天津、河北，位于环渤海地区，是北方的经济结构调整中心，改革开放以来，京津冀地区经济发展最快，经济发展水平得到了显著提高，截止到 2016 年底，京津冀地区拥有国土面积 21.6 万平方公里，占全国总面积的 2.25%。年末常住人口为 11205.1 万人，占全国的比重为 8.1%，城镇化水平为 61.1%。水资源总量为 262.3 亿立方米，占全国的比重为 0.8%。地区生产总值为 75624.9 亿元，占全国的 10.16%，全社会固定资产投资为 54840.9 亿元，占全国的比重为 9.04%。京津冀地理位置相邻，人文相似，近年来随着北京产业结构升级，部分产业转移至津冀两地，加强了三地的区域联动。为了平衡我国的区域经济发展，打造除了珠三角和长三角以外的经济增长极，国家提出了京津冀协同发展战略，但是在发展经济的同时也带来了环境问题，因此，在第一维度内，可以将京津冀作为载体，借助于协同发展战略，探索三地的产业共生模式。

第二维度中观产业生态共生，分别以北京、天津、河北的优势产业为研究对象。自改革开放以来，北京产业结构也发生了很大的变化，由原来的第二产业占主导转变为第三产业占主导，2018 年，地区生产总值 30320 亿元，环比增长 6.6%，三次产业增加值分别为 118.7 亿元、5647.7 亿元、24553.6 亿元，与 2017 年相比，增长比率分别为 −2.3%、4.2%、7.3%，三次产业结构为 0.4 : 18.6 : 81.0，北京在知识型和服务型产业具有明显的优势；天津第二产业一直占主导地位，虽然从 2015 年开始，三次产业结构为 1.3 : 46.7 : 52.0，服务业增加值比重首次超过 50%，但是相比较而言，天津的优势产业仍然是以非农产品、重工业为特色的加工工业；河北省从 1978 年改革开放一直到 2017 年，产业结构从"二一三"转变成"二三一"，以重工业和资源型加工工业为主，资源型产业是其优势产业。因此，对于二维层次，京津冀应构建围绕三地优势产业的产业生态共生模式。

第三维度为微观企业间的产业生态共生，主要包含三个层面：即企业层面的产业生态共生、园区层面的产业生态共生、跨地区层面的产业生态共生。对于企业间、园区间的产业生态共生主要是以企业集团或者园区的主导产业为核心，构建生态产业链，将产业的生产过程最大限度地生态化，即产业生态化系统，也就是实现产业生态共生，包括工业生态化、建筑业生态化、物流业生态化、交通运输业生态化、农业生态化等。京津冀要充分利用有限的资源尤其是不可再生资源，就要求企业对在生产过程中产生的副产品以及废弃物都能得到循环利用，即"生产者—消费者—回收分解—再生资源"。政府应当制定相应的法律法规，对于那些排放系统不达标的企业严格整治，让其重新进行技术设备改造或者关闭整顿。一个符合生态化生产标准的企业，要求从生产到最终消费所需要的所有原材料或者资源，都能得到再利用，避免造成环境污染。第三维度要求企业根据市场的变化，改变投资的方向，改变生产技术，提高资源利用效率，探索和研究出适合企业生态化发展的最佳路径，使企业效益高质量增长。另外，可以通过新能源的开发，将销售出去的产品进行回收利用，这样不仅节约了生产成本，还变废为宝，节约资源和减少了对生态环境的破坏；跨地区层面的产业生态共生是以现代化信息技术为依托，跨地区的产业集群之间相互依赖、互利互补，通过地区间资源、技术、人才、资本、信息的互通联合，实现分工协作和优势互补的产业生态共生发展。

综上所述，三维立体循环模式通过区域划定—产业协作—主体参与，由外到内、由宏观到微观逐步实现京津冀产业生态共生的核心目标。

6.2.2 耦合共生模式

耦合是物理学概念，最早在物理学研究领域运用，后来经济学家把耦合理论广泛应用到产业生态学领域，它是指两个或者两个以上的系统相互影响、相互利用所显现出来的现象。把这个概念运用到经济循环领域，实际上就是把城市循环经济中各个不同的领域和层次相结合、利益相互关联，这就是循环经济耦合的真正内涵，也是生态产业共生的本质所在。

产业生态共生系统中各环节之间结构比较复杂，实现资源高效循环是比较困难的，因为在其产业生态共生系统构建过程中，会出现很多影响因素，外部因素在于如何协调经济效益和环境效益的关系，而内在动力在于与产业生态共生系统关联的区域经济系统的耦合复杂性，包括三种不同形式：第一种形式是企业内部的耦合，首先要改变传统的生产方式，找到适当的原材料，还要根据市场的需求，生产出新的产品，并优化内部管理，打造一条完美的产业生态共生性系统，进而进行物质流、能量流的交换，形成规模经济。第二种形式是产业生态共生系统中企业之间的耦合，解决各种企业之间的矛盾，优化产业生态共生系统，加强内部控制与管理，使各个企业在互相利用、互相配合的情况下，生产出更高质量的产品，使能量流、物质流更顺畅地流动。第三种形式是企业与区域相融合问题，工厂生产出来的废物，根据其使用的情况进行分类，再投入到社会上使用，这样就减少了废弃物品对环境所产生的污染。各自充分发挥区域资源优势，借助企业与区域耦合系统，大力改造园区生态环境，这样才能使经济得到稳定可持续增长。京津冀各个区域的友好协调发展，包括三个方面的耦合。

（1）企业内部的耦合

在产业生态共生系统中，都是以企业为单位，要求系统中的各企业通过进行设备改造、技术更新，引进和应用新工艺、新材料、新设备及新理念，不断提高排放标准，减少对环境造成的污染，加强对排放物的循环再利用，提高企业的经济运行能力。由此可以看出，为了提高京津冀产业生态系统中内部企业的耦合度，技术是关键因素，三地政府应重点解决技术资金来源问题，政府可以联合金融机构为积极进行设备改造及研发的企业提供优惠的贷款政策，解决企业资金不足问题。

（2）企业间的耦合

区域内企业的排放物属于产业生态共生系统中的一部分，通过科技创新，加大对现有废弃物处理的研究利用力度，以科技的进步实现对原有废弃物的利用，使产业生态系统中的企业达到规模经济，构建变废为宝的产业生态共生系统，这就是企业间耦合的真正内涵。系统中上游企业的废弃物是下游企业的原材料，形成一个资源有效循环利用的形式，如图 6.13 所示。

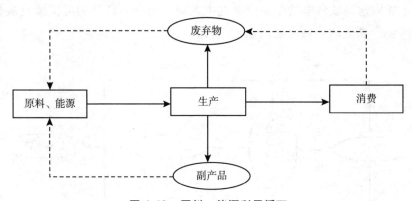

图 6.13　原料、能源利用循环

图 6.13 中，实线表示一般的生产过程，虚线代表废弃物的流动过程。通过实线可以看出，普通的生产流程是企业通过购买原材料进行产品加工，将生产出来的产品在二级市场上销售给消费者，在这一生产过程中势必会产生废弃物或者副产品，此时的废弃物没有企业回收再利用，只能直接排放到大自然中，造成对环境的污染或者破坏。通过虚线可以看出，消费者和企业

生产过程中产业的废弃物和副产品是可以流动的，这种废弃物和副产品通过循环再利用，成为另外一个企业的原材料，这是企业间耦合的本质所在，每个企业之间相互利用废弃物，使废弃物得到不断循环，这就是企业间耦合后产生的最大经济、环境效益。

（3）生态产业链与区域的耦合

产业生态共生系统与园区生态经济环境的好坏，区域之间经济的运行机制，相互协作、相互影响、相互促进的默契程度，都直接体现了产业生态共生系统与区域的耦合程度。这种耦合是更高层次的耦合形态，通过京津冀区域交通一体化、要素一体化改革等，进一步降低企业的物流成本，信息共享，促进高校、科研院所与产业生态共生系统中的企业进行合作和交流。另外，产业生态共生系统与生态环境之间可以相互平衡、利用和协调，它们之间能否顺利耦合不仅直接影响到企业与产业生态共生系统的发展和生死存亡，还影响到区域经济的可持续发展，因此，二者之间的耦合至关重要。只有区域拥有高科技技术、优秀的人才、优秀的文化氛围，所有因素相得益彰，才能构建高效科学的生态产业共生系统，为社会经济的可持续发展提供新的模式，具体耦合模式如图 6.14 所示。

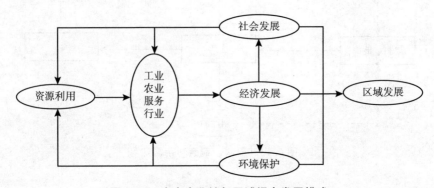

图 6.14　生态产业链与区域耦合发展模式

6.2.3　共生网络模式

企业之间相互耦合最终形成一个共同的网络系统，这个系统是相当复杂的，它形成的原因主要有外部环境及自身内在动力。共生网络模式最重要的是复杂系统的运作机理，正是因为复杂的运作系统，共生网络的自组织机理及协同机理才得以发挥其作用。

（1）共生网络的复杂系统运作机理

共生网络系统之所以复杂，原因在于在这个系统中不但有每个企业的信息结构和行动，还有它们内部的技术水平。根据不完全统计，仅企业的作业信息量就会超过 10^{10}，那么所有的信息量会有多大，我们不得而知。共生网络中的企业相互合作，生产技术等相互渗透，相互交换信息，由此产生的信息量叠加在一起就形成了一个复杂的共生网络系统，而且是非线性动力学系统。在生态产业园中，物质的流动，相互之间信息的交流，促使网络运作，而网络自己的各种协议，可以保证这个复杂系统的正常运转。

共生网络创新源于决策结点活性和结点之间的相互作用，生态工业园共生网络成员决策能力不同可能是因为决策模式不一样，也可能源于知识背景、经验能力不同，所以在网络组织中可以并行运转解决一个复杂问题的不同方面，而不仅是操作分工。因此根据复杂系统的观点，来自共生网络内部的扰动及不安定因素可以使组织走向创新。

由于共生网络的边界比较模糊，又是一个活性节点的动态组合，所以会随着外部环境的变化而发生变化，共生网络的运转会进行适当的调整，但不论如何调整，网络内部的组织与企业的利益都一直在紧密联系。共生网络的最大特征，源于复杂的系统，也因为它的复杂，才能在复杂的环境当中获得发展，在发展的过程中不断完善自身，完善的同时又获得了创新。

（2）共生网络的自组织机理

从程序的混乱到程序的规范，社会的每一个系统，都遵循从无序到有序的进化规律，这是社会发展和进步的必然过程，自然系统的演化过程一直遵循热力学的第二定律，也就是说孤立系统从非平衡转化到平衡，从有序到无序。而生物圈和社会系统的进化也是从无序到有序的过程。通过多年的研究，相关学者提出自己的观点，当外部条件的变化到了一定的临界值时，量的变化可能会在一个开放的系统中引起质的变化。通过不间断地与外部互换能量与分子运动，系统就会产生自组织的现象。大致来讲，自组织的形成必须要有以下三个最基本的条件：必须是一个远离平衡状态的开放系统；内部之间存在非线性相互作用；系统必须由波动触发。

由工业经济、社会、自然的生态系统组成的有机整体其实就是生态工业园的共生网络。由于投入和输出的无限循环，这种沟通存续了工业系统的"生命过程"，并从无序演变为有序。因此，耗散结构作为共生网络的必然特点，在任何时候都可以与外界进行能量和物质的交换，然后保持有序结构是在非平衡状态下的，从而使网络得以进一步进化和发展。

共生网络就是"工业生态系统"，受各种因素共同作用，各种因素相互渗透、相互制约。不同的元素在共生网络中的作用必须是非线性的。一个动态的、开放的网络组织，其发展受到大部分高度非线性的复杂因素所控制。外部条件改变时，由于对网络产生了冲击和波动，使其一直在强大压力下远离平衡状态。此时，企业在共生网络中不间断地与其他企业交换信息、产生交易、人员流动和资源转移，使共生网络一直处于剧烈的动态变化中。当达到了某一个临界值时，动态的定量变化会导致质的变化，共生网络系统也可能会在无序运动中发生变化，成为相对有序的时间、空间和功能的静态状态，共生网络新的组织体系秩序的来源就是非平衡的，共生网络的新组织结构也就可以自主形成了。

（3）共生网络的协同机理

共生网络是由多个子系统组成的开放、复杂的系统，在形成中有着协同学的特点。协同学研究的有序结构是由自组织形成的。热力学是否平衡，距离平衡状态有多远，都不是系统无序到有序的重点，而是只要这个系统是由大量的子系统构成的，在一定的条件下，它的子系统可以利用非线性相互作用产生出时间、空间、时空的结构变动，并形成一定的自组织结构，呈现新的有序状态。

共生网络秩序参数之间的相互竞争合作，也是系统所引起的秩序的一种表现形式。在生态工业园共生网络系统中存在多个序列参数是很常见的。各阶参数的竞争以及实际应用的结果将对网络环境产生直接影响。因为衰减常数的彼此靠近，慢慢地形成共识，企业组织系统就会展现出一个渐进式的有序发展结构。生态工业园区各参数之间存在着协同和竞争的和谐共存关系，这是其共生网络深入有序发展的原因，也是生态共生网络的协同机理。

6.3　京津冀产业生态共生模式的实证推演

如何解决经济发展与保护生态环境之间的矛盾，是多年来政府、民众普遍关注的问题，本部分在探讨京津冀地区的产业生态共生性机理的基础上，利用京津冀 2002~2016 年产业生态数据，基于捕食者—被捕食者（Lotka - Volterra）模型对京津冀的产业生态共生关系进行定量研究，然后在产业生态共生模型基础上引入资源消耗因子，构建包括产业发展、生态环境、资源消耗在内的优化模型。

6.3.1　京津冀产业生态共生依存机理

20 世纪 60 年代，是社会大变革的时代，出现了一门新的学科——生态经济学，生态经济学就是将经济的可持续发展和保护生态环境合二为一，在发展经济的同时也要注重保护生态环境，将经济与生态环境看作一个复合系统，生态经济学的目的之一就是研究二者之间如何协调发展。生态经济学可以说是时代发展的产物，社会经济发展与生态环境之间的关系是相互促进相互制约的，社会经济发展要同生态的环境相互统一。稳定可持续的经济发展离不开良好的自然环境，人们在追求经济利益的同时，也要保护好自然环境，如果只顾个人的利益，而破坏我们赖以生存的自然环境是得不偿失的。近年来，全球经济发展迅速，但同时带来的环境污染和生态退化问题，其后果是人们所不能预料和承受的。而生态经济学的产生给人们带来了新的希望和转机，它可以让人们在提高经济效率的同时，又能保护好自然生态环境。生态学比生态经济学早出现大约一百年，是由德国的生物学家赫克尔（E. Hacekle）在 1866 年时提出来的。而时隔 69 年后，经过了几十年的探索和研究，生态经济学理论已经相对成熟，同时也给现代的生态经济学奠定了很好的理论基础。

从经济的角度来看生态经济理论，产业经济发展系统是离不开生态环境系统的，二者是矛盾的统一体，我们不能只顾经济利益，就肆意破坏自然环境，如何让二者和谐共存是当代学者们要研究的重要课题，只有解决了这个问题，我们人类才能长久的生存下去，社会才能不断发展。

20 世纪 90 年代，随着产业经济的发展，时代的不断变化，人们的思想和价值观也随之产生了变化，很多人开始重视对环境的保护，产业生态学应运而生。当时大部分学者认为产业经济是由"生产所需的原材料——再加工——产品的流通——消费"而形成的生产链。如果人们把生态学的理念应用到产业发展过程中，达到物质的循环再利用，这样既保护了环境，又满足了人们对经济利益的追求。产业生态学要求从保护生态环境的角度出发，在进行产品生产时循环利用资源，这也是产业经济持续发展的关键所在。在 1991 年的"产业生态经济论坛"上，专家学者们对产业经济学有了更进一步的理解，一致认为产业生态学就是产业生产系统和生态环境相结合的复合系统，研究企业在生产时对环境所产生的影响，降低或协调对环境的破坏，如果这个复合系统中的要素能互相利用，社会经济发展和环境都能得到健康可持续的发展，产业与生态就会达到共生。

产业发展系统是一个集经济、社会各种因素共同发展的过程。产业发展的内涵很丰富，而本部分的产业发展是指我们整个国家经济发展的进化过程（即第一、第二、第三产业的发展状况）。协调发展要求系统或系统内部各要素之间要相互影响、相互促进、和谐一致，在良性循环的基础上，复合系统发展遵循由低级别向高级别、由无序到有序、由简单到复杂的演变过程，是共生关系在系统演变过程中的外在表现。在产业发展与生态环境形成的复合系统中，产业发展主要通过技术改造、产业结构优化升级等手段拓展环境资源利用的深度和广度，以自适应和自组织的形式推进系统优化，达到产业结构优化和升级，实现可持续发展。而人们对高品质生态环境的追求以及环境本身对产业发展的影响制约，客观上促使产业通过技术进步、理念渗透等方式融入城市生态环境建设中，促使生态环境的改善和提高，以实现对生态资源的持续利用。

事实上，产业发展和生态环境构成的复合系统除了彼此之间相互影响、相互促进之外，还与外界进行能量、物质、信息流的交换，产业发展与生态系统通过异步反馈的方式介入二者共生协调的发展关系中，如图 6.15 所示。

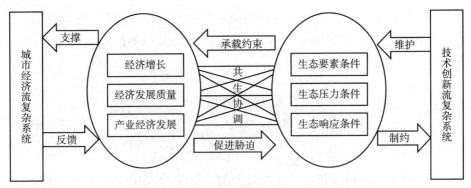

图 6.15 产业—生态环境系统共生性机理

根据上述分析，本书将产业生态共生性定义为：产业生产过程中，在尽量消耗较少的资源，排放较少的废弃、废渣的原则下实现利益最大化，即在产业生态共生系统中实现物质流、价值流、能量流的闭路循环。

一个产业在发展的过程中，消耗能源和排放污染物是必然的，这就对生态系统造成了较大压力。近年来国家非常重视环境保护，对于一些生产不达标、污染物排放不合格的企业进行了停业整顿，甚至关停，使生态环境得到较好保护，产业发展与生态环境发挥了相互抑制的作用。产业发展与生态环境是通过正、负反馈的形式表现的。产业发展促进生态水平的提高，同时生态水平的提高有利于产业的发展；产业发展有利于技术创新，从而促进生态水平的提高，但生态效率标准的提高导致部分未达标的企业关闭，从而间接地对产业发展起到抑制作用；产业经济发展的过程对资源的消耗和污染物的排放对生态系统产生压力，但通过发展低碳环保产业及传统产业向生态产业的转变有利于产业的发展。

6.3.2 京津冀产业生态共生模型构建

首先，Lotka – Volterra 模型是一种基于 Logistic 模型的微分动态模型。最早在生物学中得到了广泛的应用，Logistic 模型侧重于单一物种（系统）的发展变化过程，而 Lotka – Volterra 模型是对 Logistic 模型的一种改进，可以研究多个物种（系统）之间的发展变化，而且这些物种（系统）之间存在着相互作用机制，彼此相互影响，例如一个系统为另一个系统提供供给，或者两者共同发展、共同促进。因此 Lotka – Volterra 模型的应用范围更广泛，两个系统（物种）之间的相互作用可以用如下公式表示：

$$
\begin{cases}
\dfrac{dX}{dt} = F_1(X, Y) = r_1 X\left(\dfrac{K_1 - X + \theta_1 Y}{K_1}\right) \\[4mm]
\dfrac{dY}{dt} = F_2(X, Y) = r_2 Y\left(\dfrac{K_2 - Y + \theta_2 X}{K_2}\right)
\end{cases}
\tag{6.1}
$$

我们把两个不同系统在 t 这一时刻的指标值分别用 X 和 Y 来进行表示，此时 X 与 Y 可以分别代表京津冀产业发展与生态环境在 t 时刻时的综合发展水平。1 表示该地区产业发展水平的数值，2 表示该地区生态环境水平值；r_1 表示产业综合发展水平增长率，r_2 表示生态环境综合发展水平增长率；K_1 表示产业发展的最高发展水平，K_2 表示生态环境的最高发展水平；θ_1 表示生态环境对产业发展的影响系数（可正可负也可能为 0），θ_2 表示产业发展对生态环境的影响系数，若 $\theta_1 > 0$，表示生态环境对产业发展具有促进作用，$\theta_1 < 0$，表示生态环境对产业发展具有抑制作用，同理可知 θ_2 的含义。

式（6.1）的一般形式可以用式（6.2）来表示，依然采用 Lotka – Volterra 模型，得到如下的产业发展与生态环境共生性的一般形式，如式（6.2）所示。

$$
\begin{cases}
\dfrac{dX}{dt} = F_1(X, Y) = X(a_1 + a_2 X + c_{12} Y) \\[4mm]
\dfrac{dY}{dt} = F_2(X, Y) = Y(b_1 + b_2 X + c_{21} Y)
\end{cases}
\tag{6.2}
$$

其次，根据灰色理论的相关论述，灰导数和偶对数直接存在映射关系，我们利用这个关系离散化处理相关的数据，$\dfrac{dX}{dt}$、$\dfrac{dY}{dt}$ 相应地与偶对数 $(X_{(t+1)}, X_{(t)})$、$(Y_{(t+1)}, Y_{(t)})$ 构成映射关系，将 $\dfrac{X_{(t+1)} + X_{(t)}}{2}$ 和 $\dfrac{Y_{(t+1)} + Y_{(t)}}{2}$

作为 t 时刻 X 与 Y 的取值，则式（6.2）可用式（6.3）表示如下。

$$\begin{cases} X_{(t+1)} - X_{(t)} = a_1 \dfrac{X_{(t+1)} + X_{(t)}}{2} + a_2 \left[\dfrac{X_{(t+1)} + X_{(t)}}{2} \right]^2 \\ \qquad\qquad + c_{12} \dfrac{\left[X_{(t+1)} + X_{(t)} \right] \left[Y_{(t+1)} + Y_{(t)} \right]}{4} \\ Y_{(t+1)} - Y_{(t)} = b_1 \dfrac{Y_{(t+1)} + Y_{(t)}}{2} + b_2 \dfrac{\left[X_{(t+1)} + X_{(t)} \right] \left[Y_{(t+1)} + Y_{(t)} \right]}{4} \\ \qquad\qquad + c_{21} \left[\dfrac{Y_{(t+1)} + Y_{(t)}}{2} \right]^2 \end{cases} \quad (6.3)$$

假设不受外界因素的干扰，a_1 表示物种 X（产业经济发展）的自然增长率，以此来表达产业自身发展情况对整体产业发展的正向或反向的影响。

b_1 用来代表物种 X 的自身所具有的限制性系数。

c_{12} 与 c_{21} 用来代表生态环境（产业发展）对产业发展（生态环境）相互之间的影响参数，之所以这样设置，是为了表示 X、Y 两者之间相互依赖，在一定程度上又互相影响的关系。所以，c_{12} 与 c_{21} 是 Lotka - Volterra 模型的核心所在，从理论上讲，产业发展与生态环境的关系越密切，交互越频繁，c_{12} 与 c_{21} 的绝对值越大，物质、信息在这两个系统间的交流也更加有效、顺畅。

式（6.2）中相关参数的代表意义与式（6.1）相同。产业发展与生态环境之间相互作用的类型根据 c 的符号判定，可以在表6.9中参考。

表6.9　　　　　　　　　产业发展与生态环境相互作用类型

c 符号	竞争类型	解释
+ +	纯竞争	两个系统互为竞争关系
+ -	捕食	类似于供需关系，一个系统为另一个系统提供供给
- -	共生	两个系统互为投入，互相支撑，共同发展
-0	共栖	存在单项促进型作用关系，一个系统对另一个系统的发展形成促进，但并不存在反向作用关系
+0	偏害共生	一般两个系统之间大多都是相互影响，但也有不同，有的只是单方面影响另一方，却不会受另一方的影响
00	中立	二者之间分开发展，互不影响

再次，根据上述分析可知，产业发展和生态环境的相互作用机制，根据模型给出的参数关系，对两个系统之间理论上的互动作用可以进行预测和分析，模型参数会呈现下面几种关系：

产业发展与生态环境的互动是竞争关系时，则假设式（6.2）中的参数 $b_1 > 0$，$b_2 > 0$，$c_{12} > 0$，$c_{21} > 0$，此时，这个模型的平衡点有四个，分别是：原点（0，0），直线 $l_1 = a_1 - b_1 X - c_{12} Y = 0$ 与 $X = 0$ 的交点 $A\left(0, \dfrac{a_1}{c_{12}}\right)$，直线 $l_2 = a_2 - b_2 X - c_{21} Y = 0$ 与 $Y = 0$ 的交点 $B\left(\dfrac{a_2}{b_2}, 0\right)$，两条直线 l_1 与 l_2 的交点 $M(M^*, N^*)$。由于两条直线斜率为 $-\dfrac{b_1}{c_{12}} < 0$，$-\dfrac{b_2}{c_{21}} < 0$，因此它们的相对位置有下面四种情况：

1）在图 6.16（a）中，直线 l_1 与直线 l_2 相交，交点为平衡点 M，在直线 l_1 上设 $\dfrac{dX}{dt} = 0$，l_1 看作模型的垂直倾线，l_1 将第一象限分为上下两个部分，在 l_1 上面 $\dfrac{dX}{dt} < 0$，在 l_1 下面 $\dfrac{dX}{dt} > 0$；我们发现，在直线 l_2 上 $\dfrac{dY}{dt} = 0$，l_2 看作模型的水平倾线，在 l_2 上面 $\dfrac{dY}{dt} < 0$，在 l_2 下面 $\dfrac{dY}{dt} > 0$；在第一象限内，不论从哪个方向开始，最后的结果都将趋于平衡点 M。这表明，不论产业发展与生态环境发展到哪种程度，在共生关联状态下都会达到均衡点，自身得到稳定发展。

2）在图 6.16（b）中，M 依然是直线 l_1 与直线 l_2 的交点（平衡点），但 M 点有 4 条分界线，四条分界线属于模型鞍点，从图示中可以看出：在 OM 和 SM 左边任意选择一个点，当 t 的值趋于无穷大时，两个系统会越来越靠近点 Q，并且趋于平衡，两者相互竞争的结果是，当产业形势开始倒退时，生态环境却表现出持续好转，所得出的规模值是 Q；在 OM 和 SM 右边任意选择一个点，会发现，当 t 的取值变得无穷大时，两个相关的系统会越来越靠近点 P，并且在这个点趋于平衡，我们可以判断两者相互竞争后产生的结果是，当生态环境逐渐恶化时，产业经济却得到持续发展，规模值是 P。这个结果说明，产业发展对生态环境的作用是破坏而不是改善。

3）图6.16（c）中，直线 l_1 和直线 l_2 之间没有相交，两条直线没有平衡点。故而，当 t 的值取值无穷大时，在坐标系第一象限中的任意点的运动轨迹最终会逐渐靠近点 P，说明两个系统经过竞争与共生，最终的结果是，生态环境退化，产业经济则继续发展。

4）图6.16（d）中，直线 l_1 与直线 l_2 在坐标系的第一象限中没有相交所以不存在平衡点，故而，当 t 的值取值无穷大时，在坐标系第一象限中的任意点的运动轨迹最终会逐渐靠近点 Q，说明两个系统经过竞争与共生，最终的结果是，产业经济发展逐渐衰败，生态环境却逐渐得到改善。

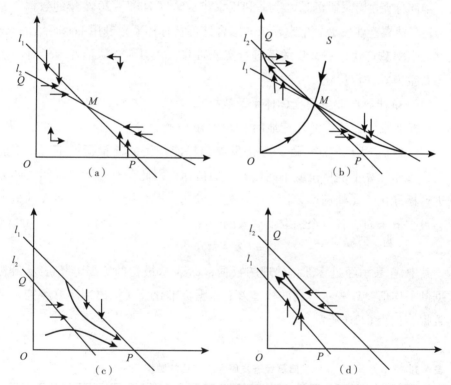

图6.16 共生模型平衡点分析

5）系统平衡点与模型稳定性分析，当条件满足 $dX/dt = 0$ 和 $dY/dt = 0$ 时，我们可以算出4个平衡点：①$O(0，0)$，说明参与竞争的两个参数 X 与 Y 都会消失；②$A\left(0，\dfrac{a_2}{b_2}\right)$，说明有且仅有 Y 会存活，X 会被取代；

③$B\left(\dfrac{a_1}{b_1},\ 0\right)$，说明有且仅有 X 会存活，Y 会被取代；④$M\left(\dfrac{a_1b_2-a_2c_{12}}{b_1b_2-c_{12}c_{21}},\ \dfrac{a_2b_1-a_1c_{21}}{b_1b_2-c_{21}c_{12}}\right)$，结果表明，双方将在互动的过程中共同存在，达到平衡的状态，经济发展和环境保护同时进行，有利于共生，实现两个系统的协调发展，这是我们需要重点关注并分析的发展状态。

6.3.3 实证及数据分析

本部分在已有文献的基础上，利用京津冀地区 2002～2016 年的数据，通过构建京津冀产业发展、生态环境的综合评价指标体系，利用 Lotka - Volterra 模型对京津冀产业生态共生关系进行实证研究，并引入资源消耗因子对产业生态共生模式进行优化及完善。

（1）京津冀产业发展指标体系及数据来源

选择北京、天津、河北三地的 GDP 来解释产业（三次产业）发展水平，并将这三地的 GDP 相加。因为经济发展和耗能排污的衡量指标不同，不能直接比较和计算不同单位或不同数量级的指标，因此，有必要对区间内的数据进行标准化，此处利用 Z 标准化的处理方式，适合用于原始序列 A 的最大值、最小值未知或者有个别取值离散的情况。

$$X_i = (Z_i - M_i)/S_i$$

其中 X_i 表示经过标准化处理的数据，Z_i 表示最初的数据，M_i 表示最初数据的平均值，S_i 表示数据的标准差。根据标准化公式得出京津冀经济发展的数据，如表 6.10 所示。

表 6.10　　　　　　　　　京津冀经济发展标准化后的数据

年份	经济发展水平
2002	0.000
2003	0.032
2004	0.081
2005	0.133

年份	经济发展水平
2006	0.183
2007	0.257
2008	0.338
2009	0.387
2010	0.495
2011	0.627
2012	0.711
2013	0.795
2014	0.855
2015	0.901
2016	0.932

数据来源：2003～2017 年各年《北京统计年鉴》、2003～2017 年各年《天津统计年鉴》，2003～2017 年各年《河北经济年鉴》。

（2）京津冀生态环境综合评价指标体系

构建生态环境指标体系时，按照科学、全面、动态、综合的原则，尽量选择具有代表性的指标，不但可以反映整体的状态，从各个层次中得到不同的信息，还可以为以后的有关研究提供依据。将北京、天津、河北的生态环境系统分为生态环境压力、生态环境状态、生态环境治理。研究中，一共选取 8 个参考指标，构成生态环境评价指标体系，如表 6.11 所示。本部分选择使用 2002～2016 年之间的数据，由于部分数据缺失所以选择平均值代替。

表 6.11　　　　　　　　　　京津冀生态环境评价指标体系

一级指标	二级指标	符号	类型	权重
生态环境压力	万元 GDP 废水排放总量（万吨）	X1	负	0.126
	万元 GDP 二氧化硫排放量（吨）	X2	负	0.125
	万元 GDP 粉尘排放量（吨）	X3	负	0.128

一级指标	二级指标	符号	类型	权重
生态环境状态	人均公园绿化面积（平方米）	X4	正	0.122
	建成区绿化覆盖率（%）	X5	正	0.126
	生活垃圾无害化处理率（%）	X6	正	0.119
生态环境治理	工业固体废物综合利用率（万吨）	X7	正	0.125
	自然保护区面积占辖区面积比重（%）	X8	正	0.130

1）数据的标准化处理。

因为生态环境系统评价指标有正有负，不能直接比较和计算不同单位或不同数量级的指标，根据可比性原则，需要在区间内对一系列指标数据进行标准化处理。正向指标利用公式 $X'_{ij} = \dfrac{X_{ij} - \min\{X_j\}}{\max\{X_j\} - \min\{X_j\}}$ 进行数据标准化处理；逆向指标利用公式 $X'_{ij} = \dfrac{\max\{X_j\} - X_{ij}}{\max\{X_j\} - \min\{X_j\}}$ 进行数据标准化处理。

2）指标权重的确定。

采用熵法计算各指标的重要程度，步骤如下：

① 计算第 i 年份第 j 项指标值的比重 $Y_{ij} = \dfrac{X'_{ij}}{\sum\limits_{i=1}^{m} X'_{ij}}$ （m 为评价年数）。

② 计算指标信息熵 $e_j = -k \sum\limits_{i=1}^{m} (Y_{ij} \times \ln Y_{ij})$ ，$\left(\text{其中 } k > 0,\ k = \dfrac{1}{\ln m}\right)$ （假定：当 $Y_{ij} = 0$ 时，$Y_{ij} \times \ln Y_{ij} = 0$）。

③ 计算信息熵冗余度 $d_j = 1 - e_j$。

④ 计算指标权重 $W_j = \dfrac{d_j}{\sum\limits_{j=1}^{n} d_j}$ （n 为指标数）。

用 $Y = \sum\limits_{j=1}^{n} W_{2j} y'_{ij}$ 来表示生态环境的综合评价函数。其中，n 表示生态环境指标系统中所采用的指标的个数，W_{2j} 表示指标系数，y'_{ij} 是生态环境所采用的指标系统中第 i 年第 j 指标的标准化值。Y 的得数越大，说明生态环境越

好；数值越小，则表明生态环境越差。表 6.11 是京津冀生态环境评价指标
体系及指标权重，图 6.17 是京津冀生态环境综合评价结果。

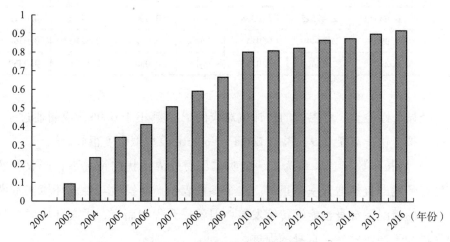

图 6.17 生态环境综合评价指数

资料来源：2003～2017 年各年《北京统计年鉴》，2003～2017 年各年《天津统计年鉴》，2003～
2017 年各年《河北经济年鉴》，2003～2017 年各年《中国环境统计年鉴》，2003～2017 年各年《河
北环境保护年鉴》，2003～2017 年各年《中国城市环境统计年鉴》。

图 6.17 显示，北京、天津、河北的生态环境综合评价指标值在稳步上
升，表明这三地的生态环境在逐渐改善。在"十二五"规划期间，北京、天
津、河北进一步推动了污染治理，提升产业结构，淘汰落后产能生产能力，
并取得了良好的生态和环境效益。人们在生态环境保护方面的意识逐渐加
强，北京、天津、河北三地的自然保护区数有 45 处，自然保护区面积为 71
万公顷。北京、天津、河北生态环境综合评价指数从 2002 年的 0 上升到
2016 年的 0.921。从整体上看，提高生态环境质量是必要的，既要控制污染
物的排放数量，又要注重绿化工作。

（3）京津冀产业生态共生性测算

将表 6.10 中的产业发展数据与图 6.17 中生态环境的综合发展水平数据
代入式（6.2），利用 EViews8.0 软件，对模型中相关参数值进行估计，同
时，采用非线性最小二乘法，结果如表 6.12 所示。

表 6.12   Lotka – Volterra 主要参数估计结果

参数	产业发展			参数	生态环境		
	估计值	t	P		估计值	t	P
a_1	0.05511	2.47515	0.0308	a_2	0.0009	3.87096	0.0026
b_1	0.09833	2.85449	0.0157	b_1	0.0123	2.32767	0.0368
c_{12}	− 0.29642	2.35468	0.0295	c_{21}	− 0.03635	2.5491	0.0339

经显著性检验，各参数的估计值对应的 P 值都小于 0.05，说明通过了 t 检验，拟合优度高于 0.9，说明 Lotka – Volterra 模型拟合度很好。

1）增长系数 a_1、b_1 值为正，说明在不受外界干扰的情况下，产业发展和生态环境的自然增长率是正的。这个参数表示产业发展与生态环境在不借助外力的情况下自身也能够持续发展，但就提升程度而言，生态环境对自身的促进大于产业发展对自身的促进。

2）限制性参数 a_2 和 b_2 取值大于 0，说明产业发展和生态经济在增长过程中均具有边际性衰退效应，产业发展的递减效应该大于生态环境的边际递减效应。

3）c_{12}，c_{21} 取值都小于 0，说明产业发展与生态经济之间存在着相互促进、相互支持、共同发展的共生关系，两个系统互为投入，互相支撑，共同发展。

4）经过测算，发现均衡点会随着环境波动，出现不稳定的情况。在坐标系中观察，产业发展与生态环境所达成的 4 个均衡点中，只有第四个点 $M(M^*, N^*)$ 表现为稳定状态，这个均衡点的坐标表达式可以用 $M\left(\dfrac{a_1b_2 - a_2c_{12}}{b_1b_2 - c_{12}c_{21}}, \dfrac{a_2b_1 - a_1c_{21}}{b_1b_2 - c_{21}c_{12}}\right)$ 来表示，当我们采用 Jacobian 矩阵方法来计算时，可以发现该坐标点的特征值为 $M(-2.7708, -0.1943)$，其对应的均衡值是 $M(0.954, 0.986)$。计算结果表明，京津冀产业发展与生态环境的综合评价水平在达到（0.954，0.986）时，仍然处于稳定状态。而现阶段综合评价值还低于这个水平，所以，京津冀产业发展和生态环境在近期仍然会持续发展，直到稳定状态。

6.3.4　京津冀产业生态共生模式的优化及完善

经过分析计算，可以发现，产业经济的发展与生态环境的改善存在着共生性，两者相互影响、相互促进，可以将产业发展看作一个种群，生态环境看作另一个种群，通过上述研究发现，这两个系统（种群）之间存在着共生关系，但是在产业生态发展过程中，资源消耗也是非常重要的影响因素，因此借助于 Lotka – Volterra 模型，引入另外的种群——资源消耗因子，可以建立一个包含三个系统（种群）的 Lotka – Volterra 模型。在 Lotka – Volterra 模型中，分别用 X_1，X_2，X_3 表示产业发展、生态环境、资源消耗，得出式（6.4）。

$$\begin{cases} \dfrac{\mathrm{d}X_1}{\mathrm{d}t} = r_1 X_1 \left(1 + \lambda_{12} \dfrac{X_2}{N_2} + \lambda_{13} \dfrac{X_3}{N_3} \right) \\[2mm] \dfrac{\mathrm{d}X_2}{\mathrm{d}t} = r_2 X_2 \left(1 + \lambda_{21} \dfrac{X_1}{N_1} + \lambda_{23} \dfrac{X_3}{N_3} \right) \\[2mm] \dfrac{\mathrm{d}X_3}{\mathrm{d}t} = r_3 X_3 \left(1 + \lambda_{31} \dfrac{X_1}{N_1} + \lambda_{32} \dfrac{X_2}{N_2} \right) \end{cases} \quad (6.4)$$

将产业发展、生态环境、资源消耗间的相互关系用 λ 来表示，以期反映出三者之间的竞合关系。将生态环境对产业发展的竞争与合作的系数用 λ_{12} 表示，资源消耗对产业发展的竞合系数用 λ_{13} 表示，生态环境对产业发展的竞合系数用 λ_{21} 来表示，λ_{23}、λ_{31}、λ_{32} 的含义以此类推。分别用 N_1、N_2、N_3 来标记产业发展、生态环境、资源消耗的容纳量。用原微分方程组的一般形式来表达式（6.4），可得：

$$\begin{cases} \dfrac{\mathrm{d}X_1}{\mathrm{d}t} = c_{11} X_1 + c_{12} X_1 X_2 + c_{13} X_1 X_3 \\[2mm] \dfrac{\mathrm{d}X_2}{\mathrm{d}t} = c_{22} X_2 + c_{21} X_1 X_2 + c_{23} X_2 X_3 \\[2mm] \dfrac{\mathrm{d}X_3}{\mathrm{d}t} = c_{33} X_3 + c_{31} X_1 X_3 + c_{32} X_2 X_3 \end{cases} \quad (6.5)$$

鉴于这个数学模型相对比较复杂，在进行参数设计和估计时，采用李兴莉等（2003）提出的灰色辨识法。假设两者之间的竞合系数为常数，短期内产业发展、生态环境、资源消耗的竞合态势不变，相对于整体的数量变化，产业发展、生态环境、资源消耗每年的变化很小，在一定的时间间隔内：

$$\frac{\mathrm{d}X}{\mathrm{d}t} = X_{(t+1)} - X_{(t)} \tag{6.6}$$

根据灰色理论，灰导数和偶对数存在对应关系，$\frac{\mathrm{d}X}{\mathrm{d}t}$ 与偶对数（$X_{(t+1)} -$

$X_{(t)}$）构成映像关系，所以，假设 $\frac{\mathrm{d}X}{\mathrm{d}t}$ 时，背景值为 $\frac{X_{(t+1)} + X_{(t)}}{2}$，因而，式（6.6）可以离散化为：

$$X_{1(t+1)} - X_{1(t)} = c_{11} \frac{X_{1(t+1)} + X_{1(t)}}{2} + \sum_{i=2}^{3} c_{1i} \left[\frac{X_{1(t+1)} + X_{1(t)}}{2} \right] \left[\frac{X_{i(t+1)} + X_{i(t)}}{2} \right] \tag{6.7}$$

根据灰色理论，将 $X(t) = 1, 2, \cdots, n-1$ 时的最早的数据，依次代入式（6.7），可得矩阵方程：

$$Y_{1N} = B_1 \bar{c}_1 \tag{6.8}$$

其中，$Y_{1N} = \left[X_{1(2)} - X_{1(1)}, \ X_{1(3)} - X_{1(2)}, \ \cdots, \ X_{1(n)} - X_{1(n-1)} \right]^T$

$$\bar{c}_1 = \left[c_{11}, \ c_{12}, \ c_{13} \right]^T$$

$$B_1 = \begin{pmatrix} \dfrac{X_{1(2)} + X_{1(1)}}{2} & \left[\dfrac{X_{1(2)} + X_{1(1)}}{2} \right] \left[\dfrac{X_{2(2)} + X_{2(1)}}{2} \right] & \left[\dfrac{X_{1(2)} + X_{1(1)}}{2} \right] \left[\dfrac{X_{3(2)} + X_{3(1)}}{2} \right] \\ \dfrac{X_{1(3)} + X_{1(2)}}{2} & \left[\dfrac{X_{1(3)} + X_{1(2)}}{2} \right] \left[\dfrac{X_{2(3)} + X_{2(2)}}{2} \right] & \left[\dfrac{X_{1(3)} + X_{1(2)}}{2} \right] \left[\dfrac{X_{3(3)} + X_{3(2)}}{2} \right] \\ \cdots & \cdots & \cdots \\ \dfrac{X_{1(n)} + X_{1(n-1)}}{2} & \left[\dfrac{X_{1(n)} + X_{1(n-1)}}{2} \right] \left[\dfrac{X_{2(n)} + X_{2(n-1)}}{2} \right] & \left[\dfrac{X_{1(n)} + X_{1(n-1)}}{2} \right] \left[\dfrac{X_{3(n)} + X_{3(n-1)}}{2} \right] \end{pmatrix}$$

根据最小二乘法，可以计算式（6.8），得出 $\bar{c}_1 = \left[c_{11}, \ c_{12}, c_{13} \right]^T = (B_1^T B_1)^{-1} B_1^T Y_{1N}$，这是产业发展的参数估计。

具体计算过程为，利用时间序列数据，建立产业发展、生态环境、资源消耗的综合评价指标体系，并求得三个系统的历年综合评价水平分别为：$X_{1(i)}$ $(i=1, 2, \cdots, n)$，$X_{2(i)}$ $(i=1, 2, \cdots, n)$，$X_{3(i)}$ $(i=1, 2, \cdots, n)$，如表 6.13 所示。

表 6.13　　　　　　产业发展、生态环境、资源消耗综合发展水平

年份	产业发展（X_1）	生态环境（X_2）	资源消耗（X_3）
1	$X_{1(1)}$	$X_{2(1)}$	$X_{3(1)}$
2	$X_{1(2)}$	$X_{2(2)}$	$X_{3(2)}$
…	…	…	…
n	$X_{1(n)}$	$X_{2(n)}$	$X_{3(n)}$

利用表 6.13 中的数据可以求得 C 值的大小，根据 C 值的正负来判断产业发展、生态环境、资源消耗的关系，如表 6.14 所示。

表 6.14　　　　　　　　　　参数 C 的值

c_{ij}	产业经济发展	生态环境	资源消耗
产业经济发展	—	生态环境→产业发展（c_{12}）	资源消耗→产业发展（c_{13}）
生态环境	产业发展→生态环境（c_{21}）	—	资源消耗→生态环境（c_{23}）
资源消耗	产业发展→资源消耗（c_{31}）	生态环境→资源消耗（c_{32}）	—

产业发展、生态环境、资源消耗的共生性，我们可以根据 C 的取值来判断。例如 c_{12} 与 c_{21} 的符号都为正值时，说明生态环境与产业发展的关系是互为竞争的；当产业发展与生态环境互为捕食关系时，c_{12} 与 c_{21} 符号为一正一负，说明一个系统正在为另一个系统提供帮助；c_{12} 与 c_{21} 符号都为负值时，说明生态环境与产业发展正处于相互依存的关系，两个系统之间具有相互促进作用，共同向前发展；而当 c_{12} 与 c_{21} 一个为负值，另一个为 0 时，说明生

态环境与产业发展是相互依存的关系，并不存在互相制约、反向作用的关系；当 c_{12} 与 c_{21} 一个为正值，另一个为 0 时，说明生态环境与产业发展，两者偏害共生，出现抑制性作用关系，通俗来讲，也就是一个系统阻碍另一个系统的发展，但两者并不是反向作用的；当 c_{12} 与 c_{21} 的取值同时等于 0 时，说明生态环境与产业发展互不影响，两者为中立关系，各自运行，独立发展。

第 7 章

京津冀产业生态共生的运行机制研究

产业生态共生要求在消耗较少资源、排放较少废弃物的原则下实现经济效益最大化、环境污染最小化。实现产业的生态共生，需要政府和企业共同发力，构建生态产业链条、促进京津冀跨区域的合作。

7.1 京津冀产业生态共生的微观动力机制

微观层面主要研究企业加入生态产业链条、促进产业生态共生的内生动力，研究理论层面的动力原理分析以及实践调研层面的结论验证。

7.1.1 生态产业链构建的微观动力机理

生态产业链的生成并非一蹴而就，受多种动力因素的推动，其动力来自外源和内生。内生动力主要以微观企业为主体，考察企业加入生态产业链的动力因素，主要涉及成本、效益、环境、自组织四个方面。外源动力主要以政府为主体，考察宏观政策因素对生态产业链构建的鼓励和推动。本章主要考察微观主体的内生动力，外源动力将在本书的第 8 章中详细讨论。

（1）成本因素

成本因素是企业最初考虑加入生产产业链非常关键的因素，企业间通过上下游采购以及分工生产具有优势的半成品，能够有效地降低生产运营成本。具体来说，企业加入生态产业链主要是能节约原材料成本和降低生产加工成本。

1）节约原材料成本。

企业间通过合作降低原材料成本主要是从两方面来考虑，一方面上游企业生产的产品甚至是生产过程中的废弃物恰好是下游企业生产的原料，通过企业合作，上游企业可以找到稳定的销售渠道或者有效处理生产废弃物的途径；另一方面，原材料采购本身会有信息成本、销售人员人工成本、仓储成本、资金占用成本等，通过找到稳定的合作企业，能够有效降低以上各种成本。因此，当企业间形成较为稳定的合作关系时，生态产业链能够得以搭建成功并长期稳定发展。

2）降低生产加工成本。

企业在生产运营中会有自身独特的优势，以此来应对市场上激烈的竞争，得以生存。如果企业发现有其他企业的某个生产环节或是所生产的产品更有优势，且直接采购比自身生产的成本更低，企业往往会选择其他企业来负责这部分生产。因此，当企业间的这种合作关系能够形成并稳固发展时，与生产相关的生态产业链也就由此形成。这种产业链往往产生于核心企业与代工企业、产品主体企业与配套企业之间。

（2）效益因素

1）获取经济效益。

企业加入生态产业链可以通过资源共享、政策扶持等获取经济收益。同一生态产业链条上的企业可以在便捷的交通设施、物流配送、企业信息网络共享等方面获得收益。另外，在京津冀协同发展一体化政策下，对于区域内企业间在科技、生产、销售等方面的合作可以享受一定的财政补贴，或者直接提供协同创新项目资助，或者在贷款和税收方面提供优惠政策，企业可以通过这些政府激励政策受益。

2）提高生态效益。

生态产业链一旦构建成功，能够打破传统产业的发展模式，将生产剩余物、废弃物当作原材料进行生产加工，经过再次生产加工后创造出更高的经济价值。以"再使用、再循环"为原则，变废为宝，在减少企业废水、废气、废渣等排放的同时，将废弃物中的物质和能量再次纳入生态经济系统，在生产中实现废弃物的价值再创造。

（3）环境因素

1）清洁生产要求。

企业在生产过程中不可避免地会产生大量的废水、废气、废渣，随着国家对于环境保护、污染治理的日益重视，企业必须采取措施进行清洁生产。对于企业来说，或是直接购进污染处理装备，或是与污染处理企业合作，或是将废弃物作为其他企业的生产原料，在这些选择当中，变废为宝对于企业来说最为有利，不仅能够处理废弃物，还能够获得一定的经济回报。因此，企业都乐于选择这种方式实现清洁生产，从而促成了生态产业链的形成。

2）产品环保需求。

中国产品要进入国际市场，必须符合国际市场对产品的环保要求。同时随着经济发展和我国人民生活水平的提高，国家越来越重视产品质量标准，对产品的环保要求也越来越高，例如医药制品、农产品等。这些产品的环保性不仅取决于产品的生产加工企业，也受上游企业提供的原材料和配套企业提供的副产品的影响。产品环保要求的提高，会倒逼原材料及配套企业，使他们为了满足环保要求而主动加入生态产业链。

（4）组织效率因素

1）提高技术创新效率。

企业降低生产成本，实现清洁生产，都需要技术创新来实现。而企业为了降低研发成本和研发风险，会倾向于寻找同类型的企业共同研发或者与高校、科研机构等合作研发，当这种合作得以实现时，生态产业链条初步形成。技术创新过程中的技术溢出效应又能够促进更进一步的技术研发合作，技术创新带来的收益也吸引更多的企业加入到合作团队中来，从而生态产业链条越来越稳定，链条上的企业也越来越多。

2）提高营销推广效率。

京津冀的制造业企业产品推广渠道比较单一，往往是与固定的批发商和中间商合作。产品推广需要一定的专业技术、人才和资金。在生态产业链的构建过程中，企业之间完全可以在产品推广、销售方面进行合作，甚至可以进行区域品牌建设，统一品牌，在企业间达成合作，利用区位品牌优势，推动生态产业链的构建和发展。

7.1.2 生态产业链构建微观动力概念模型

生态产业链构建的动力也来自外源和内生。内生动力主要以微观企业为主体，外源动力主要以政府为主体。这里主要考察微观主体的内生动力。生态产业链构建的内源动力，即企业微观动力主要来自企业的成本、效益、环境、组织效率四个方面，根据该原理，提出生态产业链构建微观动力概念模型，如图 7.1 所示。

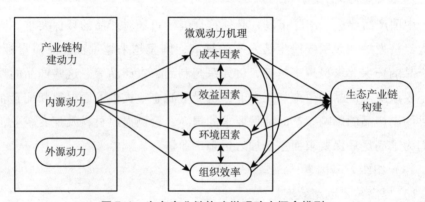

图 7.1　生态产业链构建微观动力概念模型

由图 7.1 可见，产业链构建的动力涉及内源动力和外源动力。从微观的角度来分析，内源动力主要来自企业自身的因素，从企业降低成本、提高效益、保护环境和提高自身组织效率四个方面考虑，获得加入生态产业链的动力。同时，这四个因素两两之间也存在促进关系。

7.1.3 生态产业链构建微观动力路径假设

由微观动力原理及概念模型分析可知，成本、效益、环境、组织效率对企业加入生态产业链起到促进和推动作用，是企业加入生态产业链的动力因素，据此提出如下路径假设：

假设 H1：成本的降低能够有效推动企业加入生态产业链；

假设 H2：效益的提高能够有效推动企业加入生态产业链；

假设 H3：环保标准的提高能够有效推动企业加入生态产业链；

假设 H4：组织效率的提高能够有效推动企业加入生态产业链。

企业原材料和加工成本的降低能够带来经济效益、生态效益，使得企业能够有余力满足日益严格的环保要求和提高组织效率；反之，企业经济效益、生态效益和组织效率提高了，并满足环保标准，能够使企业节省原材料、组织成本等。因此，提出如下假设：

假设 H5：成本的降低与效益的提高之间存在显著的正相关关系；

假设 H6：成本的降低与环保标准的提高之间存在显著的正相关关系；

假设 H7：成本的降低与组织效率的提高之间存在显著的正相关关系。

企业生态效益的提高有利于其满足日益严格的环保标准，经济效益的提高有利于其有余力满足环保标准、提高技术创新和营销的效率。环保标准的提高会迫使企业降低污染，提高生态效益。企业组织效率的提高能够提高经济效益。企业进行技术创新以满足清洁生产和产品环保的要求，因此环保标准的提高有利于企业提高技术创新效率；反之，企业技术创新效率的提高能够帮助企业提高生产水平满足清洁生产和环保要求。由此提出如下假设：

假设 H8：效益的提高与环保标准的提高之间存在显著的正相关关系；

假设 H9：效益的提高与组织效率的提高之间存在显著的正相关关系；

假设 H10：环保标准的提高与组织效率的提高之间存在正相关关系。

根据上述假设，利用 AMOS 软件绘制生态产业链微观动力建设模型，如图 7.2 所示。

7.1.4　结构方程模型变量选择及模型设定

结构方程模型包含潜变量和测量变量，本部分构建包括成本因素、效益因素等在内的五个潜变量，如图 7.2 所示。选择包括获得生产剩余物作为原材料、获得副产品作为原材料等在内的 20 个测量变量，如表 7.1 所示。

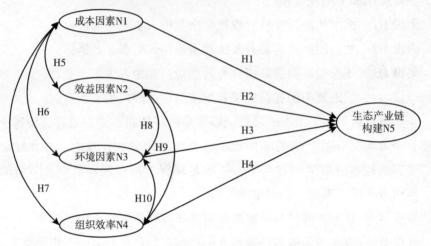

图 7.2　生态产业链微观动力建设模型

表 7.1　　　　　　　　　　　　潜变量与测量变量

潜变量	测量变量
成本 N1	获得生产剩余物作为原材料 N11、获得副产品作为原材料 N12、降低库存成本 N13、降低采购营销成本 N14
效益 N2	便捷的交通设施 N21、便捷的物流配送 N22、发达的企业信息网 N23、获得财政补贴 N24、获得税收减免 N25
环境 N3	与废物处理企业合作 N31、获得高质量的原材料 N32、获得高质量的配件 N33
组织效率 N4	合作研发 N41、接触更先进的技术 N42、产品推广合作 N43、产品销售合作 N44
加入生态产业链 N5	原材料供应 N51、清洁生产 N52、技术研发 N53、产品销售 N54

　　在模型假设及潜变量、测量变量选择的基础上，利用 AMOS17.0 软件绘制京津冀生态产业链微观动力学路径图，如图 7.3 所示。

　　李斯特五级量表，设计调查问卷通过对京津冀区域内的企业高管发放调查问卷取得数据，共发放 260 份问卷，收回 238 份，剔除无效问卷 23 份，有效问卷为 215 份，有效率达到 90.34%。

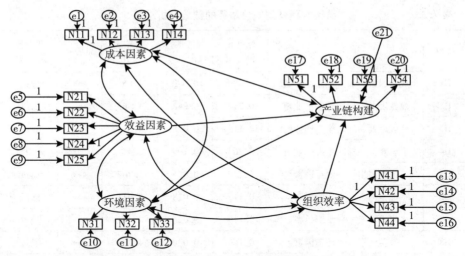

图 7.3 生态产业链构建微观动力结构方程模型构建

结构方程模型应用的前提是需要对问卷进行信度和效度检验,通过 SPSS19.0 软件计算可得 Cronbach's α 系数为 0.907,变量总体相关系数 CITC 最小值为 0.418,说明调查问卷通过了信度检验。对效度检验结果显示 KMO (Kaiser – Meyer-olkin) 值为 0.863,因子载荷系数为 75.843%,说明问卷也通过了效度检验。

将经过信度效度检验的问卷数据输入 AMOS17.0 软件中,根据 AMOS17.0 的详细输出结果,并不断对模型进行修正,修正后的各项拟合指数如表 7.2 所示,由此可以看出,拟合指数均通过检验,说明结构方程模型的输出结果是有意义的,最终路径系数如表 7.3 所示。

表7.2   反复修正后的模型拟合指数

拟合指数	$\chi^2/d.f.$	GFI	AGFI	RMSEA	CFI	TLI	IFI	PNFI	PGFI
数值	2.545 **	0.868 *	0.892 **	0.057 **	0.926 **	0.923 **	0.908 **	0.683 **	0.656 **

注:** 完全可以接受;* 处于可以接受的边缘。

表 7.3　　　　　　　结构方程模型假设路径的数据分析结果

假设	路径	标准化估计值	标准误差（S. E.）	临界比（C. R.）	显著性	假设检验结果
H1	成本因素→加入生态产业链	0.389	0.080	4.855	***	通过
H2	效益因素→加入生态产业链	0.214	0.048	4.465	***	通过
H3	环境因素→加入生态产业链	0.114	0.028	4.084	***	通过
H4	组织效率→加入生态产业链	0.267	0.109	2.442	0.015	未通过
H5	成本因素←→效益因素	0.169	0.025	6.707	***	通过
H6	成本因素←→环境因素	0.119	0.018	6.611	***	通过
H7	成本因素←→组织效率	0.118	0.026	4.467	***	通过
H8	效益因素←→环境因素	0.160	0.036	4.433	***	通过
H9	效益因素←→组织效率	0.201	0.040	4.997	***	通过
H10	环境因素←→组织效率	−0.046	0.039	−1.172	0.241	未通过

注：*** 表示 $P < 0.001$。

7.1.5　问卷结果分析

由表 7.3 可知，经调查问卷实证检验，假设 H4 "组织效率的提高能够有效推动企业加入生态产业链" 和假设 H10 "环保标准的提高与组织效率的提高之间存在显著的正相关关系" 未能通过检验。通过对企业的调研我们发现，尽管理论上来说提高组织效率对企业加入生态产业链具有推动作用，但是提高技术创新效率和营销推广效率对于企业加入生态产业链的推动作用并不是很大，因此问卷数据分析的结果显示显著性不够，这条路径没有通过检验。环保标准的提高与组织效率的提高之间的正相关关系也没有通过检验，说明对于企业来说，这两种因素之间并没有明显的互相推动作用。其他 8 个假设均通过检验，说明成本、效益、环境因素对于企业加入生态产业链具有一定的推动作用，分析这三种因素的路径估计值发现，成本因素的估计值最高，说明对于企业来说降低原材料和生产成本是促进企业加入生态产业链的最主要因素。其次是效益因素的估计值，环境因素的估计值最低，说明对于企业来说提高经济效益比满足环保要求更能促进企业加入生态产业链。

7.1.6　生态产业链构建微观动力机制

根据前述理论分析以及问卷的实证调研分析，提出生态产业链构建的微观动力机制。

（1）完善财税优惠政策，鼓励企业加入生态产业链

从问卷调查结果可以看出，成本的降低和效益的增加能够促使企业加入生态产业链，企业为了在市场上生存发展，最关注的仍是利润。因此，可以通过专项的财政补贴和一定程度的税收减免等正向激励和行政处罚、罚款等负向激励，促使企业加入生态产业链。正向激励包括在京津冀协同政策下的企业协同创新补贴、生态产业链发展专项经费资助、环保补贴、企业创新项目资助、创新产品税收减免等；负向激励包括排污超标罚款等。当前我国环境治理的法律法规还不够完善，执行力度仍有待进一步提高，因此，在不断完善各类法律法规、规章制度的前提下，还要通过一些激励政策引导企业决策，发挥市场的作用，充分调动企业的积极性，使得企业为了追求利益主动加入生态产业链。

（2）严格生态环境保护的体制制度，刺激企业加入生态产业链

以京津冀为主体来考察环境治理，发现京津冀地区相关环境治理的规章制度还有待统一和完善。应建立京津冀统一的环保政策和环保标准。我国长江三角洲和珠江三角洲地区早在十年前就根据地区实际发展情况制定了区域环境治理规章制度，京津冀地区尽管在 2014 年就开始实施《京津冀及周边地区落实大气污染防治行动计划实施细则》，但地区统一的环保准则仍然不够完善。京津冀地区可以借鉴长三角和珠三角两个地区的实践经验，根据京津冀地区经济、环境、区域发展等多方面实际情况，为区域协同发展制定统一的环保标准和各类规章制度，以及严格的奖励和惩罚措施，对违反环保法规的企业予以警告和处罚。由问卷调查结果可知，企业为满足清洁生产要求，有主动加入生态产业链的意愿。因此，只有严格的环保政策和严格的执行力度，才能给予企业足够的刺激，提高其加入生态产业链的积极性。

（3）创建多角度合作平台，为企业加入生态产业链创造条件

由问卷调查结果可知，成本因素是决定企业是否加入生态产业链的关键因素，企业加入产业链后可以通过与上游或同类生产企业合作降低原材料成本和生产成本，而为了更有效地找到合作伙伴，多角度合作平台的建立是非常必要的。一方面可以通过构建京津冀产业协同发展平台，为企业间技术创新合作、生产合作、上下游企业产品链搭建提供平台；另一方面还可以通过搭建跨区域信息共享平台，为企业间建立联系提供各类政策、采购、销售信息等。长期以来，京津冀企业间合作呈现出临时性、偶然性的特征，不利于统一的生态产业链的构建。企业发展需要全面了解政府政策、环境信息，需要技术、资金、销售网络。因此通过产业协同发展平台和跨区域信息共享平台，帮助企业通过了解生产、销售、技术、政策多方信息，建立合作关系，成功构建生态产业链。

7.2 京津冀产业生态共生的宏观动力机制研究

7.2.1 京津冀合作利益主体博弈分析

京津冀产业生态共生的发展需要中央及地方政府的政策扶持。研究公共扶持政策，应首先厘清产业生态共生利益主体合作的动力及利益划分；其次应搞清楚京津冀产业生态共生发展遇到的行政阻碍，确定京津冀产业链跨区合作需求；最后综合考虑各级政府部门应提供的引导和支持。

（1）京津冀合作利益主体共生耦合机理

京津冀的产业生态共生可以缓解经济发展与资源利用、生态环境之间的现存矛盾，通过增强内生动力促进产业集聚，实现规模效益。京津冀三地应该因地制宜，结合各自优势进行产业对接、协同发展，实现生态共生。在此过程中，各个利益主体的共生耦合机理如图7.4所示。

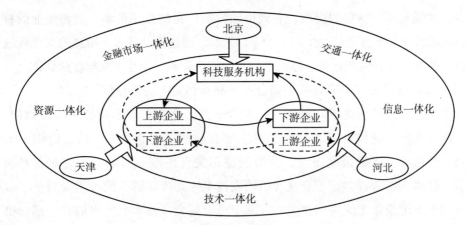

图7.4　京津冀产业生态共生耦合机理

京津冀地区的产业生态共生耦合主要包括两个方面：一方面表现为跨区域的产业生态共生系统的构建，另一方面离不开外力的推动。

首先，在京津冀三地中，北京是核心节点，在技术、人才、资源等方面具有较大优势，尖端信息产业发达，未来可以大力支持科技服务企业加入产业生态共生系统中；天津独特的地理位置优势，在物流服务、先进制造、港口经济等方面得天独厚，未来可以作为转化基地，承接北京的先进技术产业，围绕电子信息、尖端制造、钢铁等产业发展和完善生态共生体系。可以把天津设置为北京和河北的沟通桥梁，上游企业吸纳北京企业的先进技术，然后联系河北的下游企业充分利用输出的资源，或通过河北的下游企业购买农副产品运输到北京和全国各地，加强区域之间的沟通和联系。天津和河北虽然都有比较发达的工业，但是产业链条的角色定位不同，产业发展情况也存在差异，因此在实际的产业生态共生发展过程中要注意企业角色的变化和转换。基于此，本研究在图7.4中加入两条循环路线，用实线和虚线标注并加以区分。

其次，京津冀产业生态共生系统的形成和发展，也要靠外力的助推。可以在政府政策的引导下，发挥市场主体的积极能动性，加快要素和市场的一体化进程，进而促进京津冀的协同发展。例如，可以加快进行市场化机制改革，推动要素市场一体化进程，发挥交通一体化的作用，减少物流运输成本，加强资源、信息的交流，有效推动科研机构的技术创新、上游企业的科技成果转化和下游企业的生产、加工、采购，通过推动技术、信息的交流促进技术研发机构、生产企业、经销采购商的密切沟通、相互交流与彼此合作。

（2）京津冀产业生态共生耦合主体利益相关者关系模型

学者们针对利益相关者进行了大量研究。郭永辉基于利益相关者理论，提出生态产业链涉及的利益相关者主要有政府、企业、第三社会组织和公众，并从社会网络角度出发，认为利益相关者还涉及营利组织、非营利组织、媒体、消费者等；王进富等以西安汽车生态产业链为例，主要分析了政府、上下游企业之间的利益关系。基于已有研究以及本书提出的共生耦合机理，京津冀产业生态共生的利益主体首先应包括上下游企业和科技服务机构。其次三地各级政府、第三社会组织、媒体、公众等部门从节约资源、保护生态环境、谋求社会利益的角度出发，对上下游企业的生产进行监督。最后，研究京津冀产业生态共生，还要考虑整个区域一体化发展的政策激励和监督。综上所述，京津冀产业生态共生耦合的利益主体主要有上游企业 A，下游企业 B，科技服务机构 E，将政府、社会组织、媒体、公众等作为当地监管部门 F，虚拟的一体化政策颁布和执行机构 W。共生耦合主体利益相关者关系模型如图 7.5 所示。

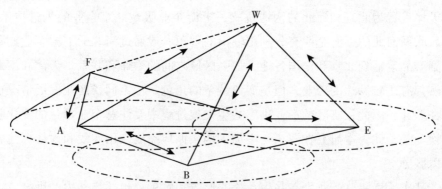

图 7.5　京津冀产业生态共生耦合主体利益相关者关系模型

上游企业 A、下游企业 B 和科技服务机构 E 作为主要利益主体，在一个层级，分别有自身的利益空间，他们在合作的过程中的利益空间存在交集。利益主体的关系错综复杂，为了将利益关系简单化，便于进一步深化研究，这里主要研究上游企业 A 从科技服务机构 E 引进技术对废物进行无害化处理，将处理后生产的副产品出售给下游企业 B 的过程。在这一过程中，主要考察的是上游企业 A 的废物处理是否符合标准，因此，监管部门 F 主要是对上游企业 A 进行监督，监督范围涉及上游企业 A 的整个空间。一体化政策颁布和执行的虚拟政府 W 的权力范围覆盖整个京津冀区域，与各地监管部门之间有一定的合作关系，这里不作为主要的利益主体研究。

通过对相关利益主体的分析，我们得出结论，应主要研究利益主体间的如下共生耦合关系：上游企业—下游企业，科技服务机构—上游企业，当地监管部门—上游企业，一体化政策—科技服务机构，一体化政策—上游企业，一体化政策—下游企业。这六类共生耦合关系如图 7.5 中双向箭头所示。

（3）京津冀产业生态共生耦合主体的博弈分析

根据共生耦合主体利益相关者关系模型中分析的六类共生耦合关系，可以基于博弈论对企业、科研服务机构、当地监管部门间的博弈关系进行分析，并考虑一体化政策对三大主体决策的影响。通过国家促进京津冀一体化发展的政策可知，一体化政策主要以激励和促进为主，因此在研究三大主体博弈关系时，主要考虑一体化政策的激励，当地监管部门 F 对上游企业 A 的监管包括奖励与惩罚。

1）静态博弈。

根据评价指标的性质，评价指标一般分为定性指标和定量指标。

①上下游企业的博弈。

模型假设如下：现有上游企业 A 和下游企业 B。对于上游企业 A 来说，从科研机构 E 引进技术进行废物无害化处理的成本为 C_A，将无害化处理后的副产品出售给下游企业 B 的收益为 U_A，将该副产品出售给其他企业的收益为 U_A'，所在地监管部门 F 的奖励为 V_A，一体化政策奖励为 W_A，没有对废物进行无害化处理污染环境受到所在地监管部门 F 的惩罚为 δ_A。对于下游企业 B 来说，接受上游企业 A 的副产品成本为 C_B，副产品运输成本为 T，从其他来源采购原材料成本为 C_B'，其他来源采购运输成本为 T'，一体化政策

奖励为 W_B。由于本模型中下游企业 B 只涉及采购副产品问题，不考虑其生产对当地环境的污染，因此也不考虑当地监管机构对下游企业 B 的奖惩。只要 A 企业和 B 企业中有一方有合作的意愿，A 企业就会引进技术进行无害化处理。

则上游企业 A 加入生态产业链采用合作的策略时，收益为 $U_A + V_A + W_A - C_A$。采用不合作的策略，收益为 $U'_A + V_A - C_A$ 或者 $-\delta_A$。下游企业 B 加入生态产业链采用与上游企业 A 合作的策略，收益为 $W_B - C_B - T$。采用不合作策略，收益为 $-C'_B - T'$。

根据上述假设，则博弈的第一回合，博弈双方选择的策略及支付函数如表 7.4 所示。

表 7.4　　　　　　　　　上游企业 A 和下游企业 B 博弈模型

		下游企业 B	
		合作	不合作
上游企业 A	合作	$U_A + V_A + W_A - C$ $W_B - C_B - T$	$U'_A + V_A - C_A$ $-C'_B - T$
	不合作	$U'_A + V_A - C_A$ $W_B - C'_B - T'$	$-\delta_A$ $-C'_B - T'$

设上下游企业策略集合 $S = \{s_1, s_2, s_3, s_4\}$，$s_1 \sim s_4$ 分别表示策略（合作，合作）、（合作，不合作）、（不合作，合作）、（不合作，不合作）。根据纳什均衡求解过程，如希望最终的均衡策略为 s_1，则需满足不等式集合

$$N_1 = \begin{cases} U_A + V_A + W_A - C_A > U'_A + V_A - C_A \\ U'_A + V_A - C_A > -\delta_A \\ W_B - C_B - T > -C'_B - T' \\ W_B - C'_B - T' > -C'_B - T' \end{cases} \Rightarrow N_1 = \begin{cases} U_A + W_A > U'_A \\ U'_A + V_A - C_A > -\delta_A \\ W_B > (C'_B + T) - (C'_B + T') \\ W_B > 0 \end{cases}$$

$$(7.1)$$

由不等式集合（7.1）可知，若想上游企业 A 和下游企业 B 均加入生态产业链，促进产业生态共生的发展，需满足以下条件：

一是上游企业 A 向下游企业 B 出售无害化处理的副产品与一体化政策的奖励所取得的收益高于其向其他企业出售无害化副产品的收益；二是上游企业 A 引进技术对废物进行无害化处理后向其他企业出售副产品取得的收益加上当地监管部门 F 的奖励减去引进技术的成本不一定要为正值，但要大于政府对企业污染环境惩罚的金额；三是如果下游企业 B 从上游企业 A 购买副产品的成本高于从其他企业购买副产品的成本，则一体化政策的奖励要高于这个差额，否则下游企业不会加入产业链；四是一体化政策奖励要大于零。

②科技服务机构与上游企业的博弈。

模型假设如下：现有上游企业 A 和科研服务机构 E，对于上游企业 A 来说，从科研机构 E 引进技术进行废物无害化处理的成本为 C_A，将无害化处理后的副产品出售所得的收益为 U_A（或 U'_A，为简化分析过程，这里只分析 U_A），所在地监管部门 F 奖励为 V_A，一体化政策奖励为 W_A，没有对废物进行无害化处理污染环境受到所在地监管部门惩罚 δ_A。对于科研服务机构 E 来说，技术开发的成本为 C_E，将技术转让或者许可上游企业 A 使用的收益为 U_E，为上游企业 A 开发废物无害化处理技术取得一体化政策奖励 W_E，科研服务机构 E 如选择不与上游企业 A 合作，没有对当地造成环境污染或者不良社会影响，因此不考虑当地监管机构 F 的惩罚。

根据上述假设，博弈双方选择的策略及支付函数如表7.5所示。

表7.5　　　　　　　　上游企业 A 和科研服务机构 E 博弈模型

		科研服务机构 E	
		合作	不合作
上游企业 A	合作	$U_A + V_A + W_A - C$ $U_E + W_E - C_E$	$-\delta_A$ 0
	不合作	$-\delta_A$ $W_E - C_E$	$-\delta_A$ 0

上游企业 A 和下游企业 B 策略集合 $S_2 = \{s_1, s_2, s_3, s_4\} = \{(U_A + V_A + W_A - C_A, U_E + W_E - C_E), (-\delta_A, 0)(-\delta_A, W_E - C_E), (-\delta_A, 0)\}$

$s_1 \sim s_4$ 分别表示策略（合作，合作）、（合作，不合作）、（不合作，合作）、（不合作，不合作）。

根据纳什均衡求解过程，如希望最终的均衡策略为 s_1，则需满足不等式集合：

$$N_2 = \begin{cases} U_A + V_A + W_A - C_A > -\delta_A \\ U_E + W_E - C_E > 0 \\ W_E - C_E > 0 \end{cases} \qquad (7.2)$$

由不等式集合（7.2）可知，若想上游企业 A 和科研服务机构 E 均加入生态产业链，促进产业生态共生，需满足如下条件：一是对于上游企业 A 来说，出售经无害化处理产生的副产品的收益与当地监管部门 F 给予的一体化政策的奖励之和除以引进技术的成本要大于将废物直接排放受到的当地监管部门 F 给予的惩罚的负值；二是对于科研服务机构 E 来说，转让或许可使用技术的收益与一体化政策奖励之和减去技术开发成本应大于零；同时科研服务机构一体化政策奖励减去技术开发成本也应大于零。

③企业与监管部门的博弈。

模型假设如下：上游企业 A 的各项假设与前述科技服务机构与上游企业 A 的博弈中的假设相同。对于企业所在地监管机构 F 来说，如果监管，有效控制了企业对环境的污染，取得社会效益 μ_F，则需支出监管成本 C_F，企业对废物处理无乱排放行为奖励支出 V_A，企业如果乱排放罚款 δ_A。

根据上述假设，博弈双方选择的策略及支付函数如表 7.6 所示。

表 7.6　　　　　　　　　　上游企业 A 和所在地监管机构 F 博弈模型

		所在地监管机构 F	
		监管	不监管
上游企业 A	引进	$U_A + V_A + W_A - C$ $\mu_F - V_A - C_F$	$U_A + W_A - C_A$ 0
	不引进	$-\delta_A$ $\mu_F + \delta_A - C_F$	0 0

上下游企业策略集合 $S_3 = \{s_1, s_2, s_3, s_4\} = \{(U_A + V_A + W_A - C_A, \mu_F - V_A - C_F), (U_A + W_A - C_A, 0), (-\delta_A, \mu_F + \delta_A - C_F), (0, 0)\}$

$s_1 \sim s_4$ 分别表示策略（引进，监管）、（引进，不监管）、（不引进，监管）、（不引进，不监管）。根据纳什均衡求解过程，如最终的均衡策略为 s_1，则需满足不等式集合：

$$N_3 = \begin{cases} U_A + V_A + W_A - C_A > -\delta_A \\ U_A + W_A - C_A > 0 \\ \mu_F - V_A - C_F > 0 \\ \mu_F + \delta_A - C_F > 0 \end{cases} \tag{7.3}$$

由不等式集合（7.3）可知，若想上游企业 A 和所在地监管部门 F 均加入生态产业链，促进产业生态共生，需满足如下条件：

一是对于出售经无害化处理产生的副产品的收益与一体化政策奖励的收益之和应大于引进技术进行废物无害化处理的成本；二是对于当地监管部门 F 来说，对企业生产排放进行监管的社会效益要大于其支出的监管成本和对企业无乱排放的奖励；三是当地监管部门监管的社会效益加上从企业收取的罚款收入应大于其监管成本。

2）企业、科技服务机构、监管机构的耦合动态博弈。

综合考虑企业、科研服务机构和监管机构之间的耦合互动，考察他们在互动过程中的动态变化，由于耦合主体间并不能完全了解对方的行为选择，彼此间信息是不透明的，因此运用不完全信息动态博弈研究耦合主体间的动态耦合。经前述耦合主体间两两分析发现，主要是上游企业与科研服务机构和监管机构产生联系，因此这里的企业主要是指上游企业。

模型假设如下：所在地监管机构 F 进行监管的概率为 P_1，科研服务机构 E 与企业 A 合作的概率为 P_2，企业引进技术对废物进行无害化处理的概率为 P_3，P_1、P_2、P_3 均大于 0 小于 1。其他假设与前三组博弈相同。在不完全信息动态博弈过程中，耦合主体间存在三阶段博弈，监管机构 F 选择是否监管，科研服务机构 E 选择是否合作，企业 A 选择是否引进技术。三阶段的得益函数分别为：

监管机构 F 监管、科研服务机构 E 合作、企业 A 引进技术，耦合主体的得益函数分别为：$\mu_F - V_A - C_F$，$U_E + W_E - C_E$，$U_A + V_A + W_A - C_A$。

监管机构 F 监管、科研服务机构 E 合作、企业 A 不引进技术，耦合主体的得益函数分别为：$\mu_F + \delta_A - C_F$，$W_E - C_E$，$-\delta_A$。

监管机构 F 监管、科研服务机构 E 不合作、企业 A 引进技术，耦合主体的得益函数分别为：$\mu_F + \delta_A - C_F$，0，$-\delta_A$。

监管机构 F 监管、科研服务机构 E 不合作、企业 A 不引进技术，耦合主体的得益函数分别为：$\mu_F + \delta_A - C_F$，0，$-\delta_A$。

监管机构 F 不监管、科研服务机构 E 合作、企业 A 引进技术，耦合主体的得益函数分别为：μ_F，$U_E + W_E - C_E$，$U_A + W_A - C_A$。

监管机构 F 不监管、科研服务机构 E 合作、企业 A 不引进技术，耦合主体的得益函数分别为：0，$W_E - C_E$，0。

监管机构 F 不监管、科研服务机构 E 不合作、企业 A 引进技术，耦合主体的得益函数分别为：0，0，0。

监管机构 F 不监管、科研服务机构 E 不合作、企业 A 不引进技术，耦合主体的得益函数分别为：0，0，0。

以上博弈如图 7.6 所示。

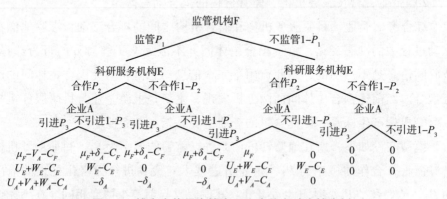

图 7.6　博弈主体耦合博弈不完全信息动态博弈树

对耦合主体的动态博弈过程进行分析，则监管机构 F 进行监管的期望收益为：

$$E(F) = P_1 P_2 P_3 (\mu_F - V_A - C_F) + P_1 P_2 (1 - P_3)(\mu_F + \delta_A - C_F)$$
$$+ P_1 (1 - P_2) P_3 (\mu_F + \delta_A - C_F) + P_1 (1 - P_2)(1 - P_3)(\mu_F + \delta_A - C_F)$$

$$(7.4)$$

监管机构 F 不进行监管的期望收益为：

$$E(F)' = (1 - P_1) P_3 P_3 \mu_F + 0 \qquad (7.5)$$

则监管机构 F 进行监管的条件为：

$$E(F) > E(F)' \qquad (7.6)$$

将式（7.4）、式（7.5）代入式（7.6），计算得出：

$$P_1 P_2 P_3 (\mu_F - V_A - C_F) + (P_1 - P_1 P_2 P_3)(\delta_A - C_F) + (P_1 - P_2 P_3)\mu_F > 0$$

$$(7.7)$$

由于 P_1、P_2、$P_3 > 0$，$P_1 - P_1 P_2 P_3 > 0$，则若使式（7.7）成立，应尽量满足不等式集合

$$N_4 = \begin{cases} \mu_F - V_A - C_F > 0 \\ \delta_A - C_F > 0 \\ P_1 - P_2 P_3 > 0 \\ \mu_F > 0 \end{cases} \qquad (7.8)$$

由不等式集合（7.8）可以看出，若想提高监管机构监管的几率，应提高监管机构监管的社会效益，这与不等式集合（7.3）的分析结论相同。通过动态分析发现，还应使得监管机构收取的污染环境罚款所得大于监管成本，即提高对企业污染环境的惩罚力度，不等式集合（7.8）缩小了不等式集合（7.3）的取值范围，结论更加严谨。同时通过动态分析还发现，若科研服务机构 E 和企业 A 合作的概率偏小时，监管部门 F 监管的概率会增加，这一结论与实际情况相符。

科研服务机构 E 与上游企业 A 合作的期望收益为：

$$E(E) = P_1 P_2 P_3 (U_E + W_E - C_E) + P_1 P_2 (1 - P_3)(W_E - C_E)$$
$$+ (1 - P_1) P_2 P_3 (U_E + W_E - C_E) + (1 - P_1) P_2 (1 - P_3)(W_E - C_E)$$

$$(7.9)$$

科研服务机构 E 不与上游企业 A 合作的期望收益为：

$$E(E)' = 0 \tag{7.10}$$

则科研服务机构 E 与上游企业 A 合作的条件为：

$$E(E) > E(E)' \tag{7.11}$$

将式 (7.9)、式 (7.10) 代入式 (7.11)，计算得出：

$$P_2 P_3 (U_E + W_E - C_E) + (P_2 - P_2 P_3)(W_E - C_E) > 0 \tag{7.12}$$

由于 P_2、$P_3 > 0$，$P_2 - P_2 P_3 > 0$，则若使 (7.12) 成立，应尽量满足不等式集合：

$$N_5 = \left\{ \begin{array}{l} U_E + W_E - C_E > 0 \\ W_E - C_E > 0 \end{array} \right\} \tag{7.13}$$

由不等式集合 (7.13) 可知，若提高科研服务机构 E 与上游企业 A 的合作概率，应使其通过合作得到的一体化政策的收益大于技术开发的成本，即应提高一体化政策对科研服务机构的支持力度。这与不等式集合 (7.2) 的结论一致。

上游企业 A 引进技术进行废物无害化处理的期望收益为：

$$E(A) = P_1 P_2 P_3 (U_A + V_A + W_A - C_A) + P_1 (1 - P_2) P_3 (-\delta_A)$$
$$+ (1 - P_1) P_2 P_3 (U_A + W_A - C_A) \tag{7.14}$$

上游企业 A 不引进技术进行废物无害化处理的期望收益为：

$$E(A)' = P_1 P_2 (1 - P_3)(-\delta_A) + P_1 (1 - P_2)(1 - P_3)(-\delta_A) \tag{7.15}$$

则上游企业 A 引进技术进行废物无害化处理的条件为：

$$E(A) > E(A)' \tag{7.16}$$

将式 (7.14)、式 (7.15) 代入式 (7.16)，计算得出：

$$P_1 P_2 P_3 V_A + P_2 P_3 (U_A + W_A - C_A) + P_1 [1 + P_3 (P_2 - 2)]\delta_A > 0 \tag{7.17}$$

由于 P_1、P_2、$P_3 > 0$，P_2、$P_3 > 0$ 则若使上述不等式成立，应尽量满足不等式集合：

$$N_6 = \left\{ \begin{array}{l} V_A > 0 \\ U_A + W_A - C_A > 0 \\ P_1 [1 + P_3 (P_2 - 2)] > 0 \\ \delta_A > 0 \end{array} \right\} \tag{7.18}$$

由不等式集合 (7.18) 可知，若想提高企业引进技术对废物进行无害化处理的概率，应使企业出售无害化处理副产品所得收益与一体化政策奖励之和大于其引进技术的成本，缩小了不等式集合（7.1）所给出的结果的范围，比不等式（7.1）的结论更加严谨。同时通过动态分析还发现，监管部门 F 要保证对企业 A 引进技术进行废物处理的奖励和惩罚，要通过优惠政策提高科研服务机构 E 与企业 A 合作的意愿来促进企业的引进技术。

（4）京津冀产业生态共生合作利益主体共生耦合机制分析

定量指标一般可由统计数据或计算获得，定性指标很难量化，它在综合评价中受主观因素影响很大。

1）建立以市场为导向的长效激励机制。

实现产业生态共生，仅靠企业自发的合作是不够的。从博弈论的分析结果看，对于上游企业来说，$U_A + W_A > U'_A$，说明京津冀一体化政策的奖励金额要高于企业将副产品出售给区域内外企业的差价，才能保证上游企业将副产品出售给区域内的下游企业；$U_A + V_A + W_A - C_A > -\delta_A$，$U_A + V_A - C_A > 0$ 说明上游企业只要出售副产品的收益和得到的当地监管部门的政策奖励大于引进技术的成本，就愿意引进技术，且在一体化政策奖励条件下如果当地监管部门对废物乱排放的惩罚力度足够大，即使企业得到的收益和奖励小于引进技术的成本，只要差价小于惩罚金额，也愿意引进技术。对于下游企业来说，$W_B > 0$，$W_B > (C_B + T) - (C'_B + T')$，说明一体化政策提供的奖励一定要大于 0 并且大于下游企业从区域外购买副产品加运输成本的差价。对于科研机构来说，$U_E + W_E - C_E > 0$，$W_E - C_E > 0$，$P_1[1 + P_3(P_2 - 2)] > 0$，说明为了鼓励科研服务机构开发废物无害化处理技术，应通过优惠政策鼓励其与企业合作，同时一体化奖励应高于技术开发成本，这样才能更大限度地促使企业与科研服务机构合作，更有效地保护环境。由上述分析可知，从理论上讲，为保证上下游企业合作，企业当地监管部门和一体化政策都要通过奖励的手段保证企业的收益；为保证科技服务机构积极开发技术，一体化政策奖励要高于技术开发成本。

理论结合实际分析，整个京津冀产业生态共生的发展如果单纯依靠政策奖励来带动，政府不仅需要承担庞大的经费开支，而且还要动态关注上下游企业的交易情况，这是不现实的。必须在政策的引导下建立以市场为导向的激励机制，逐渐让市场发挥主导作用，使得各个利益主体在市场的运作下自发合作,这才是长久之计。较为实际有效的方法是将奖励政策向科研服务机构倾斜,与扶持企业相比,扶持科研机构成本低、方法较为简便,可以通过设立专项科研扶持基金、组建专家团队等方法,从源头保证废物无害化处理技术的高水平和低成本。上游企业引进的技术高效率、低成本,能够有效降低副产品成本,与下游企业的合作概率也相应增大。所在地监管部门提高对企业污染环境的奖励和惩罚力度,以此刺激企业处理生产废物,保护生态环境。通过长效科研扶持政策引导企业加入生态产业链条,搭建产业生态共生网络,建立以市场为导向的长效激励机制。

2)完善以克服区域壁垒为目标的一体化发展机制。

为促进京津冀协同发展,国家出台了一系列的规划、方案,如《京津冀协同发展规划纲要》《京津冀区域通关改革一体化方案》等,这些政策措施明确了京津冀一体化发展方向,有效推动了京津冀一体化进程。但是由于三地处于不同的区域,在监管、交通、金融等诸多方面仍存在壁垒。通过博弈论的分析,就监管机构而言,应对当地企业的废物排放进行奖励和监督,$\mu_F - V_A - C_F > 0$,$\mu_F + \delta_A - C_F > 0$,$\delta_A - C_F > 0$ 说明监管部门在监管过程中需要支付监管成本和对企业奖励的开支,如果监管卓有成效,社会效益很高,确实达到了有效保护生态环境的目的,则监管部门监管的各种开支是值得的,监管部门也应当提高惩罚金额以降低监管成本。当前三地对企业的监管各自为政,对于同一生态产业链条上的企业,如果三地监管机构能够在监管过程中就监管措施、监管结果互通有无,将有效提高京津冀区域整体的监管效率。$W_B > (C_B + T) - (C'_B + T')$,说明交通成本也是下游企业考虑采购对象的重要因素,因此加快京津冀交通一体化实施进程,降低交通成本,打破三地交通壁垒,也是非常必要的。$U_A + V_A + W_A - C_A > -\delta_A$,$U_A + V_A - C_A > 0$,$W_B > (C_B + T) - (C'_B + T')$,$U_E + W_E - C_E > 0$ 说明科技服务机构、上下游企业是否加入生态产业链条,成本是其考虑的主要因素,这离不开金融的支持,京津冀应当在金融一体化上多下功夫,为产业生态共生的发展提供有效的金融支持。

3)打造以信息平台为基础的共享机制。

京津冀一体化发展的目标之一是实现资源、技术、信息共享。在京津冀产业生态共生发展的过程中，信息共享是尤为重要的，要打造以信息平台为基础的共享机制。科研服务机构与上游企业、上游企业与下游企业之间都需要获取对方的供求信息，单纯地依靠政府引导或京津冀一体化政策的鼓励并不能及时为各个主体提供有益的信息。因此，需要建立并完善京津冀产业信息服务平台，企业在平台上及时发布产品买卖信息，科研服务机构通过平台了解企业相关信息和技术需求，中介服务机构在平台上发布服务信息，行业协会等社会组织在平台上及时更新国内外相关行业信息，三地各级监管部门在平台上公布监管要求、对企业监管的奖惩结果。利用平台在企业间、企业与科技服务机构间、三地监管部门间建立沟通的桥梁，通过信息共享促进资源、技术的共享。

（5）促进京津冀各利益主体合作的政策建议

在分析京津冀生态产业共生耦合机理的基础上，研究了耦合主体利益相关者的静态博弈和动态博弈形式，构建了京津冀生态产业共生体系的耦合机制，主要得出如下研究结论：

一是需要满足生产企业、技术研发机构、政府监管部门构建和融入生态产业链所需的条件，以便推动京津冀产业生态共生。上游企业需要进行技术引进实现废物无害化处理，在此过程中，其引进技术的成本如果高于出售副产品的收益，那么企业会丧失动力。因此，政府要进行政策奖励和产业扶持，放宽企业的准入条件，利用一系列财政和税收优惠政策支持企业的生产经营。如果下游企业从上游企业购买副产品的价格高于从其他企业购买的价格，那么政府需要出台政策进行扶持或者给予一定的补贴，否则下游企业将失去加入产业链的动力。与此同时，技术研发企业也需要投入大量的研发资金和技术成本，需要政府提供各种技术平台和资金支持，否则这些企业将不会加入生态产业链条。政府监管部门虽然是公共部门，属于非营利机构，但是也要考虑监管成本和监管成效；其对企业违规排放进行监管所获得的社会效益要大于其对企业绿色创新的奖励支出，监管成效要与监管成本相匹配。

二是要坚持以市场为导向构建和完善京津冀产业生态共生耦合机制，建立长效激励机制。京津冀产业生态共生体系的构建离不开生态产业的发展，不能仅靠企业自发的联系和沟通，也不能仅靠政府进行政策扶持，必须将二者有效结合起来，出台相应的政策发挥市场主体的作用。并将市场化政策与政府监管部门的奖惩机制有效结合起来，构建完整的政策体系，既保证相关政策由点到面地全面覆盖企业，也要加大对科研机构的政策建立和技术扶持。可以通过设置专项扶持政策、搭建共享技术平台、鼓励官产学研合作等方式，降低企业进行废物无害化处理技术的研发成本，增加技术成果转化的收益，让企业和科研机构都能产生较多的效益，在市场机制的作用下密切协作，保证生态产业链条的稳步运行。

三是要克服区域壁垒、加强区域协作，实现信息共享以便完善产业生态共生的耦合机制，虽然政府已经在宏观层面出台了很多的政策、方案推动京津冀一体化进程。但也应该认识到，这三个区域在金融发展、交通运输、政府监管等方面仍存在差异，面临区域壁垒，针对处于同一生态链条上的企业，政府部门应在监管过程中就政策方针、监管进程、管理成效等方面加强配合与联系，进行跨区域的监管协作，提高管理效率。在金融一体化方面，应该为科研机构和企业提供更便捷的服务，搭建投融资平台，解决企业发展的后顾之忧。与此同时，还要加快实现京津冀的交通一体化，加强上下游企业的联系，降低交通运输成本。同时依靠现代化的信息技术平台及时发布政府政策、金融服务、市场需求等方面的信息，以便产业链中的企业及时了解市场动态信息。为生产企业、技术研发机构和政府监管部门搭建沟通平台，实现资源、技术、信息的交流和共享。

综上所述，应该从产业发展政策扶持和政府监管方案设计等方面完善京津冀产业生态共生的耦合机制。在此背景下，提出如下对策建议：

首先应该在科研、金融等方面找到突破口，推动京津冀生态共生体系的完善。高精尖的生态技术是京津冀生态产业共生的基础性和关键性条件，在出台产业政策时要鼓励和支持企业和研发机构进行技术开发与合作。因此，一方面要注意解决企业的融资难问题，在实际的生产过程中，要鼓励金融机构及时了解和满足技术研发机构、生产企业的资金需求，提供更加广泛、便捷的金融服务。政府应该出台一系列金融税收政策，鼓励金融机构开展多样化的服务，这样才能有效解决企业的资金难题，也会促进金融机构的市场化发展。还可以通过鼓励官产学研合作，通过政策引导和资金分流将现有的政府扶持下的科研基金引入生态技术领域，向科研机构尤其是高校的技术开发提供政策倾斜。另一方面要注意解决技术研发难题，京津地区科研实力雄厚，坐落着大量的科研机构和高等院校，也拥有比较优越的科技创新平台，进行技术研发的核心突破点在于为科研机构创造条件，鼓励专家学者积极创新。可以由政府部门牵线搭桥，通过设置专门的生态技术研发重点攻关项目，将生产企业与技术研发机构联系起来，加强他们之间的交流合作，开发出新的、更适合市场需求的技术。

其次，政府监管部门应该在奖惩、管理等方面提供强有力保障。通过前述分析可以发现，政府机构要出台科学、系统的政策对企业生产中产生的废物排放进行监管，奖优罚劣，设置专门的奖励资金，对于绿色生产的企业要提高奖励力度，这样才能充分调动企业进行技术创新的积极性。政府监管机构对于奖惩措施的制定要科学、规范、透明，奖惩方式和结果要进行实时更新，引进社会监督机制，构建良好的社会氛围，接受人民群众的监督，促使企业加强环境保护。可以出台跨区域的奖惩方案，利用现代化技术平台、网络信息媒介等多种方式收集、共享和反馈信息，及时公布监管成果，接受社会大众的建议，循序渐进地改善监管方案、提升监管效率，促进产业生态共生的可持续发展。

7.2.2　京津冀跨区合作壁垒探求

在实践中京津冀跨区合作仍存在行政区划的阻隔，存在着跨区合作壁垒。通过理论分析和实践调研分析京津冀地方政府协作的具体阻碍因素，对于切实把握区域间政府合作的壁垒，研究公共扶持政策具有重要意义。

（1）跨区合作壁垒原理分析

在京津冀三地的跨区域合作中，政府间协作仍然存在一些阻碍因素。具体表现为以下几个方面：行政区划分割导致地方政府间利益协调比较困难；缺乏专门、统一的协调机构造成政府间合作缺乏有效保障；激励机制和制度体系不健全影响政府间合作积极性；各地区发展水平存在较大差异导致政府间合作受阻；地方保护主义妨碍区域间的稳定、持续合作。

1）行政区划分割以及地方政府利益协调困难。

当前京津冀由于行政壁垒造成的市场分割与利益冲突无疑是区域协同发展中的重要障碍之一。区域内不同层级、不同地方的行政单位制定的政策和制度存在矛盾与冲突，产生的直接后果就是区域交易成本居高不下。通过深入分析发现，行政区划分割导致地方政府间利益协调比较困难，在很大程度上影响和制约着区域经济一体化进程，也逐渐成为地方政府间协作的主要阻力。在跨区域、跨层级的重大项目合作中出现的"扯皮"现象就是利益不协调的结果，使得很多需要协同建设的大型生态产业项目在遇到矛盾时不能很好地解决。行政区划分割还会造成地方政府在决策时往往仅从自身利益最大化的角度出发，导致区域产业结构雷同和基础设施重复建设，不利于经济资源在区域内的合理分配和优化配置，这与区域经济协调发展目标是相悖的，对区域经济和生态产业的发展产生不利影响。但是在现行的行政区域划分背景下以及"利己"心理的作用下，地方政府间的冲突是难以避免的。

2）缺乏京津冀政府合作的高层协调机构。

京津冀地区的协同发展目前还缺乏一个统一的法定权威的高层协调机构，这就在很大程度上降低了地方政府间进行跨区域合作的自觉性与主动性。同时由于中央政府职能部门与省级政府仅在宏观层面进行了战略规划，缺乏对具体事务的有效指导，因此对于合作中出现的具有争议的问题，目前还缺乏由权威机构参与的仲裁解决机制。在区域经济发展和生态产业链构建的过程中，实现跨行政区划的地方政府间的实质性合作必须依靠上级政府的有效指导。在目前的行政体制下，跨越行政区域的政府合作，需要通过独立的行政主体互动来实现，但是这种合作最大的问题是缺乏具有法定权威性的协调机构对各种利益主体进行规范和协调，无法突破行政区划所造成的地方保护和恶性竞争，并且目前也没有明确的法律法规体系作为保障，因而政府间合作协调的难度非常大。特别是对于京津冀这样的跨越三个省级行政区划的经济区而言，推动区域经济一体化进而实现区域协同发展，上、下游生态产业的协调发展以及不同地区生态产业的统一规划和协同发展面临的问题更多、难度更大。

3）激励机制和制度体系不健全影响政府间合作积极性。

从"理性人"的经济学假设和现实的发展实践分析来看，京津冀地区地方政府间合作必须建立在共同利益目标的导向之上，共同利益目标的实现以及各地区之间利益的互补是促进地方政府合作的关键性因素。但是共同利益只是一个基础，它是地方政府合作的必要条件而非充分条件，在存在共同利益的前提下，只是存在合作的可能性而并非一定会实现。京津冀地区地方政府间要开展和实现实质性的合作，就必须建立一系列规则机制和制度体系，对具体的合作事宜进行有效的引导、规范、激励和约束。建立一套激励性的制度机制不仅可以促进政府合作的规范化，保证合作的持续性与稳定性；还会及时发现实践中的偏差并予以纠正，合作机制的构建与完善应该注重发挥激励功能与监督作用，应起到"奖优罚劣"的作用，对于沟通机制顺畅、合作成就突出的地方政府进行鼓励和褒奖，对于偷懒耍滑、不顾大局以及偏离共同利益目标的地方政府要予以惩处，推动地方政府间合作始终围绕着共同的利益目标有序进行。

4）各区域间的发展水平存在差异导致政府间合作受阻。

在不同的发展水平下，地方政府领导的发展理念和所采取的措施会存在一定的差异。因此，不同区域的地方政府对于合作的可能性以及所获效益的判断也会存在较大的差异，这些都会直接影响地方政府合作途径的选择以及合作时间的长短。整体来看，由于经济、社会因素的共同影响，目前京津冀三个地区的地方发展水平差异仍然比较大，并且短期内难以根本改变。具体表现在：北京、天津两个直辖市与河北省的 11 个城市分别处在不同的经济发展阶段，经济总量、发展战略、功能定位、产业结构都存在一定的差距，导致各市区在产业布局等方面会存在很大差异，这在一定程度上缩小了各市区政府的合作空间，影响了各区域政府间的合作。各级地方政府都应该高度重视这些不利因素，根据本地区的实际情况，结合内外因素达成区域经济发展与生态产业合作的共识，以便减少地方发展水平的差异对区域合作的影响。各级政府应该认识到，虽然在未来的一定时期内，本区域与相邻区域存在一定的差异性，但是从宏观视角和长远视角来看，各区域间产业布局中必然会存在一定的互补性。因此，应该鼓励各地政府与其他地区展开广泛而有效的合作，各地区政府在进行产业规划和布局安排时要全面分析未来形势，积极寻求与周边地区达成合作的领域，尽可能减少合作的阻力，促成各地区间的横向合作。

5）地方保护主义与恶性竞争阻碍了政府间的跨区域合作。

京津冀协同发展需要建立一个统一的大市场，鼓励要素、资源、人才的自由流动，减少竞争，加强合作，实现资源共享，达到共赢的目的。但是，地方政府在地方利益最大化施政目标指引下，往往会进行过度的行政干预，萌生地方保护主义。一些区域的地方政府为了短期利益，设置进入壁垒和限制资源流出，这在很大程度上阻碍了区域间的合作共赢。集中表现在地方层层设卡，阻止本地资源外流或阻止外地产品进入本地市场，不利于资源和要素在各区域间的充分流动。具体来说，地方保护主义的危害主要表现在以下几个方面：首先，造成区域内市场分割，阻碍了区域间经济的发展和产业的协同发展；其次，地方保护主义造成的利己行为和短视行为，不利于区域经济结构的调整和产业的互补发展；最后，由此产生的恶性竞争阻碍了国家与区域产业政策顺利实施，限制了区域产业结构的优化。在京津冀一体化进程中，地方保护主义已经成为阻碍区域间的稳定、持续合作的一个重要因素，应该及时进行纠正和破除。

（2）合作主体问卷量表设计、发放及处理

1）问卷的设计。

基于跨区合作壁垒原理分析，本研究以京津冀跨区合作行政壁垒为核心主题，对现有新闻资料、学术文献和研究成果进行查阅和详细分析，在整理了大量与区域政府合作相关研究的基础上，通过进行认真考虑和筛选，根据京津冀协同发展的实际情况，设计出了包括选择题和开放式问题的调查问卷初稿，问卷主要涉及四个部分：第一部分主要是测量调查者对于京津冀政府合作大体状况的了解，包括合作的领域、方式、类型等。第二部分主要是测量调查者对京津冀政府合作行政壁垒的认识，包括合作中存在的主要问题、困境。第三部分主要是考察被调查者对于京津冀政府合作的主要动因与影响因素的认识。第四部分测量调查者对破除京津冀政府合作行政壁垒的建议，包括促进方法、意见和建议等。其中包括一个开放性问题，希望调查者具体提出有效破除京津冀协同发展行政壁垒的意见和建议。

①京津冀政府合作的大体状况。目前京津冀地区政府间合作的内容越来

越丰富，形式也更加多样化。为了深入、详细地进行了解和分析，在问卷中主要设置如下问题：一是京津冀地区政府间合作的主要方式，备择选项主要包括项目合作、信息共享、学习考察、干部交流、人才支持等；二是合作的主要类型，备择选项主要包括经济发展型合作、区域政策型合作、地方立法型合作、行政管理型合作、人力资源型合作；三是涉及的主要领域，备择选项主要包括产业调整、交通运输、环境保护、商贸流通、文化教育、城市规划等。针对现状，让被调查者选择一项最常见、最主要、最符合实际情况的答案。

②京津冀政府合作的主要壁垒。结合前述分析和目前京津冀政府合作的实际情况，此部分主要设置两个方面的问题，一是京津冀政府间合作中存在的主要问题及其主要表现。例如：区域政府间合作意识不强、缺乏制度体系保障、稳定性较差、随意性较大、合作机制不健全、规则体系不完善、收效不高等；让受访者选择一项目前最严重、最亟待解决的问题；二是京津冀政府间合作中存在的主要困境。例如：行政区划分割、不正当竞争、三地产业同质化、大型基础设施重复建设、政府合作成本较高、政府间利益协调困难、地方政府间差异较大、政府合作执行力不强等。让被调查者选择一项目前表现最突出的困境。

③京津冀政府合作的动因与影响因素。在分析现状、发现问题后，本研究在问卷中设计几类问题以了解政府间合作的主要动因和影响因素，此部分包括：一是京津冀政府间合作的主要动因分析，包括解决区域政府间利益冲突、提供区域公共产品和服务、国家宏观发展战略要求、发展区域经济、有效协调区域政府间行动、区域污染控制和大气治理、实现区域内资源合理利用、发挥各地自身的比较优势等；二是京津冀政府间合作的主要影响因素分析，包括地方政府信用、地方发展水平、地方政府作风、官员自身修养、领导个人感情、地域文化差异、干部办事能力等。

④破除京津冀政府合作困境的建议。在了解京津冀政府间合作的基本情况与问题、困境并分析原因的基础上，需要进一步给出政府各部门对策建议、改善方式以及谋划从整体上促进京津冀政府间合作的对策与最优方式选择，包括三个选择题和一个开放性问题。一是为了在京津冀建立良好的政府

合作关系，需要政府做出的努力，包括平等交流对话、改善管理方式、改善沟通方式、提高办事效率、提高政府信誉、改进工作作风等；二是从整体上来看，如何促进京津冀政府间合作？包括提高京津冀政府合作意识、组建京津冀政府合作的高层协调机构、加强京津冀政府合作的立法、政府合作体制机制创新等；三是京津冀协同发展进程中地方政府合作的最好方式是什么？包括定期举办省级政府高层协调会议、定期举行市长联席会议、定期举办县（区）政府领导联席会、定期开展京津冀政府间合作论坛等开放性问题是让被调查者写出其他更好的建议和对策。

2）问卷的发放。

问卷设计的质量直接影响调查结果的科学性与可靠性。设计具有较高信度和效度的问卷是保证研究质量的前提，在召集部分相关领域专家召开会议发表意见后对问卷初稿进行了修改，并在河北省唐山市政府相关部门进行小范围调研，回收后又重新对问卷中出现的问题进行了认真分析和总结，在以上工作基础之上对问卷结构进行了整体调整，并进一步对问卷中的问题表述、选项设置进行了修订。经过再三斟酌和反复修改，才确定了调查问卷的终稿。

根据研究需要，结合自身实际情况，本次问卷调查覆盖了北京市、天津市及河北省，历时半年。通过问卷调查的方法对市政府及其相关职能部门进行调研。其中北京市共发放问卷 100 份，回收 86 份；天津市共发放问卷 100 份，回收 91 份；河北省共发放问卷 100 份，回收 95 份。共发放问卷 300 份，回收 272 份，回收率为 90.7%，回收到的有效问卷为 262 份，占总回收问卷的 96.3%。

3）问卷结果中抽样样本基本情况的统计分析。

①调查对象所在的政府部门。接受调查的受访者主要分布在文秘政研、财政税收、发展改革、农业主管、工业主管、交通环保六个部门中，在 262 名被调查者中，发展改革部门的工作人员最多，占总人数的 28.24%；其次是文秘政研部门，占总人数的 20.23%；这两部分的人数占比近一半。其他部门中，财政税收部门的人数占总体的 18.32%，工业主管部门占总人数的 15.27%，农业主管部门占总人数的 10.31%，交通环保部门的工作人员占总人数的 7.63%（如图 7.7 所示）。这些工作人员所在的部门都是京津冀协

同发展的关键性部门，被调查的对象总体对京津冀协同发展的宏观战略有比较全面的认识，适合进行下一步的深入分析。

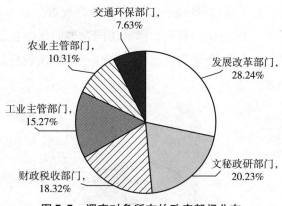

图 7.7 调查对象所在的政府部门分布

②调查对象的政治面貌。在接受调查的 262 名政府工作人员中，共产党员共有 244 人，占总人数的 93.13%；民主党派人士有 6 人，占总人数的 2.29%；群众有 12 人，占总体的 4.58%（如图 7.8 所示）。这说明，绝大部分接受调查的人员为共产党员。与现实工作中公务员大多数是党员的状况基本吻合，说明可信度比较好，能够如实反映现状。

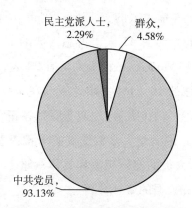

图 7.8 调查对象的政治面貌统计

③调查对象在国家机关工作的时间。在接受调查的 262 名政府工作人员中，工作时间在 5 年以下的仅有 30 人，占总人数的 11.45%；工作时间为 6 ~ 10 年的有 79 人，占总体的 30.15%；工作 10 年以上的有 153 人，占总体的 58.40%（如图 7.9 所示）。这说明，大多数被调查者工作年限均在 10 年以上，有十分丰富的工作经验，对于京津冀协同发展的状况也比较了解，他们的见解和观点往往比较符合现实情况，建议和想法也比较有深度，可以使得本研究的结论更加可靠。

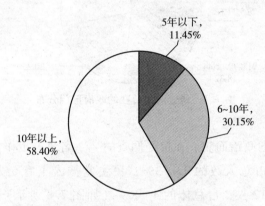

图 7.9　调查对象在国家机关工作的时间统计

④调查对象的职务级别。在接受调查的 262 名工作人员中，职务级别在市（厅）级的有 3 人，占总人数的 1.15%；副市（厅）级人数有 6 人，占总体的 2.29%；县（处）级有 41 人，占总人数的 15.65%；副县（处）级有 35 人，占总人数的 13.36%；正科级人员有 98 人，占总人数的 37.40%；副科级有 27 人，占总体的 10.31%；职务级别在副科级以下的有 52 人，占总人数的 19.85%（如图 7.10 所示）。职务级别在正科级及以下的工作人员占总人数的 67.56%，这说明绝大多数受调查者都是基层公务员。调查结果能够体现实际政策执行人员的实际想法和具体意愿。

4）问卷结果中调查数据的统计分析。

①京津冀政府间合作的主要方式的选择。

就京津冀政府间合作的主要方式而言，在接受调查的 262 名工作人员中，有 69 名调查对象认为目前合作的主要形式是"项目合作"，占总人数的 26.34%；其次是"信息共享"，有 57 人选择该项，占总人数的 21.76%；有 50 人认为目前京津冀政府间合作的主要方式是"学习考察"，占总人数的 19.08%；有 40 人认为目前京津冀政府间合作的主要方式是"干部交流"，占总体的 15.27%；还有 23 人认为主要方式是"人才支持"，占总人数的 8.78%；选择其他选项的非常少，加总后的人数只占 8.78%（如图 7.11 所示）。这与实际情况比较相符，近年来，国家为了促进京津冀协同发展，出台了多种跨区域的大项目，如交通运输领域的"半小时经济圈"、经济领域的产业园等。

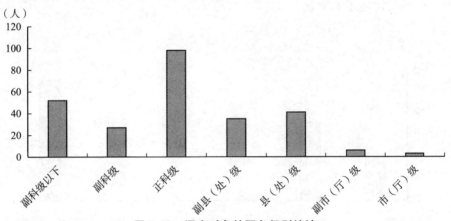

图 7.10　调查对象的职务级别统计

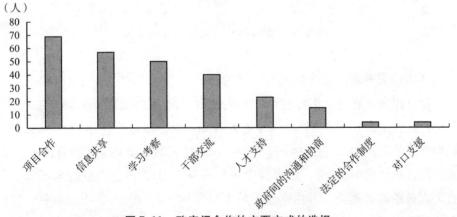

图 7.11　政府间合作的主要方式的选择

②京津冀协同发展进程中政府合作的主要类型的选择。

就京津冀协同发展进程中政府合作的主要类型而言，在接受调查的262名政府工作人员中，认为目前主要合作类型是"区域政策型合作"的有109个，占总体的41.60%；认为目前主要合作类型是"地方立法型合作"的有71人，占总体的27.10%；选择"经济发展型合作"的有43人，占总人数的16.41%；选择"行政管理型合作"的有35人，占总体的13.36%，选择"人力资源型合作"的有4人，占总体的1.53%。没有人选择"技术研发型合作"（如图7.12所示）。这主要是因为目前京津冀一体化的进程主要是依靠政府的宏观政策尤其是中央层面的政策来引导的，政府调控的作用非常强大，市场的作用还不明显。

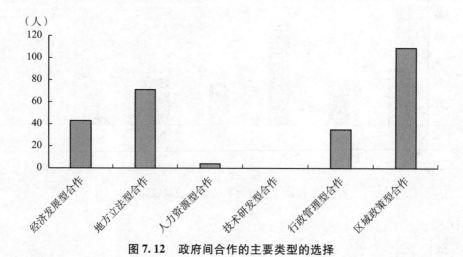

图7.12　政府间合作的主要类型的选择

③京津冀政府间合作的主要领域的选择。

就京津冀政府间合作的主要领域的选择而言，在接受调查的262名工作人员中，认为主要领域涉及产业调整的人有114个，占总人数的43.51%；选择环境保护的有66人，占总体的25.19%；选择交通运输和文化教育的各有27人，均占总体的10.31%；选择城市规划的有21人，占总人数的8.02%；仅有7人选择商贸流通，占总体的2.67%（如图7.13所示）。由此可见，目前京津冀政府间合作涉及的领域主要是产业结构调整和环境保护。这主要是因为经济的均衡发展始终是我国政府的一个主要追求目标。与此同时，近年来环境污染问题日益加剧，如华北地区的雾霾问题、京津冀地区跨流域的水污染问题等越来越突出，因此区域间的环境治理合作工作也受到重视。

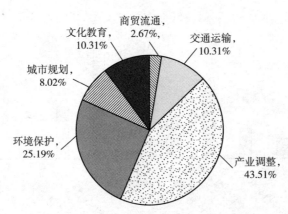

图 7.13　政府间合作的主要合作领域

④京津冀政府间合作中存在的主要问题的选择。

就京津冀政府间合作中存在的主要问题的选择而言，在接受调查的 262 名工作人员中，有 69 人认为目前最突出的问题在于政府间合作缺乏权威性，占总人数的 26.34%；有 48 人认为目前京津冀政府间合作存在的主要问题是缺乏制度保障，占总体的 18.32%；有 40 人认为主要问题是政府合作机制不健全，占总人数的 15.27%；有 31 人认为主要问题是政府合作稳定性较差，选择其他选项的人数均小于 30（如图 7.14 所示）。排名前三位的都是政府管理方面的问题，包括权威性、制度、机制。这说明，在目前京津冀政府间合作中，政府自身的工作还亟待完善。在未来的京津冀政府间合作中，政府部门进行自身的改革将是关键之举和重要途径。

⑤京津冀政府间合作中存在的主要困境的选择。

就京津冀政府间合作中存在的主要困境而言，在接受调查的 262 名工作人员中，选择最多的选项是"政府间利益协调困难"，共有 83 人，占总人数的 31.68%；有 59 人认为目前的主要困境是"地方政府间差异较大"，占总人数的 22.52%；有 38 人认为面临的主要困境是"政府合作执行力不强"，占总人数的14.50%;选择其他选项的人数均小于30(如图7.15所示)。京津冀政府间合作既面临着各地差异较大的客观性困境,也面临着政府间利益协调困难、合作执行力不强的主观性障碍,这与前述理论分析基本一致。

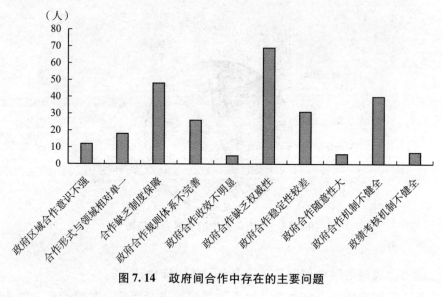

图 7.14 政府间合作中存在的主要问题

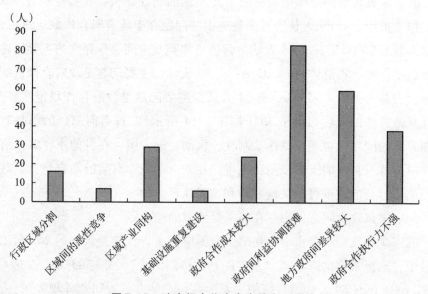

图 7.15 政府间合作中存在的主要困境

⑥京津冀政府间合作的最主要动因的选择。

就京津冀政府间合作的最主要动因的选择而言，在接受调查的 262 名工作人员中，有 83 人认为主要驱动因素是"国家宏观发展战略要求"，占总人数的 31.68%；有 56 人认为目前京津冀政府间合作的最主要动因是"区域经济快速发展的需要"，占总人数的 21.37%；有 42 人认为主要动因是"京津冀地区污染控制和大气治理的需要"，占总人数的 16.03%；有 33 人认为主要动因是"为了发挥各地自身的比较优势"，占总人数的 12.60%；其他因素的选择人数均小于 30（如图 7.16 所示）。由此可见，京津冀政府间合作的动因以国家宏观战略要求为主，兼顾经济发展、环境治理的需求。这与当前京津冀地区的区域发展战略、发展背景、重点任务和重点需求、时政热点密切相关。

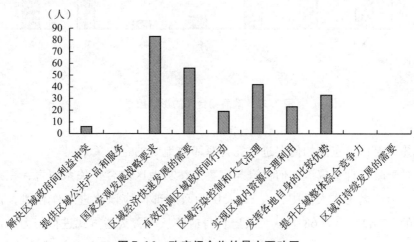

图 7.16　政府间合作的最主要动因

⑦京津冀政府合作的影响因素的选择。

就京津冀政府间合作的影响因素而言，在接受调查的 262 名工作人员中，有 93 人选择主要的影响因素是"地方政府作风"，占总人数的 35.50%；有 55 人认为主要的影响因素是"地域文化差异"，占总体的 20.99%；有 54 人选择的主要影响因素是"地方发展水平"，占总人数的 20.61%（如图 7.17 所示）。排名前三的主要影响因素中，突出了地方政府作风对于区域合作的重要影响，也关注了区域差异因素。由此可见，京津冀地区政府间合作是多种因素共同作用的结果，其中的关键性因素是政府的工作方式完善和作风转变，同时也要考虑到区域性差异。良好的合作模式应该是在求同存异、重塑政府的过程中不断发展和形成的。

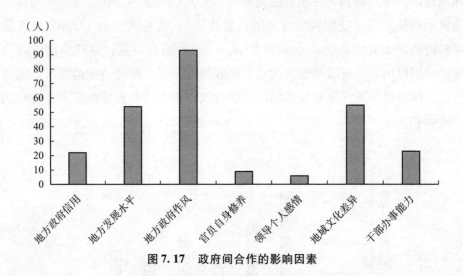

图 7.17　政府间合作的影响因素

⑧政府自身应该如何促进与完善京津冀地区的合作关系。

对于政府自身应该如何促进与完善京津冀地区的合作关系而言，在接受调查的 262 名工作人员中，有 86 人认为政府部门应该改进工作作风，占总人数的 32.82%；有 68 人认为政府自身应该从改善沟通方式进行努力，占总人数的 25.95%；有 47 人认为政府最迫切需要完成的任务是改善管理方式，占总人数的 17.94%。有 32 人认为政府目前最需要做的工作应该是注重提高办事效率，占总人数的 12.21%（如图 7.18 所示）。由此可见，目前政府自身的努力方向主要集中在工作作风的改善、沟通方式和管理方式的完善和工作效率的提升。这与前述分析的结论是一致的，也符合当前政府改革的实际情况。

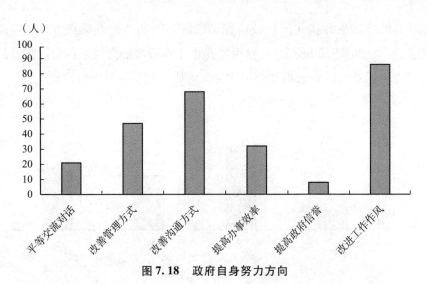

图 7.18　政府自身努力方向

⑨如何促进京津冀政府间合作。

就如何促进京津冀政府间合作而言，在接受调查的 262 名工作人员中，101 人认为最重要的工作应该是"组建京津冀政府合作的高层协调机构"，占总人数的 38.55%；73 人认为最重要的工作是"创新政府合作体制机制"，占总人数的 27.86%；65 人认为应该"加强京津冀政府合作的立法，提高政府合作的法制化水平"，占总人数的 24.81%；23 人认为最重要的工作是"提高京津冀政府合作意识"，占总人数的 8.78%（如图 7.19 所示）。由此可见，大部分政府工作人员认为目前迫切需要建立一个高层协调机构，对京津冀地区的政府间合作工作进行统一指挥和领导。他们一致认为，只有建立一个统一的协调机构，才能顺利实现各部门工作的协同，进行各地区利益的协调，促进各区域、各层级、各部门之间的合作。

⑩京津冀协同发展进程中地方政府最好的合作方式。

就京津冀协同发展进程中地方政府最好的合作方式而言，在接受调查的 262 名工作人员中，有 83 人认为最好的方式是通过"定期举办京津冀政府间合作论坛"来促进区域政府间合作，占总人数的 31.68%；有 53 人认为最好的方式是"定期举行市长联席会议"，占总人数的 20.23%；有 48 人认为最好的合作方式是进行"随机的项目支持"，占总人数的 18.32%；选择人数最少的选项是"定期举办县（区）政府领导联席会"和"定期举行省级政府高层协调会议"（如图 7.20 所示）。这可能是由于省级政府高层协调会议涉及的主体比较少，而县（区）政府领导联席会又着眼于基层，缺乏权威性。

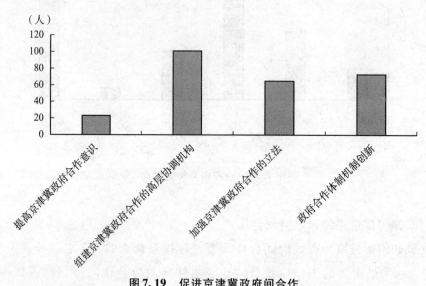

图 7.19　促进京津冀政府间合作

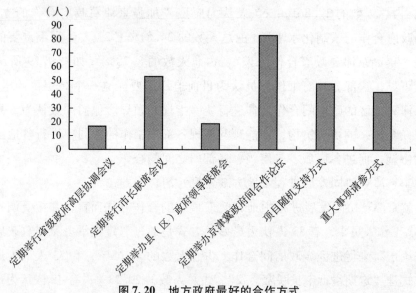

图 7.20　地方政府最好的合作方式

⑪对于加强京津冀政府合作的意见和建议。

在接受调查的 262 名工作人员中，只有 23 名工作人员对最后的开放性问题进行了解答，通过进行整理和汇总可以发现，被调查者给出的其他建议主要包括：第一，在宏观方面，建议国家设立统一的机构，出台一套完善的制度，对工作计划、重点任务进行明确规定，建立完善的机制体制。第二，在中观方面，建议区域间各地区政府相关机构定期商讨，北京、天津各级政府机构工作人员在合作过程中改善沟通方式，提高办事效率，合作过程中也要考虑河北省各地域的具体情况，多关注技术研发、商贸流通、文化教育方面的工作。第三，在微观层面，建议多听取区（县）等基层政府工作人员对于京津冀合作的具体工作意见和建议，在考核政绩时设立京津冀合作业绩专项指标。

（3）京津冀政府间跨区合作主要壁垒总结

在进行调查分析的基础上可以发现，京津冀政府间合作中，面临着各种各样的问题、困境和壁垒，既有主观因素也有客观因素。主要壁垒包括：

1）行政区域分割导致利益协调困难。

行政区域的分割导致各种资源、要素流动的不畅和分配的不均，造成京津冀政府间合作面临诸多困难，区域主体间利益补偿机制的缺位更是加大了京津冀协同发展的阻力。因此，要着力改变市场割裂的现状，打破行政区划壁垒，建立有效的协调机制，消除地方保护主义，避免恶性竞争。要注意完善中小城市的基础设施，实现公共服务一体化、均等化和资源要素流动市场化；在未来，应发挥市场机制的作用，鼓励构建区域间资源的共享机制，完善利益补偿机制，树立公平、开放的发展理念，赋予各区域平等的发展机会。此外，建立统一的领导机构和利益协调机构也是十分必要的，在京津冀一体化的进程中，国务院成立京津冀协同发展领导小组以及相应的办公室无疑是一个关键性举措，应该更好地推动各项工作，完善组织机构，为京津冀政府间合作提供宏观性指导和组织保障。

2）缺乏完善的制度体系和稳定的机制保障。

京津冀地区产业生态共生机制的建立要求三地政府在区域资源配置、产业规划及布局方面达到协调一致，构成一个统一整体。各地区的发展都不是孤立的，而应与区域整体的发展规划协调起来，但是目前由于缺乏完善的制度体系和稳定的机制保障，导致政府间合作面临着很多障碍。今后应建立和完善政府间合作与协调机制，共同制定区域合作政策，政策的制定和实施必须考虑整个地区的利益，必须根据每个地方的不同情况进行规划。例如，在经济发展方面，可优先探索建立产权分税制度，在区域协调方面，京津冀区域事务谈判采取"一事一讨论"的形式，尚未形成规范化、制度化、可持续的审议决策机制，在实践中，三个地区的不同机构具有不同的组织形式和不同的职能权利，很难做到区域间各部门的协调统一，因此建议京津冀政府部门建立横向合作模式，完善各种支持机制。

3）区域差异性大，求同存异不易。

著名经济学家库兹涅茨曾指出：一个国家经济发展水平取决于第三产业的发展，第三产业产值所占比重越大，说明经济越发达，因此可以根据第三产业产值比重来判断工业化阶段。根据此理论，在"十三五"规划期间，北京处于后工业化阶段，该时期的重要使命是产业升级，而天津的三产比重略低于北京，处于工业化后期阶段。河北的第二产业产值比重虽然已超过50%，但是由于第一产业比重较高，仍然处于工业化中期阶段。由此可以看出，与北京、天津相比，河北的经济实力较弱。政府间合作和公共政策执行都需要经济等资源的支撑，京津冀各地区域间的差异性成为阻碍政府间合作的一个客观因素。在未来，首先需要各个政府部门在达成共识的基础上制定统一的宏观性战略目标，允许各区域根据本地的实际情况采取有差异性的行动规划，实现各地区、各层次的多元整合。其次，要加强顶层设计，及时制定和修订相关的法律法规，进一步完善信息沟通机制，改善政府管理方式和沟通方式。促进信息、资源、要素在区域间的自由流动。信息与资源的对称已经成为京津冀三地政府政策协调的基础和关键性因素，除了进行持续有效的谈判协调、沟通对话之外，还可以采取项目扶持、转移支付等手段实现先进地区向落后地区的对口支援，促进区域间、城乡间的协调发展。最后，要定期进行考核和评估，作为对地方政府政绩考核的一部分。同时要建立切实可行的监管机制，通过主管机构监督、区域间权利平行部门监督、民众监督、媒体监督等多种形式实现区域间的合作治理。

7.2.3　京津冀产业共生跨区域合作运行机制

在不断加快京津冀协同发展的背景下，产业共生跨区域协同合作为京津冀区域产业集群协调发展提供了可行方向。基于生态共生、协同理论、生态位与要素禀赋理论，提出京津冀产业共生跨区域合作运行机制，从而揭示京津冀产业共生跨区域合作的规律，为加快京津冀产业共生协作提供政策参考和依据。

正如前述分析，京津冀政府和产业间的联系日渐增强、合作与协同趋势不断深化，京津冀产业生态系统中如何构建合理的协同合作运行机制以增强产业生态系统中各子系统的协同性和结构的优化度，是当前亟待解决的问题。在产业共生跨区域合作运行过程中，一方面要正视京津冀产业系统的开放性，另一方面要重视产业生态系统内部合作的协同性。

基于本书针对京津冀产业共生系统的分析，以及当前国家出台的三地协同发展战略，对京津冀产业生态共生合作运行机制将从宏观（政府）、中观（产业）及微观（企业与公众）三个层面展开探讨。

（1）宏观层面

从宏观层面来看，在京津冀产业共生跨区域合作运行过程中，协调区域差距、调整区域产业结构和空间结构、发挥京津冀三地产业与要素禀赋区位优势、产业共生协同发展与生态补偿、完善基本公共服务的统筹合作等都是京津冀产业共生跨区域合作运行的关键影响因素。

第一，在协调区域产业差距的宏观调控方面，对于京津冀生态经济的协同发展问题，既要发挥北京、天津这两个分别处于"后工业化阶段"和"工业化后期"阶段的发达城市的改革创新引领作用，加快产业生态系统新旧动能转换，又要加快补齐处于"工业化中后期"的河北省相对落后区域的基础设施、公共服务、生态环境、产业转型升级等"短板"，三者之间的关系如图 7.21 所示。

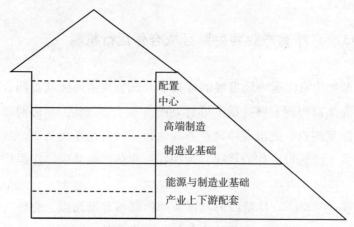

图 7.21　京津冀产业发展阶段与产业共生关系

第二，在调整区域产业结构和空间结构的宏观调控方面，以雄安新区建设为切入点，疏解北京非首都功能，实现京津冀区域间产业共生耦合发展，以治理和缓解"大城市病"为主线，探索京津冀产业生态系统协同发展对于"大城市病"的有序疏解功能，以及京津冀产业生态系统结构的优化模式。

第三，在充分发挥产业区位优势的资源宏观调控方面，以生态优先、绿色发展为引领，以北京、天津为中心，推动京津冀不同产业集群的协同互动发展，因三地经济发展基础不同，资源优势不同，可以建立健全适合京津冀协同发展的包括用水权、碳排放权等在内的各类产权交易平台，构建京津冀统一的自然资源资产交易平台。

第四，完善多元化产业共生协同发展与生态补偿机制，既要以"看不见的手"为核心，充分发挥市场的主导作用，消除产业市场壁垒、促进产业链间资源与要素高效流动；在实现科技资源和创新要素按照市场需求优化配置的基础上，又要借助"看得见的手"，引导科技创新因素对落后地区传统产业的转型升级起到引擎作用。

第五，完善基本公共服务的统筹合作，推动公共服务均等化。在京津冀产业生态系统中建立产业协同信息共享机制、产业合作利益共享机制以及产业跨区域政策调控机制等多方面产业共生协同合作跨区域调控平台，研究制定京津冀跨区域产业合作与公共服务要素转移接续具体实施路径。

（2）中观层面

从中观层面来看，产业生态系统内物质流、能量流能否形成顺畅高效的闭路循环，资源能否实现最优配置，与区域内共生系统的产业布局有很大关联。因此，要提升京津冀区域产业生态经济效率，就必须对生态子系统之间的合作与共生关系进行优化和调整，深入挖掘京津冀产业间的共生联系，构建京津冀生态产业链条，优化京津冀区域产业布局，推进京津冀区域产业结构调整，从而形成和谐共生的产业协同机制，京津冀产业共生跨区域合作运行关联如图 7.22 所示。

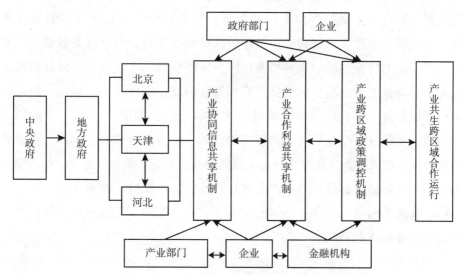

图 7.22　京津冀产业共生跨区域合作运行机制

一方面，要科学打造生态产业链，充分发挥生态产业链在促进区域生态经济效率提升方面的重要作用。这就要求各级政府对辖区内的生态经济系统进行宏观层面的生态网络设计，突出"低碳、节能、循环、创新"理念，探索"产业生态链——产业共生网络——产业生态系统"的发展路径，走出一条具有京津冀区域特色的生态经济协同发展道路。综合考虑各地区的产业经济发展基础、资源优势、技术可行性和环境友好可持续等因素，并深入挖掘各产业上下游间的共生耦合关系，将京津冀区域的主导产业——制造业、金融业、信息传输、软件和信息技术服务业以及科学研究和技术服务业、临港重装产业、高端装备产业、机械装备产业、金属制品产业、有色金属冶炼、金属制品业、医药制造业、电气机械及器材制造业、食品和饮料制造业等产业进行横向与纵向整合，延长产业生态链条，形成个体经济效率、环境效率、能源效率和社会效益最优化的产业生态网络，从产业的层面推动区域生态经济效率的提升，引导以低碳、节能、高效的循环经济为代表的生态经济成为京津冀区域的经济增长点，最终提升京津冀区域产业集群的可持续发展能力和竞争力。

另一方面，加强京津冀产业政策宏观调控，就要加快推进产业布局的优化调整，培育壮大京津冀生态产业集群，完善京津冀科技资源创新服务平台。这就要求在产业升级和产业结构的战略调整方面，培育以大数据、智能化、低碳化为特征的区域主导产业，以主导产业带动产业集群，以健康的产业生态群落推进中心城市的经济创新和科技创新，实现"中心城市—周边城市—区域经济"的协同发展。通过淘汰落后产能、加快"夕阳"产业的转型升级，将粗放型产业发展模式转变为集约型产业发展模式；同时，各级政府在政策上加强对大数据产业、人工智能产业、生态农业与旅游业、低污染—低能耗—高附加值的第三产业产业进行政策倾斜与扶持，而对于高污染、高能耗、高排放的"三高"产业进行必要的限制，引导适应区域生态经济发展的新型产业系统的形成。

（3）微观层面

从微观层面——企业的角度来看，提升京津冀产业共生跨区域合作运行效率，首先，企业应树立合作协同的循环经济发展理念。企业作为产业生态系统中最重要的组成部分，也是构建京津冀产业共生体系最重要的主体，是提升京津冀产业共生跨区域合作运行效率最重要的推动力量。因此，必须对企业的发展提出新的要求，转变过去传统的单一"单打独斗"的、只注重经济效益而忽视协同共生的生态经济效益的企业发展模式，用协同共生理念引领企业共生发展。

在企业运营的全周期过程中，可以遵循协同共生理念和生命周期评价（LCA）思想，从项目选择开始就考虑与上下游企业进行协同合作，从而在经济效益的基础上兼顾整个产业生态系统的整体经济与环境效益，在设计研发和产品制造阶段均考虑与上游原材料企业和下游回收企业的合作对接，采用环保节能的技术方案，实现"协同研发""协同制造""协同包装储运""产品绿色协同回收"，在产品的全生命周期内实现不同产业间的协同合作，从企业实践的角度实现共生协同，从而最终提升经济效益和环境效益。

第 8 章

京津冀产业生态共生发展的对策建议

京津冀产业生态共生应由政府各级管理部门、中间组织和企业共同发力、共同合作，政府制定公共扶持政策、中间组织提供信息服务和技术支持、企业转变生产模式和加入生态共生链条共同促进产业的生态共生发展。

8.1　依托公共扶持政策推动产业生态共生

促进京津冀产业生态共生发展的公共扶持政策，需综合考虑国家和地方的宏观政策，京津冀一体化发展政策以及财税、金融等各项配套扶持政策，还需考虑政策制定后的执行和监督。

8.1.1　深化京津冀一体化发展政策，打造扶持政策的基础

2015 年 4 月 30 日中共中央政治局公开发布了《京津冀协同发展规划纲要》，为京津冀三地经济、产业的协同发展提供了宏观性指导，并指出要在交通运输、环境保护、产业优化等重点领域率先进行改革。在"十三五"规划实施阶段，京津冀协同发展仍然是一项重要任务，其整体战略布局是"以首都为核心的世界级城市群、区域整体协同发展改革引领区、全国创新驱动经济增长新引擎、生态修复环境改善示范区"。京津冀协同发展除了要抓住

有序疏解北京非首都功能这个"牛鼻子"外，还要在交通、生态环保、产业三个重点领域谋求更大的突破。因此，京津冀产业的生态共生发展不是各自为政的单一性战略，而是需要着眼于区域一体化建设的综合性战略，必须结合各省、市的实际情况进行整体性布局和规划，加强政策扶持，实现区域协同。

（1）突出生态环保重点领域，加速实现产业升级

生态产业的发展和升级离不开区域大市场的构建，现行的行政区划一定程度上阻碍了跨区域合作的进行。因此需要打破行政区域限制，利用市场手段推动"能源革命""生产革命""消费革命"，鼓励各区域建立绿色循环低碳发展机制，加强环境监管，扩大区域生态空间。在推动产业转型升级的过程中，各地区应该根据自身情况明确产业定位和方向，并与周边区域进行密切沟通，加强三省市产业发展规划衔接和生态产业协作，立足于区域，建立一个服务全国、辐射全球的优势产业集聚区。要结合各地区的特色、根据现代产业的分工要求，促进区域优势互补、推动各地区的合作共赢，秉承京津双城联动发展的理念，减少和消除阻碍双城联动发展的体制机制。坚持优势互补、互利共赢的发展观念，促进区域合作发展、实现区域一体化，努力实现合理分工、相互融合、错位发展，形成京津"双核"带动京津冀协同发展的新格局。

在促进京津冀区域产业升级的过程中应该意识到，区域内不同地区的发展阶段和经济状态具有一定的差异性，其产业升级的方向也不尽相同。具体来说，北京市目前已经进入以第三产业为主导的状态，经济发展主要靠第三产业和高新技术产业来拉动，其他非优势产业尤其是第二产业应逐渐向天津市和河北省迁移。天津市在发展制造业方面具有很大优势，在积极承接北京市产业转移的同时，也应该提升现有产业的技术水平，进一步优化产业结构。与北京和天津相比，河北的工业化水平还比较低，因此在积极承接其他地区产业转移的同时，要不断对传统产业进行改造升级，主动淘汰落后产能，还可以根据自身优势鼓励发展生态农业、绿色农业，将传统农业的转型升级与生态治理工作结合起来。

（2）构建协同发展政策体系，促进区域协作

京津冀产业的生态共生发展涉及政府、企业和社会大众等诸多参与主

体，其中政府主要负责宏观性的规划和"顶层设计"，主要包括公共政策与计划方案的制定，生态工程的建设，各地区利益的协调以及重点实施任务的监管、监测等责任。在此过程中，政府既要实现对企业的监管，又要鼓励公众参与到环境治理过程中，从而形成政府、市场和社会共同参与生态治理的局面，构建"合作治理"的格局。

建立与完善政府间责任分担机制是跨区域合作治理的前提条件，也是促成政策规划有效执行的必然要求。责任分担机制的构建包括两个重点任务：首先需要明确各区域共同的责任，形成共担机制；在此基础上要针对不同区域的状况进行利益调整，进行责任划分，并建立关键性的指标体系明确不同区域、不同层级地方政府的职责，对实施效果进行监督评估，构建组织、协调、领导等保障机制。中央政府可以成立一个相对独立的、具有一定权威性的跨区域生态治理机构，对整个区域的生态产业发展和生态治理工作进行监管，协调地方政府之间的利益冲突，促进省际的横线合作，克服碎片化治理的局面，在跨区域的大工程、大项目建设中实现统一布局和集体行动，促进区域间协同发展。

（3）以创新驱动发展战略的实施推动经济结构调整

贯彻落实创新驱动发展战略，调整经济结构，优化经济发展模式，借助科技的力量推进产业的生态共生发展。改变落后的、传统的产业发展方式，减少和消除对于能源、资源的依赖性，重视区域内的生态价值联系，利用先进的生产技术构建产业链条的生态协作网络。通过成立生态战略联盟等方式，打造区域生态产业网络竞争优势，利用产业互补效应实现共生发展。京津冀三地政府应该完善经济调控政策，引导市场经济主体将资源配置到生态产业及产品中，构建开放的市场体系，加强信息、技术、人才方面的交流。

在进行经济结构调整和产业转型升级的过程中，应根据各地区的发展基础协同推动生态产业从低附加值向高附加值升级，增加产业的技术含量，加速进行产业替代和产业融合，在加强环境监管的同时鼓励企业利用先进的生产技术转变高污染、高消耗的现状，对高新技术企业采取税收减免等政策扶持手段，鼓励市场主体借助科学技术进行清洁生产和绿色消费。目前北京、天津、河北三地政府都在积极探索新能源、新科技，坚持低碳、绿色发展导向并完善相关的标准体系，逐渐形成了以产业创新为标志的绿色经济发展模式。在未来，三地政府应加强沟通、积极协商、进行统筹规划，避免由于过度追求地方利益而导致的重复建设，消除地方保护等问题。

8.1.2 制定各项配套扶持政策，完善具体政策内容

产业生态共生宏观规划的实施，必须要有协调配套的政策法规体系予以保障。在未来，构建相关的扶持政策体系，应该重点在以下方面进行努力。

（1）完善财税政策促进产业生态共生发展

要实现京津冀地区的产业生态共生，必须选择适当的、多维的规制工具和政策措施。其中，财税政策是重中之重，是其他各项方案实施的"经济基础"。在当前的生态产业发展过程中，标准与数量规制、征收税款、发放补贴等是较为常用的财税监管方式。在初期，政府往往使用数量管制手段而非税收来抑制污染排放，进而倒逼生态产业的发展，这主要是由于命令型的行政手段操作起来简便易行且能在短期内取得成效。近年来，政府开始越来越多地利用市场机制来进行规制，其主要措施就是征税，2018年《中华人民共和国环境保护税》的实施标志着政府的财税政策实施走向了法治化和常态化道路。

通过财税政策的有机结合，不仅有利于改善企业的生产模式，还会促使企业加入生态共生链条。因此，应根据各个行业的特点，综合使用多种财税政策和规制方式，选择最合理、最高效的政策工具。以汽车产业为例，可鼓励各区域协同设定汽车燃油效率标准并进行动态调整，对相关企业征收碳税，鼓励区域间企业进行排污权交易，以促进相关企业投入技术研发，推动清洁能源如酒精、天然气的使用，在发展生态产业的同时实现传统制造产业的升级。同时，还应配套制定新能源汽车补贴、清洁能源使用奖励和汽油消费税、废气排放污染税等正向激励型和负向规避型的政策组合，支持企业间合作形成生态共生链条，通过企业间的共生合作实现传统产业向生态产业的转型升级。

（2）推动金融制度创新，防范市场风险

产业生态共生的发展离不开资金链的支撑，因此在京津冀产业生态共生

模式的形成及发展的过程中应着力推动金融创新，构建金融服务新平台，完善金融要素交易市场体系和金融服务新体系。应鼓励社会资本进入产业发展领域，增多做优金融服务，扶持民营银行和投资公司为产业生态共生发展提供资本，探索和构建"政府＋保险＋银行""政府＋银行＋投资机构""银行＋保险＋风险投资"等多种模式的合作机制和融资机制，构建多层次、多元化的金融服务格局。鼓励各区域积极推出金融服务新产品，推动融资租赁的新产业链，发展互联网金融，推进新业态、新模式的发展，积极推动和完善政府与社会资本合作的融资模式。

未来还可以在京津冀地区尝试建设金融创新运营示范区，发展政策性金融、普惠金融，建设全国性投融资流转平台，积极支持各类政府和市场主体创新金融政策。建立自由贸易账户体系，在北京和河北鼓励发展进口交易新模式，完善保税政策。在自由贸易试验区内，激励各种金融市场的参与者开展跨区域的交流与合作。积极支持企业同区域内及跨区域企业间合作共生发展。完善跨区域重大工程项目的风险评估体系，适时进行金融风险评估，做到决策前风险预测、实施中风险监控、实施后效果反馈。

（3）促进交通一体化建设，构建绿色交通体系，加强区域间互联互通

京津冀产业生态共生的实现离不开交通体系的完善，在未来的一段时期内，应该贯彻落实"十三五"规划方案，在京津冀地区加快构建安全、便捷、高效、绿色、经济的交通体系，建设现代化综合立体交通网络。在合作推进京冀曹妃甸协同发展示范区、津冀芦台协同发展示范区的过程中，京津冀产业生态共生协同发展的一个重要基础性条件就是完善顺畅的交通体系。要积极推动京津冀交通一体化，实现各区域之间的顺畅联系。

在京津冀地区，构建"陆海空"全面发展、立体围绕的整体格局，例如，在京津冀地区打造国际一流的航空枢纽，形成便捷、快速的空中交通网络；建设高效、通达、密集的铁路网络，打造 1 小时通勤圈，促进高速铁路、市郊铁路、城市轨道的无缝衔接；将各区域的高速公路密切联系起来，推动交通监管的智能化；加强区域间港口和港口群合作，形成合理布局、科学分工、错位互补的良好发展格局。只有如此，才能为产业生态共生的发展与完善保驾护航，奠定有利的基础性硬件条件。

8.1.3　强化政策执行的反馈和监督，确保扶持政策的执行

产业生态共生发展需要在当前产业构成和运行特征的基础上进行，应该结合各区域自身的特点、条件，对产业生态链条和共生体系进行设计和监管，提高政策执行的整体效益。

（1）完善制度体系，进行有效的事前控制

由于在现行的绩效考核体系中，GDP 等经济指标占有重要位置，导致地方政府过度关注本地区的经济利益，追求数量而非质量的增长，并且行政区域的划分和晋升压力的增加也降低了区域间政府进行横线合作的积极性。现行的考核制度不利于跨区域产业生态共生的发展。例如，一些地方政府只看到自己任期内本区域的短期经济利益，导致盲目引资与重复建设现象突出，造成资源的严重浪费。很多地方政府宁愿发展耗能高、污染高、见效快的污染产业也不愿发展耗能低、见效慢的生态产业，更不可能进行区域合作构建跨区域的生态产业链。因此，改革管理制度是必然趋势。近年来，国内部分地区就考核机制和区域合作机制进行了有效探索。例如降低 GDP 等经济指标比重，加强对区域间合作的考核等。京津冀地区可以借鉴相关地区的经验，尝试将区域合作指标纳入考核评价体系，调动地方政府开展区域合作的积极性，进行有效的事前控制，规避地方政府的短期行为。

（2）完善问责制度和追责制度，加强事后控制

目前对于大型跨区域的生态产业合作项目往往缺乏完善的监督机制，在建设过程中存在只注重过程、不注重结果，只注重事前控制和事中控制、不注重事后控制的问题，导致各种监控手段很难发挥实效。我国普遍实行领导干部任期制，这就导致一些地方政府官员会在匆匆上马跨区域的大型生态项目后，未取得预期成效就会离职改赴他任，很多后续工作都不能有效衔接。甚至有些地方政府还会偷工减料、在任期将要结束时对合作项目不管不问，这些现象都会对区域间的项目合作产生不利影响。在此背景下，应建立更加健全的问责和追责制度，对于重大投资项目设置终身问责制，采取更加严格的事后控制措施，倒逼各区域、各级地方政府在决策时更加注重长远利益，

从而减少跨区域合作的阻力。促进产业生态共生的长期、稳步发展。应该认识到，京津冀地区产业生态共生的发展是一项长期性的系统工程，不是一蹴而就的，建立长效的监督控制体系是未来实现绿色发展和协同发展的必然要求。

（3）建立"信息共享—科层合作—利益协调"的制度框架，实现协同发展

为了有效解决京津冀生态产业发展中的"碎片化"问题，实现区域整体化、协同性发展，必须建立"信息共享—科层合作—利益协调"的制度框架。首先，需要打破层层壁垒，促进信息、资源的交流，解决信息不对称问题。由于缺乏良好的信息共享机制，京津冀三地各级政府对辖区内以及辖区外的信息都不能进行很好的把握，导致在区域生态环境恶化时不能采取及时、有效的措施，区域间的生态产业合作也不能顺畅进行。而生态信息的公开和共享将在很大程度上增加地方政府治理的透明度，为区域协同发展提供有利条件。其次，在京津冀产业生态共生构建的过程中，需要各级政府、各个职能部门的通力合作，因此需要进一步理顺和调整三地政府内部各部门、各环节之间的科层关系，进而将生态产业发展过程中分散、孤立的工作整合为集体行为，促进部门间的合作行动。最后，在集体行动中，矛盾和冲突是不可避免的，因而需要完善的利益协调机制。一方面，生态破坏具有很强的负外部性，一个地区的污染成本可以转嫁给周边区域；另一方面，产业生态共生条的发展又具有一定的正外部性，带来的收益也会惠及其他地区。因此，完善的利益协调和补偿机制是必不可少的。

8.2　借力中间组织推动产业生态共生

中间组织是指能够联系和沟通各类主体，影响产业生态共生的内外部环境，进而推动或促进产业生态共生体系的发展与完善。这类组织主要包括政府部门、行业组织、科研机构以及各类社会团体等。中间组织通过对现有的技术、信息、政策、经济和组织等各方面情况的把握，通过宣传支持、技术支持、监督管理等举措促进产业生态共生关系的建立和发展。

8.2.1　建立沟通的桥梁，提供宣传和信息服务

中间组织能够在政府与企业、企业之间建立沟通的桥梁，通过信息调查与反馈、成功案例的宣传、不定期举办产业生态共生论坛等多种方式提供服务。例如天津泰达低碳经济促进中心学习英国、韩国产业共生发展中间组织的先进经验，提供多种宣传和信息服务，为天津产业生态共生项目的实施和可持续发展做出了重要贡献。天津泰达低碳经济促进中心编写年度技术报告，深入企业进行调研、举办各种交流研讨会等。在政府、企业和科研机构间建立沟通的桥梁，了解企业需求，宣传政府政策，把握市场动态信息，鼓励企业和科研机构协同创新。京津冀各地区应当学习天津泰达低碳经济促进中心的成功经验，推动中间组织的建立和发展，从以下方面为产业生态共生提供服务。

（1）强化对内对外的交流功能，建立沟通桥梁

行业协会具有良好的组织召集能力，通过各行业协会举办各类交流研讨会，借助互联网、多媒体等工具和平台加强各方的沟通，使得行业协会成为连接政府与企业、企业与企业关系的纽带，发挥牵线搭桥的作用，鼓励行业协会组织采取企业之间互相参观考察、区域内企业对接洽谈等多种形式促进京津冀区域内企业的合作。另外，京津冀内各行业协会还应当加强与京津冀区域外的交流，组织京津冀企业到外省甚至国际同行企业考察交流，举办产业论坛邀请各行各业的企业家、学者座谈交流，介绍京津冀的行业发展情况、产业政策、优势资源，也学习其他地区的先进经验。

（2）构建共享模式的产业数据统计，提供宣传和信息服务

京津冀各级政府可协助中间组织建立各种信息发布平台，利用各类媒体和互联网技术实现信息、数据的共享。一方面可以通过这种渠道向政府提供准确的数据资料，为企业提供信息服务；另一方面通过不断发布统计信息，提高平台的认可度，为借助平台进行产业生态共生成功案例的宣传、促进企业合作奠定基础。

可以借助平台促进企业间的交流，每个企业都可以将自己的信息发布到平台上，包括主要业务、市场需求等，同时也可以看到其他企业的信息，方

便进行交流和沟通。政府一方面也可以借助平台加强政策宣传。在平台上发布和解释生态工业、产业共生相关的概念与政策文件，强调绿色发展、循环经济的作用，引导企业领导者转变传统的发展思维，合理利用生产流程产生的废物、各种副产品及闲置资源等。另一方面，还可以在平台上广泛地宣传成功企业的案例以及产业共生的好处，使企业得到启示、找到未来的发展方向。此外，通过对相关政策进行展示，可以增强公众对于产业共生发展理念的认知度，形成良好的社会氛围。

借助平台提高对产业现状的分析和掌控能力。如果中间组织不能切实把握产业的发展现状，就难以发挥作用切实可行的促进产业的生态共生发展。因此可以借助平台建立大中型企业数据资料库，有规划地制定访查计划，了解企业实现生态发展存在的主要问题，了解各产业发展现状，分产业了解发展趋势和遇到的问题、障碍，在平台上适时更新企业消息和产业状况，同时积极向政府部门反馈行业发展情况，做好政府与企业的沟通桥梁，畅通企业反馈消息和反映困难的渠道，展示好政府的政策和发展目标。通过这样的模式把握发展现状，加强企业与政府的沟通，增加政策制定的针对性，减少政府决策的失误，找到有利于促进产业生态共生的企业与政府合作的路径。

8.2.2 发展区域产业协同创新联盟，提供技术支持

产业生态共生的发展离不开废物净化、转换、再利用等专业技术的支持，区域产业协同创新联盟等中间组织可以联合高校、科研机构、企业等多方主体，共同促进产业生态共生相关技术的研发与商业转化。

（1）京津冀主要产业都已经建立协同创新联盟

近年来，在京津冀一体化政策的引导下，三地各主要产业陆续建立起协同创新联盟。例如，在农业发展过程中，在三省、市农业科学院的带领下，2016 年 6 月来自三个地区的 23 个相关单位合作建立了京津冀农业科技创新联盟。2017 年 8 月，来自京津冀水肥一体化行业的 39 家企事业单位自发组织起来，合作成立了京津冀水肥一体化产业创新联盟。在工业发展过程中，2015 年 9 月，90 多个单位联合建立了京津冀经济区创新设计产业联盟。在

生物制药、机械工业领域，创新联盟也大量涌现。2017 年 11 月，在机械科学研究总院的牵头和引领下，京津冀三地的 35 家生产企业、高等院校、研发机构及社会团体共同成立了京津冀智能制造产业技术创新联盟。与此同时，为了减少污染，实现绿色发展，与绿色经济、低碳经济相关的产业协同创新联盟也陆续建立起来。主要包括：2015 年 5 月在北京建立的京津冀钢铁行业节能减排产业技术创新联盟，2016 年 10 月在河北承德成立的京津冀尾矿综合利用产业技术创新联盟，2018 年 2 月组建成立的京津冀蓄电池环保产业联盟等。在第三产业和服务业的发展过程中，也成立了一些新型的创新联盟，例如，在京津冀文化管理、生态环境等相关部门的引导下，建立了京津冀文化产业园区（企业）联盟，并提出了系统性的生态产业发展目标。

（2）支持和推动京津冀产业协同创新联盟的发展

1）三地政府共同促进联盟的成立与发展。

在京津冀三地产业协同创新联盟的成立和发展过程中，政府占据了非常重要的地位，相关政府部门要注意引导，积极进行协调。一方面，应该结合京津冀创新联盟跨地域的特征，设立专门的、统一的管理机构，构建联盟发展的计划和思路，注意统筹和协调三地政府、企业、高校等联盟成员间的合作关系，稳步促进联盟的发展。例如，为了促进京津冀的一体化进程，国务院牵头组建了京津冀协同发展领导小组和相应的政府机构，以便促进协调三地的利益调整工作，但是应该认识到，联盟成员来自三地，各地均有自己的激励政策，差异性非常明显，因此需要考虑构建一个专门的机构来统一制定和实施京津冀协同创新联盟专有的激励政策。另一方面，三地政府的科技管理机构也应该结合各地的实际情况，引导企业实施关键项目、鼓励高校和企业共建研发实验室、加强官产学研合作，以推动联盟的长远发展。

2）提高对联盟的资金支持力度。

在实际运作过程中，联盟各成员进行联合创新、成果转化、机构管理等工作都需要大量的资金。所以，应该通过各种渠道积极投入资金，解决联盟发展的资金难题。一方面，政府部门可以出台政策设置专门的支持资金，如各地的科技管理部门可以加大对高校和企业的科研基金投入，鼓励联盟成员积极申报相应的专项研发项目，对关键技术的研发和成果转化进行专项拨款等。其次，还可以出台对应的财税政策解决投融资问题，在财政政策方面，主要体现在政府可以为联盟成员提供专门的财政补贴，以支持其日常运营，例如，可以设立统一的、专门的京津冀联盟的补贴政策，三地政府也可以分别出台相应的地方配套补贴。在税收优惠政策方面，政府可以通过减征或者免征税收来鼓励某些产业联盟进行协同创新和共同研发，针对联盟内的成员单位提供普惠性的税收优惠政策。最后，还可以出台风险补偿政策，预先考虑联盟成员合作研发的风险并适当给予补偿，由于产业创新联盟大多是围绕高精尖技术进行攻关，资金需求大、研发风险多。如果技术难以攻克或研发成果得不到市场的认可，将产生难以预测的损失，这就要求政府出台相应的风险补偿政策，加大补偿力度，解决资金上的难题，减少联盟成员的技术研发风险。

3）营造良好的外部发展环境。

应该营造良好的外部环境以推动联盟的稳定发展，包括法律、市场、人才服务等环境。在法律层面，应该加强知识产权保护，完善与产权相关的法律法规并严格加以执行。联盟内的企业、高校、科研机构大多是基于技术研发合作而进行的联合，涉及各种专利认定、工业产权申报、专有技术研发等活动。所以，应围绕联盟成员需求进行法律宣传和培训，营造良好的法治环境。在市场环境层面，要为联盟成员的发展营造公平竞争的氛围，发挥市场的决定性作用，运用市场机制引导联盟的研发活动，推动科技成果转化，引导联盟成员大力开展国际合作，拓宽市场范围。为参与联盟创新的外资企业、研发单位构建统一的大市场。在人才服务层面，应大力出台有针对性的人才激励政策，根据各地的需求和各个创新联盟的特点引进优秀科技人才，以设立薪酬奖励、科研奖励、出国深造等多种奖励方式留住人才。

4）在联盟成员间构建完善的契约关系。

在各个创新联盟中，其组成单位形式多样，管理方式也非常松散，成员间的交流合作主要的依据就是组建联盟时订立的各项契约，所以应该建立完善的契约关系以便保证成员的深度合作和联盟的顺利运行。要建立完善的契约关系，首先就要订立完备的契约内容，契约应涵盖所有可能遇到的关键问题，包括各个组成单位在协同创新过程应承担的研发成本、技术成果转化后的利益分配，在技术攻关过程中的退出机制，以及各种违规行为的处罚，或在共同创新的过程中出现各种不当行为如何进行约束和补救等。其次，契约的执行需要建立一个完备的体系，如果有成员单位违背了契约规定的有关内容，就要严格根据契约的规定对其进行制裁和惩罚，后果特别严重时还可以付诸法律。综上所述，要制定内容和程序都比较完备的契约，在实际的操作过程中，各个联盟成员可以结合自己的实际情况制定符合自身需求的契约，还可以在广泛听取法律、技术专家意见的基础上设计出专业的规章制度。

5）建立联盟成员间的共享平台。

联盟成员主要包括政府部门、生产企业、高等院校、科研机构等，各个主体都具有自身的发展特点和优势条件，通过进行资源和信息的共享，可以在各个组成成员间实现创新资源的高速流动和高效增值，实现科技资源的有效配置，因此，可以由政府牵头在联盟成员间建立各种共享平台，主要着眼于硬件设备的共享，信息资源、数据技术的共享等，以这些平台为依托，各个组建单位都可以加强沟通，共享信息，提升各种资源的流动速率和使用效率，有效地减少创新成本。凭借这些平台还可以进行科技成果的推广和扩散，宣传和分享新技术、新成果，真正促进技术成果的转化和市场化应用。

6）促进联盟成员的交流，增强联盟向心力。

联盟成立的目的之一就是为各主体建立一个交流的平台，整合不同主体的力量，在成员之间形成合力，实现创新合作。因此，应通过一定制度及契约的约束，利用政策资金的激励，促成成员间更多的合作，增强联盟的向心力。可以定期、不定期地举办各类交流活动，也可以邀请国内外专家同行参加研讨会，或者邀请知名的企业家、学者举办讲座，通过多种方式促进成员间的交流，以创造更多的合作契机，协调彼此的矛盾，促进合作。

8.2.3 敦促政府和企业坚持生态环保，提供监督管理

包括行业协会、公共部门、学术和科研机构的中间组织作为第三方机构，能够通过监督政府相关政策的制定、督促企业坚持生态环保和加强社会舆论促进京津冀产业生态共生的建立与发展。

（1）监督政府相关决策的制定

企业坚持生态环保，加入生态共生网络，离不开政府相关政策的推动。中间组织作为产业发展、科研创新、公共服务的代表，应当对京津冀各级政府的相关政策进行监督，将来自公众、企业、科研机构等各方的意见、困难传递给京津冀各级政府的相关部门，在协助政府制定和实施行业发展规划、产业政策、行政法规的过程中应着重关注对产业生态发展、环境保护的相关规定，协助政府针对现实问题制定相关政策和决策，借助自己的优势地位反映好各方的需求，协调好各方的利益，同时对政府的决策和行为进行监督，及时反馈，避免产生各种失误阻碍产业生态共生的形成。

（2）督促企业坚持生态环保

当前，在我国环保法律、法规尚不健全的情况下，企业在生产过程中难免会抱有侥幸心理，钻环保法律法规的空子，找节能减排监管的漏洞，从而对生态环境造成严重破坏。在政府"不作为"或是监管不到位的状况下，各类行业协会可以发挥应有的作用，主动参与到公共治理过程中，联合相关企业制定出有效的节能减排生产方案，并且积极组织和监督企业遵照执行。与此同时，通过信息公开和建立信用记录监督企业实现生态发展，生产生态产品。京津冀各产业协会可以考虑通过建立节能环保信用记录来监督企业的生产，统计整理各企业的"三废"排放情况、节能生产情况、环保技术应用情况、企业参与生态共生链和生态共生网络情况，对违反环保法规的企业根据情况编制失信名单，在信息平台公布，并接受各界对企业生产行为的举报和监督，以此促进企业进行生态生产。

（3）加强社会监督

通过唤醒公众参与企业环保生产监督的意识，加强社会监督，促进京津冀产业生态共生的发展。一是通过中间组织的信息服务平台公布企业节能环保的信用记录，使得公众可以及时获取自己想要知晓的信息。二是鼓励新闻媒体参与监督，发挥新闻舆论的广泛性、公开性，实现媒体平台对企业节能环保的舆论监督，也为行政监管提供线索，引导社会普遍关注企业的生态化生产。三是建立投诉举报受理平台，向社会大众公开对企业生产不良行为的投诉举报渠道，对提供环境污染、违规生产线索、协助核查的举报人给予相应的奖励，鼓励公众对企业的生产进行监督。

8.3　鼓励企业积极参与推动产业生态共生

实现产业生态共生发展的关键是企业的积极参与，企业是生态共生链条上的重要主体。因此应该率先鼓励企业的积极参与，要优化企业的外部发展环境，完善软件支撑条件，为企业转变生产模式、加入生态产业链条创造条件，促进核心企业、相关企业、配套企业的合作，实现企业生态共生发展。

8.3.1　优化外部发展环境，为企业转变生产模式创造条件

（1）优化企业生态共生环境

要鼓励企业转变生产模式，提高经济和生态效率，首先应优化企业发展的生态环境，主要包括优化要素关联和优化活动关联两个方面的内容。

1）优化要素关联。

转变生产模式，创新生产技术不仅可以促进各类企业实现生态共生，还可以大大提升资源利用效率。所以，京津冀地区的各级政府都应积极进行引导，让企业意识到不能依赖物质资源和劳动力谋求一时的经济利益，而应依靠现代技术、进行绿色发展推动产品创新和工艺创新，减少废物的排放，提高绿色生产效率。追求废物处理技术的进步，提升各要素的流动效率，使得各个环节的废弃物都能够得到循环利用，开发利用出更多的新材料、新能源。京津冀各级政府应提高创新投资的规模，引导企业加大创新资金投入，提高消化吸收先进技术的能力，促进创新的产出。

2）优化活动关联。

自然生态系统中的物种复杂多样，其联系方式也纷繁多样，可以模仿自然生态系统，在京津冀地区构建各类企业的生态共生关系，积极拓宽共生渠道，全面发掘出产业合作关系，包括副产品加工、先进技术共享、联合生产等多个环节的合作，建立新的企业生态共生体系。同时向上下游相关企业延

伸，多个企业展开多方面的协作，例如整合生产活动、联合改进、共享先进技术、搭建沟通平台等，企业间建立"共生"的伙伴关系，有效地共享资源，及时发现和解决共生合作中出现的问题，挖掘各类企业进行共生合作的潜能。与此同时，提高企业活动的关联性和规范性，京津冀各区域的政府部门应制定统一的规划方案，及各个产业的战略规划和各个阶段的发展路线；构建严格的环境准入标准和技术准入规范，加强行业标准和制度建设，建立严格的节能减排制度，督促企业实行清洁技术。

（2）建立副产品交易市场

由于企业生产过程中产生的废弃物在处理加工后能够变成其他企业的原材料。因此，为促进企业进行生态共生合作，必须构建产业生态共生网络。京津冀各地区的政府部门应该积极推动大型副产品线上线下交易市场的构建，鼓励出售和交易废弃物、中间产品。号召企业将副产品和废弃物作为商品进行交易进而获取利润，这种方式不仅可以鼓励企业控制和减少污染的积极性，还可以实现企业之间进行资源、技术、信息交换的良性循环。通过这种共赢的交流与互动方式，能够有效促进企业清洁技术的研发，同时加强对于污染物和废弃物排放的监控，从而提高资源的利用效率，减少整个生产过程对于环境的破坏。

8.3.2 完善软件支撑条件，激励企业加入生态共生链条

企业转变生产模式，加入生态共生链条离不开科技的服务和支撑，加强政产学研合作，建立科技人才培养机制，完善科技服务，可以帮助企业开展废弃物管理技术和资源化技术研发，改进生产工艺，为加入生态共生链条创造条件。

（1）加强政产学研合作

京津冀地区的政府部门应该积极制定相关的财税、金融政策来扶持产学研合作，构建有助于实现产学研合作的政策环境。可以通过设立产学研合作的专项补助资金，对生产无污染产品、研发清洁技术、改善生产工艺、提升环保装备和清洁生产标准的科研项目予以资金扶持。建立顺畅的政产学研合

作渠道，为企业绿色发展提供技术支持。

　　要注意面向市场开发实用性较强的技术，注重科研机构和重点实验室的交流，实现政产学研的有机结合。首先，应该积极开拓政府、企业和高校、科研院所三者合作的新模式，鼓励"企校合作"，聘请专家顾问解决技术难题，引导科研机构对接企业的市场需求，推动各方协作，完善内外部的信息共享、协同发展的合作运行机制。其次，应发展企业主导、高校参与的产学研合作机制，追求技术创新的产业化，利用现代科技推动经济社会发展。鼓励企业利用多元化的方式与高校、科研机构建立产学研战略联盟，包括成果转化、合作研发、共同开发、共建实验室和高新技术企业等多种形式实现合作。此外，还要加强建设科技基础设施、大型创新平台，鼓励研发环保核心技术，整合、重组、优化各种科技资源，实现区域内大型仪器的共享，在适当范围内公开科技文献与数据资源，为环保技术的创新与改进提供基础性的保障条件。

　　将北京、天津的著名高校、科研机构与天津、河北的企业联合在一起，发展稳定的合作伙伴关系。借助各类合作平台为生态共生链条中上下游企业间的合作给予技术支持，此外，还应推动企业进行环保技术革新，促进企业内部生产过程实现无污染，鼓励企业间建立共生网络，提高资源、物质的循环利用效率。

　　在搭建政产学研合作平台时，要发挥政府的中介作用，有效连接科研单位、高校和生产企业，通过建立长期、稳固的合作关系，加快实现技术成果的转化，对企业的绿色发展和清洁生产给予一定的技术支持。与此同时，高校和科研机构所提供的技术保障条件，可以促进生产企业和上下游企业之间的联系，加强企业间物质、信息、技术等资源的交换，进而为实现企业间生态共生提供强劲的驱动力。

　　（2）建立科技人才培养机制

　　无论是政府还是企业都应该构建多元的人才培养机制。首先，应该开发出培育优化人才的大环境，在京津冀地区搭建统一的、开放的人力资源市场，积极引进高层次人才，在工资分配方面，积极使用协议工资制和项目工资制等多种形式。对于高校、科研机构的研发成果，可以建立技术入股、保留股权、享受分红权等多种方式的激励机制，构建更合理、更科学、更规范的用人、留人制度，为高技术人才提供良好的待遇条件，给予他们施展才能的广阔空间，关注环保技术的核心领域、关键环节和重大技术，大力培养、引进和集聚一大批环保技术研发的专业人才，重点培养勇于创新的高级科技人才。

其次，要完善人才创业环境，鼓励和推动京津冀地区生态园区的开发，利用互联网技术推动数字化建设，加快园区与外界实现信息、资源共享，推动区域内生产、消费和管理模式的转变，促进资源和能源的交流、互换。鼓励建设大型科研院所，积极设立社会科学和自然科学研究基地，加强环保技术研究领域的重点项目和优势学科建设，鼓励企业建立环保技术研发中心。通过建设各类载体和研究平台，为高层次人才提供创业空间。

最后，要完善人才生活环境。构建更宜居、更美好的环境，逐渐完善京津冀各地区的城市服务功能，大力改善人居条件，完善配套设施。与此同时，在养老就医、配偶就业、子女就学及买房落户等环节为高层次人才提供便利条件和优惠政策。

（3）构建科技公共服务平台

京津冀各地区应加快构建环境友好型的公共基础设施及大型服务平台，对污水、各类垃圾、生产废弃物进行集中处理，实现各区域的服务、资源及各类技术共享。对于生活污染物和生产污染物要分门别类地进行处理，建立污染物集中处理的综合改造设施。结合京津冀地区的实际，构建各类资源交易市场和与之相关的物流中心，搭建区域性的废物循环利用中心，建立危险废弃物统一收纳平台，促进各种可再生资源的回收与循环利用。推动废物交换系统的构建，建设各类环保工程，针对废弃物建立各种交易系统、资源交换中心、专家咨询系统等。也可以利用信息技术建立虚拟的废物交换中心，进行网上交易。大力引导其他地区的企业和民间资本参与到废弃物循环利用的全过程。完善各类基础设施，结合各地区的主导产业，建设循环经济数据库，及时反馈和共享经济信息。构建统一的技术标准、行业规范，对于重点项目、关键企业要建立统一的数据库，进行信息整合。

8.3.3　加强各类企业的合作，实现企业生态共生发展

京津冀产业生态共生的发展需要核心企业、相关企业和配套企业的合作共生，应着重培养具有国际竞争力的大型企业作为生态共生链条的核心企业，引导核心企业的上下游相关企业、以核心企业所提供的中间产品和废弃物进行生产的企业加入生态共生链条，吸引提供配套服务的其他企业，使各类型企业形成相互协作、职能各异的利益共同体。将各类型企业的分工与合作进行深度细化，尽可能地延长原有的产业链。在优化生态环境的基础上，促进企业间生态共生网络的搭建，逐渐形成生态共生网络。

（1）核心企业发挥核心作用，吸收相关企业合作

核心企业是企业生态共生发展的关键，经济实力最强、技术水平最好、具有很好的生存发展能力以及适应环境变化的能力。因此京津冀各级政府应引导各产业的核心企业利用其生产和创新优势，首先转变生产模式，生产符合国家环保要求、满足消费者需要的环保产品，应用环保技术，既发展可学习、可复制的新型生产模式供其他同类型企业学习和模仿，也向其他相关企业发出产品循环利用的合作信号。核心企业往往具有比较强的经济实力和先进的生产技术，因此也会承担更多的责任和风险，京津冀各级政府应通过优惠的财税政策、环保技术研发转向扶持基金等多种措施鼓励核心企业率先做出尝试，为核心企业提供资金、技术以及人才资源的支持，并通过行业协会、服务平台等多种媒介为核心企业与上下游相关企业的合作创造条件，不断吸收上下游相关企业加入生态产业共生链条。

（2）相关企业紧跟核心企业，加入生态共生链条

核心企业实行生态共生生产模式，原有的上下游相关企业有两种应对方式：一种是与核心企业同进退，主动改变生产模式，从而进入生态共生产业链；另一种是找寻新的合作伙伴进而构建新的产业链。相关企业不跟随的主要原因在于其认为跟随核心企业获得的经济收益不足以补偿需要承担的风险。因此，京津冀各级政府应重点关注如何打消企业的顾虑，三地区联动，通过细化和严格执行环保法律法规，制定多种财税优惠政策，切实了解企业

迫切需要的政策扶持和优惠措施，制定真正能够推动企业转变生产模式的优惠政策，使企业能够真正了解政策措施，相信国家和京津冀各地区政府机构对于生态保护的决心和政策执行力度。通过以上措施促使相关企业跟随核心企业加入生态共生链条。

（3）配套企业提供配套服务，构建生态共生网络

配套企业主要指生产性服务业企业，为核心企业及上下游相关企业提供配套服务。核心企业及相关企业转变生产模式后，配套企业也应及时转变服务方式，不断完善横向和纵向生态共生链条，构建生态共生网络。因此京津冀地区各级政府还要注重对后加入生产性服务业的扶持，围绕京津冀各区域生态共生产业集群着力打造北京的金融中心、物流中心、信息服务中心，大力发展服务于生态共生产业集群的商贸流通、物流、信息服务，形成服务集聚区，加快京津冀交通一体化进程，构建与区域生态共生产业集群配套的集中化、数字化、平台化、国际化、跨界融合的服务体系。

参 考 文 献

[1] 马国强，汪慧玲．共生理论视角下兰西城市群旅游产业的协同发展 [J]．城市问题，2018（4）：65-71．

[2] 黄定轩，李晓庆．广西先进制造业与生产性服务业空间网络演化影响因素实证研究 [J]．广西社会科学，2018（10）：37-44．

[3] 张新芝，曾雨菲，杨娟．产业与城镇共生驱动产城融合的内在机理研究 [J]．南昌大学学报（人文社会科学版），2018，49（4）：55-63．

[4] 史安娜，潘志慧．长江经济带核心城市高技术制造业与知识密集型服务业共生发展研究 [J]．南京社会科学，2018（6）：33-38，46．

[5] 李南，梁洋洋．临港产业共生系统的动态演进：机制构成与生命周期 [J]．改革与战略，2018，34（5）：87-92．

[6] 马慧肖，李爽．互联网产业与商贸流通业融合发展现状与升级策略——以京津冀为例 [J]．商业经济研究，2018（9）：21-24．

[7] 鲁圣鹏，李雪芹，刘光富．生态工业园区产业共生网络形成影响因素实证研究 [J]．科技管理研究，2018，38（8）：194-200．

[8] 戎陆庆，魏锋．基于产业共生视角的农业与物流业协同发展研究 [J]．江苏农业科学，2018，46（5）：332-337．

[9] 史宝娟，郑祖婷．京津冀生态产业链共生耦合机制构建研究 [J]．现代财经（天津财经大学学报），2017，37（11）：3-13．

[10] 吴薇．共生理论下物流产业与区域经济协调发展研究 [J]．商业经济研究，2017（16）：89-91．

[11] 孙畅．产业共生视角下产业结构升级的空间效应分析 [J]．宏观经济研究，2017（7）：114-127．

[12] 王剑华，马军伟，洪群联．促进战略性新兴产业与金融业共生发展 [J]．宏观经济管理，2017（4）：24－28.

[13] 孙源．共生视角下产业创新生态系统研究 [J]．河南师范大学学报（哲学社会科学版），2017，44（1）：127－134.

[14] 李根．产业共生视角下制造业与物流业协同发展研究 [J]．商业经济研究，2016（22）：184－187.

[15] 郭承龙，张智光，杨加猛．林业低碳产业链的共生系统动力解析 [J]．南京林业大学学报（自然科学版），2016，40（6）：92－96.

[16] 苗泽华，陈永辉．京津冀区域复合生态系统的共生机制 [J]．河北大学学报（哲学社会科学版），2016，41（5）：79－84.

[17] 寇光涛，卢凤君，王文海．新常态下农业产业链整合的路径模式与共生机制 [J]．现代经济探讨，2016（9）：88－92.

[18] 陈萍．基于共生理论的现代物流产业集群演进模式研究 [J]．商业经济研究，2016（15）：106－107.

[19] 邢会，臧丽娟，许畅然．共生视角下自主创新与战略性新兴产业成长作用机理研究——以河北省为例 [J]．企业经济，2016（7）：136－141.

[20] 王发明，刘丹．产业技术创新联盟中焦点企业合作共生伙伴选择研究 [J]．科学学研究，2016，34（2）：246－252.

[21] 史宝娟，张立华．天津地区城市化与生态环境压力脱钩关系研究 [J]．生态经济，2018（3）：166－170.

[22] 王鹏，王艳艳．产业共生网络的结构特征演化图谱及稳定性分析——以上海市莘庄生态产业园为例 [J]．上海经济研究，2016（1）：22－33.

[23] 黄小勇，陈运平，肖征山．区域经济共生发展理论及实证研究——以中部地区为例 [J]．江西社会科学，2015，35（12）：38－42.

[24] 连远强．产业创新联盟的共生演化机理与稳定性分析 [J]．商业经济研究，2015（32）：122－123.

[25] 连远强．产业链耦合视角下创新联盟的共生演化问题研究 [J]．科学管理研究，2015，33（5）：29－33.

[26] 马荣华．战略性新兴产业与传统产业互惠共生研究——基于共生

经济视角 [J]. 科技进步与对策, 2015, 32 (19): 61 – 65.

[27] 史宝娟, 杨楠. 基于 TOPSIS – 灰色关联方法的生态产业链产业选择 [J]. 生态经济, 2019 (1): 37 – 42.

[28] 于斌斌, 胡汉辉. 产业集群与城市化共生演化的机制与路径——基于制造业与服务业互动关系的视角 [J]. 科学学与科学技术管理, 2014, 35 (3): 58 – 68.

[29] 刘英基. 我国产业高端化的协同创新驱动研究——基于产业共生网络的视角 [J]. 中国地质大学学报 (社会科学版), 2013, 13 (6): 125 – 132, 135.

[30] 李煜华, 武晓锋, 胡瑶瑛. 共生视角下战略性新兴产业创新生态系统协同创新策略分析 [J]. 科技进步与对策, 2014, 31 (2): 47 – 50.

[31] 张智光. 基于生态—产业共生关系的林业生态安全测度方法构想 [J]. 生态学报, 2013, 33 (4): 1326 – 1336.

[32] 刘军跃, 李军锋, 钟升. 生产性服务业与装备制造业共生关系研究——基于全国31省市的耦合协调度分析 [J]. 湖南科技大学学报 (社会科学版), 2013, 16 (1): 111 – 116.

[33] 刘友金, 袁祖凤, 周静, 姜江. 共生理论视角下产业集群式转移演进过程机理研究 [J]. 中国软科学, 2012 (8): 119 – 129.

[34] 石磊, 刘果果, 郭思平. 中国产业共生发展模式的国际比较及对策 [J]. 生态学报, 2012, 32 (12): 3950 – 3957.

[35] 胡浩, 李子彪, 胡宝民. 区域创新系统多创新极共生演化动力模型 [J]. 管理科学学报, 2011, 14 (10): 85 – 94.

[36] 史宝娟, 郑祖婷. 河北省综合承载力分析及对策研究 [J]. 河北经贸大学学报, 2014 (4): 78 – 81.

[37] 胡晓鹏. 产业共生: 理论界定及其内在机理 [J]. 中国工业经济, 2008 (9): 118 – 128.

[38] 张萌, 姜振寰, 胡军. 工业共生网络运作模式及稳定性分析 [J]. 中国工业经济, 2008 (6): 77 – 85.

[39] 冷志明, 易夫. 基于共生理论的城市圈经济一体化机理 [J]. 经

济地理，2008（3）：433－436.

[40] 袁增伟，毕军. 生态产业共生网络形成机理及其系统解析框架 [J]. 生态学报，2007（8）：3182－3188.

[41] 初钊鹏，王铮，卞晨. 京津冀产业协同发展的理论认识与实践选择 [J]. 东北师大学报（哲学社会科学版），2018（6）：178－184.

[42] 李锐，鞠晓峰，刘茂长. 基于自组织理论的技术创新系统演化机理及模型分析 [J]. 运筹与管理，2010，19（1）：145－151.

[43] 娄成武，李丹. 电信产业生态系统平衡及对策分析 [J]. 科学学与科学技术管理，2006（11）：168－169.

[44] 史宝娟，郑祖婷. 创新生态系统协同创新合作机制研究——进化心理学视角 [J]. 科技进步与对策，2017，34（21）：1－8.

[45] 孙源. 共生视角下产业创新生态系统研究 [J]. 河南师范大学学报（哲学社会科学版），2017，44（1）：127－134.

[46] 史宝娟，周鹏翔. 资源型城市战略性新兴产业优选问题研究 [J]. 商业经济研究，2015（11）：127－129.

[47] 赵秋叶，施晓清，石磊. 国内外产业共生网络研究比较述评 [J]. 生态学报，2016，36（22）：7288－7301.

[48] 张笑楠. 战略性新兴产业创新生态系统构建与运行机制研究 [J]. 技术与创新管理，2016，37（6）：595－600，618.

[49] 王海刚，衡希，王永强，黄伟丽. 西部地区传统产业生态化发展研究综述 [J]. 生态经济，2016，32（5）：121－126.

[50] 郭永辉. 生态产业链利益相关者关系网络治理案例分析 [J]. 科技进步与对策，2016，33（6）：58－64.

[51] 史宝娟，邓英杰. 资源型城市发展过程中产城融合生态化动态耦合协调发展研究 [J]. 生态经济，2017（10）：122－125.

[52] 许新宇，王菲凤. 环境生态视角下的产业共生理论与实践研究进展 [J]. 环境科学与管理，2015，40（12）：1－3.

[53] 张其春，郗永勤. 价值网络解构视角下生态产业共生网络升级研究 [J]. 西南民族大学学报（人文社科版），2015，36（12）：152－156.

［54］史宝娟，郑祖婷. 河北省综合承载力评价研究［J］. 商业时代，2013（10）：143－145.

［55］周婷. 基于生态进化理论的产业集群动态演化模型构建［J］. 统计与决策，2015（12）：172－175.

［56］袁增伟，毕军. 生态产业共生网络形成机理及其系统解析框架［J］. 生态学报，2007（8）：3182－3188.

［57］蔡小军，李双杰，刘启浩. 生态工业园共生产业链的形成机理及其稳定性研究［J］. 软科学，2006（3）：12－14.

［58］鲁圣鹏，李雪芹，刘光富. 生态工业园区产业共生网络形成影响因素实证研究［J］. 科技管理研究，2018，38（8）：194－200.

［59］李其玮，顾新，赵长轶. 产业创新生态系统知识优势的演化阶段研究［J］. 财经问题研究，2018（2）：48－53.

［60］Emil Georgiev，Emil Mihaylov. Economic growth and the environment：reassessing the environmental Kuznets Curve for air pollution emissions in OECD countries［J］. Letters in Spatial and Resource Sciences，2015，8（1）.

［61］Crelis Ferdinand Rammelt，Maarten van Schie. Ecology and equity in global fisheries：Modelling policy options using theoretical distributions［J］. Ecological Modelling，2016，337（10）：107－122.

［62］Suvi Lethoranta，Ari Nissinen，Tuomas Nattila，Matti Melanen. Industrial Symbiosis and the Policy Instruments of Sustainable Consumption and Production［J］. Journal of Cleaner Production，2011，19（16）：1865－1875.

［63］Marianne Boix，Ludovic Montastruc，Catherine Azzaro－Pantel，Serge Domenech. Optimization Methods Applied to the Design of Eco-industrial Parks：a Literature Review［J］. Journal of Cleaner Production，2015，87（4）：303－317.

［64］Brian D. Fath，Yan Zhang，Hongmei Zheng. Ecological Network Analysis of an Industrial Symbiosis System：A Case Study of the Shandong Lubei Eco-industrial Park［J］. Ecological Modelling，2015，306（6）：174－184.

［65］Mikael Ronnqvist，Sophie D'Amours，Andres Wein-traub. Operations Research Challenges in Forestry：33 Open Problems［J］. Annals of Operation Research 2015, 232 (1): 11 - 40.

[66] Bryan Timothy C. Tiu, Dennis E. Cruz. An MILP Model for Optimizing Water Exchanges in Eco-industrial Parks Considering Water Quality [J]. Resources, Conservation and Recycling, 2017, 119 (4): 89 - 96.

[67] Daniel Conroy - Beam, Cari D. Goetz, David. Why Do Humans Form Long-term Mateships? An Evolutionary Game-theoretic Model [J]. Advances in Experimental Social Psychology, 2015, 51 (1): 1 - 39.

[68] Elias G. Carayannis, Evangelos Grigoroudis, Yorgos Goletsis. A multilevel and multistage efficiency evaluation of innovation systems: A multiobjective DEA approach [J]. Expert Systems with Applications, 2016, 62 (6): 63 - 80.

[69] Piret Kukk a, Ellen H. M. Moors b, Marko P. Hekkert b. Institutional power play in innovation systems: The case of Herceptin [J]. Research Policy, 2016, 45 (8): 1558 - 1569.

[70] Szolnoki, A., & Perc, M. Group-size effects on the evolution of cooperation in the spatial public goods game [J]. Physical Review E, 2011, 84 (10): 87 - 102.

[71] Burton Simon. Continuous-time models of group selection, and the dynamical insufficiency of kin selection models [J]. Journal of Theoretical Biology, 2014 (349): 22 - 31.

[72] Alex Mesoudi. Cultural evolution: integrating psychology [J]. Evolution and Culture Current Opinion in Psychology, 2016 (7): 17 - 22.

[73] Rainer Quitzow. Dynamics of a policy-driven market: The co-evolution of technological innovation systems for solar photovoltaics in China and Germany [J]. Environmental Innovation and Societal Transitions, 2015 (17): 126 - 148.

[74] Daniel Conroy - Beam, Cari D. Goetz, David. Why do humans form long-term mateships? An evolutionary game-theoretic model [J]. Advances in Experimental Social Psychology, 2015, 51 (1): 1 - 39.

[75] Nell C. Huang - Horowitz. Public relations in the small business environment: Creating identity and building reputation [J]. Public Relations Review,

2015, 41 (3): 345 – 353.

[76] Lujun Su, Scott R. Swanson, Sydney Chinchanachokchai, Maxwell K. Hsu, etc. Reputation and intentions: The role of satisfaction, identification, and commitment [J]. Journal of Business Research, 2016, 69 (9): 3261 – 3269.

附　录

附录1：企业调查问卷

尊敬的先生/女士：

感谢您在百忙之中阅读并填写该调查问卷！

此项调查是华北理工大学经济学院"京津冀生态产业链的构建及优化研究"课题组为深入研究京津冀企业加入生态产业链的动力而进行的一次专项调查。此次调查主要针对企业了解情况。为使问卷结论更具科学性，本问卷最好由比较了解企业情况的人员回答，如企业的中高层管理人员等。

您的回答对我们的研究结论非常重要，非常感谢您的热情帮助。本问卷仅用于学术研究，不会用于商业目的或涉及商业机密问题，请您放心并尽可能客观回答。

感谢您对我们的支持！烦请您花几分钟时间填一下问卷，非常感谢！

一、基本信息

1. 您工作单位的性质

国有企业　　　　　国有控股企业　　　国内私营企业　　外资企业

2. 您工作单位所在地

北京　　　　　　　天津　　　　　　　石家庄　　　　　保定

秦皇岛　　　　　　唐山　　　　　　　廊坊　　　　　　邢台

承德　　　　　　　张家口　　　　　　衡水　　　　　　沧州

邯郸

3. 您的工作岗位

高层管理人员　　　中层管理人员　　　其他

二、对加入生态产业链的看法

请勾选您认为最确切的选项

1. 成本因素

如果链条上的其他企业可以将生产加工的剩余物以较低价格卖给我们作为原材料，我们愿意加入生态产业链。

完全同意　　同意　　一般　　不同意　　完全不同意

如果链条上的其他企业可以将生产的副产品以较低价格卖给我们作为原材料，我们愿意加入生态产业链。

完全同意　　同意　　一般　　不同意　　完全不同意

如果链条上的其他企业能够提供原材料使得我们降低库存成本，我们愿意加入生态产业链。

完全同意　　同意　　一般　　不同意　　完全不同意

如果链条上的其他企业能够提供原材料使得不用占用大笔流动资金大批量的购买原材料，我们愿意加入生态产业链。

完全同意　　同意　　一般　　不同意　　完全不同意

如果链条上的其他企业能够提供原材料使得我们降低采购营销的沟通成本，我们愿意加入生态产业链。

完全同意　　同意　　一般　　不同意　　完全不同意

2. 效益因素

如果能够享受更为便捷的交通设施，我们愿意加入生态产业链。

完全同意　　同意　　一般　　不同意　　完全不同意

如果能够享受更为便捷的物流配送，我们愿意加入生态产业链。

完全同意　　同意　　一般　　不同意　　完全不同意

如果能够享受更为便捷的企业信息网，我们愿意加入生态产业链。

完全同意　　同意　　一般　　不同意　　完全不同意

如果能够获得政府的专项财政补贴，我们愿意加入生态产业链。

完全同意　　同意　　一般　　不同意　　完全不同意

如果能够获得一定的税收减免，我们愿意加入生态产业链。

完全同意　　　同意　　　一般　　　不同意　　　完全不同意

3. 环境因素

如果能够有利于我们选择合适的废物处理企业合作，有效解决我们企业的污染处理问题，我们愿意加入生态产业链。

完全同意　　　同意　　　一般　　　不同意　　　完全不同意

如果能够获得高质量的原材料，使得我们生产的产品更易于满足环保要求，我们愿意加入生态产业链。

完全同意　　　同意　　　一般　　　不同意　　　完全不同意

如果能够获得高质量的配件，使得我们生产的产品更易于满足环保要求，我们愿意加入生态产业链。

完全同意　　　同意　　　一般　　　不同意　　　完全不同意

4. 组织效率

如果有利于我们选择合适的合作伙伴一起研发，我们愿意加入生态产业链。

完全同意　　　同意　　　一般　　　不同意　　　完全不同意

如果有利于我们接触更先进的技术，提高我们的技术水平，我们愿意加入生态产业链。

完全同意　　　同意　　　一般　　　不同意　　　完全不同意

如果有利于我们在产品推广方面与其他企业合作，我们愿意加入生态产业链。

完全同意　　　同意　　　一般　　　不同意　　　完全不同意

如果有利于我们在产品销售方面与其他企业合作，我们愿意加入生态产业链。

完全同意　　　同意　　　一般　　　不同意　　　完全不同意

5. 加入生态产业链

我们愿意与其他单位合作打造生态产业链以便解决我们原材料供应的问题。

完全同意　　　同意　　　一般　　　不同意　　　完全不同意

我们愿意与其他单位合作打造生态产业链以便解决我们的清洁生产问题。

完全同意　　　同意　　　一般　　　不同意　　　完全不同意

我们愿意与其他单位合作打造生态产业链以便解决我们的技术研发问题。

完全同意　　　同意　　　一般　　　不同意　　　完全不同意

我们愿意与其他单位合作打造生态产业链以便解决我们的产品销售问题。

完全同意　　　同意　　　一般　　　不同意　　　完全不同意

我们愿意与其他单位合作打造生态产业链以便解决我们的组织效率问题。

完全同意　　　同意　　　一般　　　不同意　　　完全不同意

附录2：政府调查问卷

尊敬的同志：

您好！感谢您在百忙之中阅读并填写该调查问卷！

此项调查是华北理工大学经济学院"京津冀生态产业链的构建及优化研究"课题组为深入研究京津冀跨区域合作壁垒而进行的一次专项调查。

京津冀是全国主要的高新技术和重工业基地，产业以钢铁、化工、煤炭等产业为主。近年来随着经济的高速发展，京津冀地区能源消耗急剧增加，环境污染严重，最为突出的是区域性复合型大气污染问题，从根本上解决京津冀地区污染严重的问题，探寻新型的产业发展模式、打造生态产业链势在必行。本课题对符合京津冀产业发展和生态环境规律的"生态产业链的构建和优化"展开研究，希望找到京津冀跨区域合作的壁垒并提出合理化建议。为了全面准确地了解京津冀政府合作的现状与存在的问题，提出加强和改善京津冀政府合作的对策建议，我们特组织开展此次问卷调查活动，请您予以配合。此次问卷调查采用无记名方式作答，只供学术研究之用，对您不会产生任何影响。

请在您认为的合适选项后面的"□"内画"√"，对于占用您的时间及带来的不便我们深表歉意，衷心感谢您的参与和支持！

一、调查对象基本情况

1. 您所在的政府部门为：

文秘政研部门□　　　　财政税收部门□　　　　发展改革部门□

农业主管部门□　　　　工业主管部门□　　　　交通环保部门□

2. 您的政治面貌是：

中共党员□　　　　　　民主党派□　　　　　　　共青团员□

群众□

3. 您在国家机关工作时间为：

5 年以下□　　　　　　6~10 年（包括 10 年）□　10 年以上□

4. 您的职务级别是：

副科级以下□　　　　　副科级□　　　　　　　　正科级□

副县（处）级□　　　　县（处）级□　　　　　　副市（厅）级□

市（厅）级□

二、调查问题

1. 在您看来，京津冀政府间合作的主要方式是：

学习考察□　　　　　　干部交流□　　　　　　　人才支持□

信息共享□　　　　　　项目合作□　　　　　　　对口支援□

政府间的沟通和协商□　法定的合作制度□　　　　其他□

2. 在您看来，京津冀协同发展进程中政府合作的主要类型是：

经济发展型合作□　　　地方立法型合作□　　　　人力资源型合作□

技术研发型合作□　　　行政管理型合作□　　　　区域政策型合作□

其他□

3. 在您看来，京津冀政府间合作的主要领域在：

商贸流通□　　　　　　交通运输□　　　　　　　产业调整□

环境保护□　　　　　　城市规划□　　　　　　　文化教育□

其他□

4. 在您看来，京津冀政府间合作中存在的主要问题是：

政府区域合作意识不强□　　　　合作形式与领域相对单一□

合作缺乏制度保障□　　　　　　政府合作规则体系不完善□

政府合作收效不明显□　　　　　政府合作缺乏权威性□

政府合作稳定性较差□　　　　　政府合作随意性大□

政府合作机制不健全□　　　　　政绩考核机制影响合作积极性□

5. 在您看来，京津冀政府间合作中存在的主要困境是：

行政区域分割□　　　　　　　区域间的恶性竞争□

区域产业同构□　　　　　　　基础设施重复建设□

政府合作成本较大□　　　　　政府间利益协调困难□

地方政府间差异较大□　　　　政府合作执行力不强□

6. 在您看来，京津冀政府间合作的最主要动因是：

解决区域政府间利益冲突□　　提供区域公共产品和服务□

国家宏观发展战略要求□　　　区域经济快速发展的需要□

有效协调区域政府间行动□　　区域污染控制和大气治理□

实现区域内资源合理利用□　　发挥各地自身的比较优势□

提升区域整体综合竞争力□　　区域可持续发展的需要□

其他□

7. 您认为影响京津冀政府合作的因素主要是：

地方政府信用□　　　　　　　地方发展水平□

地方政府作风□　　　　　　　官员自身修养□

领导个人感情□　　　　　　　地域文化差异□

干部办事能力□　　　　　　　其他□

8. 在您看来，建立良好的政府合作关系对于政府而言最主要的是：

平等交流对话□　　　　　　　改善管理方式□

改善沟通方式□　　　　　　　提高办事效率□

提高政府信誉□　　　　　　　改进工作作风□

9. 在您看来，促进京津冀政府间合作的措施是：

提高京津冀政府合作意识□

组建京津冀政府合作的高层协调机构□

加强京津冀政府合作的立法，提高政府合作的法制化水平□

政府合作体制机制创新□

其他□

10. 在您看来，京津冀协同发展进程中地方政府合作的最好方式是：

定期举行省级政府高层协调会议□

定期举行市长联席会议□

定期举办县（区）政府领导联席会□

定期举办京津冀政府间合作论坛□

项目随机支持方式□

重大事项请参方式□

请写出您对于加强京津冀政府合作的意见和建议：